성별중국

성별중국

옮긴이 | 배연희
펴낸곳 | 도서출판 여이연
발행 | 고갑희
주간 | 이숙인
편집 | 사미숙
표지디자인 | 최윤정
주소 | 서울 종로구 명륜4가 12-3 대일빌딩 5층
등록 | 1998년 4월 24일(제22-1307호)
전화 (02) 763-2825
팩스 (02) 764-2825
홈페이지 http://www.gofeminist.org
전자우편 alterity@gofeminist.org

초판 1쇄 인쇄 2009년 12월 17일
초판 1쇄 발행 2009년 12월 21일

값 15,000 원
ISBN 978-89-91729-14-8 93680
잘못된 책은 바꿔 드립니다.

성별중국

중국 영화와 젠더 수사학

도서출판 여이연

차례

사진 도판 목차

일러두기

* 이 책은《性別中國》(戴錦華, 臺北:麥田出版, 2006년)을 저본으로 하고 다이진화(戴錦華)선생님의 원본 파일을 참조하여 번역했습니다.

1. 중국어 발음 표기는 국립국어원의 <중국어 표기법>을 따라 표기했습니다.
2. 강의안 원고인 점을 감안하여, 문체를 강연체로 바꾸어 번역했습니다.
3. 現代는 '근대'로, 現代性은 '근대성'으로, 當代는 '당대'로, 當代性은 '현재성'으로 번역하였습니다. 다만, 中國 現當代 文學을 지칭할 때는 '중국 현당대 문학'으로 번역하였으며, 現代化는 '근대화'로 번역했습니다. 後現代는 '포스트모던'으로, 後殖民은 '포스트 콜로니즘'으로 번역했습니다.
4. 性別은 '성별'로, 社會性別은 '젠더'로 번역했습니다.

한국의 독자에게

뜨거운 한낮의 더위에도 서서히 들려오는 금속성의 벌레소리가 풍성한 결실과 수확의 가을을 예고하고 있습니다. 다시 가을이 오고 있습니다.

《성별중국-중국 영화와 젠더수사학(性別中國)》은 저의 저작 중 한국에서 네 번째로 출간되는 책으로, 이 책이 출간될 수 있도록 도와준 배연희 박사와 여성문화이론연구소 연구원들에게 감사드립니다. 그동안 한국의 학자들과 친구들이 보내준 깊은 사랑과 관심에 가슴 벅찬 기쁨을 느낍니다. 또한 다른 역사를 겪었지만 서로 비슷한 현실을 살아가는 독자들의 호응을 두근거리는 마음으로 기다립니다. 이 작은 책에는 그동안 연구해 온 세 가지 영역인 젠더연구, 중국영화사와 문화연구가 결집되어 있습니다.

이 책은 원래 일본 청중을 위해 쓴 강의안 원고입니다. 2003년 가을과 겨울 도쿄 오차노미즈(お茶の水) 여자대학에서 열기와 긴장감으로 충일한 시간을 보냈습니다. 젊은 시절을 제외하고 이렇게 높은 강도로 글을 쓴 적은 없었던 것 같습니다. 거의 열흘에 한 장 속도로 이 책을 완성했습니다. 밤낮을 가리지 않고 자료를 찾고 책상에 파묻혀 글을 써내려 갔습니다. 심신이 피로해지면 홀로 후락원(後樂園)이나 육의원(六義園)을 산책했습니다. 지금도 기억납니다. 푸른

연못 옆에 서 있던 나무의 투명한 홍색, 뜰에 가득했던 붉게 물든 단풍. 늦가을 추적추적 내리던 보슬비. 연못 위에 동심원을 그리며 유유히 헤엄치던 물고기, 벽돌 하나하나에 담긴 선과 장인정신. 거대한 도쿄 빌딩숲에서의 산책, 이방인으로서 맛보았던 고독. 포스트 모던한 세계에서 느꼈던 소음과 소외. 그 가운데 번영의 배후에 있는 정치경제의 동력을 보려고 했고, 닫힌 현재성 속에서 역사의 흔적과 핏자국을 탐구하려고 했습니다.

이 책을 통해 오랫동안 관심을 가져온 문제가 우연찮게 드러났습니다. 그건 냉전/포스트 냉전, 아시아/제3세계/중국, 그리고 중국을 말할 때에 느끼는 곤혹스러움입니다. 이 책은 일본에서는 도쿄 오차노미즈 출판사(お茶の水書房)에서, 타이완에서는 타이베이 마이티엔(麥田) 출판사에서 출판되었고, 이제 한국에서는 서울 여성문화이론연구소 출판사에서 출간될 예정입니다. 제가 오랫동안 구상하고 염원하던 것을 실천할 수 있는 기회가 생겨 무척 기쁩니다. 저는 이 글에서 아시아 연구자들이 서로를 주시하는 눈빛으로, 서구 중심의 시각구조 속에서 영원히 보이는 위치 혹은 타자의 눈으로 서로를 몰래 봐야 하는 숙명에 저항하고 그것을 대체하고자 시도했습니다. 아시아혹은 동아시아에서 자아를 찾거나 자아를 회복한다는 것이 사치스럽기도 하고 유치하게 보일지도 모릅니다. 또한 여러 세기동안 진행된전세계적 자본주의의 충격과 유린을 자발적이든 강제적이든 우리 자신의 깊은 곳에 내면화시켰을지도 모릅니다. 이런 까닭에 자아는 항상 타자의 자아였고 타자의 응시를 받아들일 때 썼던 여러 가지 가면이었습니다. 저는 오랜 동안 갈망해 왔습니다. 아시아와 제3세계 사람들이 서로를 이해하면서 진지하게 자신을 열고, 서로 다르지만 통하는 운명을 나누기를. 또한 '순결'하다고 말할 수 없는 자아에 대해

함께 생각을 공유하고, 우리 자신에게 맞는 사상과 실천을 찾아가기를 말입니다. 이제 말과 대화를 통해 우리의 상처와 곤경에 맞대면하고, 냉전의 경계와 포스트 냉전의 울타리를 넘어서려고 합니다. 제가 페미니즘의 정신적 자원을 중요하게 여기는 이유가 바로 여기에 있습니다.

21세기도 순식간에 십년이 지나갔습니다. 금융위기를 겪고 있는 세계는 자신의 방향을 다시 선택하고 있습니다. 급격하게 변하는 세계에 비한다면 이 책에서 논의하고 있는 것은 이미 역사에 속하는 문제일 것입니다. 그럼에도 새로운 한글 번역을 통해, 우리가 공유하고 있는 아시아 현실 속에서 새로운 대화를 전개할 수 있기를 희망합니다.

번역자는 사실상 번역서의 공동 저자라고도 할 수 있습니다. 한국 독자들과 인연을 만들어주고 사상적 교류를 이룰 수 있도록 도와준 배연희 박사와 여성문화이론연구소 연구원들에게 진심어린 감사를 드립니다.

이 작은 책이 동아시아 여행의 새로운 기점이 되어 한국의 독자들에게 다다를 수 있기를, 새로운 충돌과 교류가 다시 이루어지기를 소망합니다.

2009년 8월 베이징에서

다이진화(戴錦華)

대만판 서문 :

성별(性別)에 대한 포스트 냉전적 반성

장샤오훙(張小虹)[1]

《성별중국–중국 영화와 젠더 수사학(性別中國)》(이하 '성별중국')은 베이징대(北京大) 다이진화(戴錦華) 교수가 타이완(臺灣)에서 네 번째로 출판한 책입니다. 만약 다이진화가 쓴 《역사 지표로의 부상(浮出歷史地表)》, 《거울성 지형도(鏡城地形圖)》, 《기울어진 탑에서 중국영화문화 바라보기(斜塔瞭望:中國電影文化 1978–1998)》를 못 보신 분이라면[2] 이번에 출판되는《중국 영화와 젠더 수사학(性別中國)》을 통해 중국대륙에서 가장 뛰어난 학자를 만나게 될 것이고, 이미 다이진화의 팬이라면 현재 일문판 외에 대만판도 있다는 사실에 더욱 커다란 기쁨을 느낄 것입니다.

《성별중국》은 영화를 주요 분석 텍스트로 하여 중국영화 백년사를 관통하고 있기 때문에, 풍부한 사료와 세심한 텍스트 분석을 통

---

1. 옮긴이: 타이완 대학 외국문학과 졸업, 미국 미시간 대학에서 영미문학 박사 취득. 현재 타이완 대학 외국문학과 교수로 재직하고 있으며, 타이완의 대표적 여성학자로 문화비평가이며 작가로도 활동 중이다.

2. 《역사지표로의 부상(浮出歷史地表)》(時報文學, 1993년), 《거울성 지형도(鏡城地形圖)》(聯合文學, 1999년), 《기울어진 탑에서 바라보기 : 중국 영화 문화 1978-1998 (斜塔瞭望:中國電影文化 1978-1998)》(遠流出版, 1999년)

해 읽는 재미를 느끼실 수 있습니다. 또한 거시적, 미시적 시각에서 텍스트 속 사회적 콘텍스트와 성별 이데올로기가 교묘하게 서로 얽혀 있음을 알게 될 것입니다. 종족/성별서사에서 제 3세계 민족 알레고리의 성별 위치를 분석한 대목에서는 자신도 모르게 고개를 끄덕이실 겁니다. 1930년대 좌익영화에 나오는 신여성 형상, 1950년대 공농병(工農兵) 영화 속에서 (비) 성별과 사회주의 수사 설명 부분, 그리고 문혁(文革) 기억 내 5세대 감독의 부자(父子) 질서 알레고리에서 '진시황 콤플렉스'를 논하는 각각의 대목에서 탁월한 저자의 견해를 느낄 수 있습니다. 중국영화에 관한 성별 담론과 문화적 증후, 남성 역사주체의 여성가면, 정치—성별 서사의 상호 갈등과 상호 은폐 등의 내용은 다른 책에서는 찾아볼 수 없는 내용입니다. 《성별중국》은 한층 깊이가 있으면서도 쉽고 치밀한 논리를 펼치고 있습니다.

디지털 영상DV3 기술과 이론 덕택으로, 타이완 독자들도 이 책에서 다루고 있는 초기의 <신여성(新女性)>, <작은 마을의 봄(小城之春)>, <홍색낭자군(紅色娘子軍)>과 <황토지(黃土地)>, <붉은 수수밭(紅高粱)>, 그리고 최근에 나온 <형가, 진시황을 시해하다(荊軻刺秦王)>, <영웅(英雄)> 등의 영화를 대부분 보았을 것입니다. 또한 이 책에서 언급한 이론가들도 타이완 독자들에게 낯설지 않을 것입니다. 단지 타이완에서 일반적으로 사용하는 음역어가 다르게 쓰인다는 차이가 있습니다.4

여기에서 주목해야 할 점은 《성별중국》의 논술 방식과 이론구조

---

3. 옮긴이 : DV는 영어 Digital Video의 약칭으로 쓰이거나 디지털 영상의 의미로 사용된다. 여기선 후자의 의미로 사용됨.
4. 예를 들면, 보드리야르Baudrillard의 음역어 부시아(布希亞)가 중국대륙에서는 부더리야(布德里亞)로 쓰이고, 데리다Derrida의 음역어 더시다(德希達)는 더리다(德里達)로, 사이드 Said의 음역어 '싸이더(薩依德)'는 싸이이더(塞義德)로 쓰는 차이가 있을 뿐이다. 옮긴이: 내용전개상 본문의 이 부분을 주석으로 처리함.

성별에 대한 포스트 냉전적 반성

가 타이완에서 익숙하게 알던 포스트모던, 포스트 콜로니즘 이론과 차이가 있다는 것입니다.이 책의 최대 덕목은 포스트모던, 포스트 콜로니즘 이론의 한계를 지적하고, 서구와 전혀 다른 아시아·아프리카·라틴아메리카의 상상적 시야를 제공하여, 기존의 사고에 젖어있던 우리의 타성을 일깨워 준다는 점입니다. 저자는 먼저 《성별중국》에서 냉전 역사와 포스트 냉전 속의 글로벌 구조가 가지는 연관성을 부각하며, 소위 포스트 콜로니즘적 문화상황 속에 더욱 얽혀있는 '포스트 냉전의 냉전구조'를 주장했습니다. 또한 '서구의 오리엔탈리즘'과 '동양의 옥시덴탈리즘'을 명확하게 지적하고, 그 둘 사이에 아무런 의미상의 대칭구조도 없다는 점을 분명히 했습니다. 그리고 현재 중국 대륙 사상계에 존재하는 여러 가지 '내부 추방'과 '문화적 환유' 모두 포스트 콜로니즘 이론만으로 해석될 수 없다는 점을 덧붙이고 있습니다. '모든 역사는 당대사다'라고 한다면, 마오쩌둥 비판이 마오쩌둥 비판이 아니며, 진나라에 대한 칭송이 단순히 진나라를 칭송하는 것만은 아닙니다. 그 속에 내재된 권력의 복잡성은 필연적으로 동양/서구, 주체/객체를 더욱 복잡하고 더욱 세세한 형태의 다중의 변주로 이끌어낸다는 점을 강조했습니다.

둘째, 《성별중국》은 포스트 페미니즘 성별 비판에 대한 탁견을 제시하여, 타이완에서 이제껏 부족했던 계급적 예민함과 기층 민중에 대한 성별 논의를 강렬하게 일깨워 주었습니다. 이 책에서는 구미(백인) 페미니즘 이론이 1980년대 중국학계에 진입한 역사적 맥락과 사회적 맥락을 진술하고, 1990년대 페미니즘이 문학과 문화의 영역에서 사회과학영역으로 발전했음을 살펴보고 있습니다. 특히 1995년 베이징 세계여성대회 이후 국제적 대형 기금이 어떻게 중국에 들어왔으며, 그 방대한 기금을 통해 어떻게 당대 중국의 성별연구 방향을 규범화시켰는지 알려주고 있습니다. 이 책에서는 포스트 냉전의 냉전논리에서 출발, 이러한 거대 기금이 왜 세3세계의 성별 주제를 '발전주의의 전세계적 지형'에 국한시켰는지 설명했습니다. 또한《성별중국》은 현재 중국 근대화 과정에서 남성 질서의 전면적인 재구축을 강력하게 비판하는 한편, 전세계적 자본주의 과정에서 부권제 구조의 논리를 공격했습니다. 저자는 이러한 논의를 통해 둘 사이의 연계와 공모를 분명하게 드러냈습니다. 그리고 이 책은 당대 성별 주제를 통해 전환기 중국에서 가혹한 계급 재구축과 빈부격차를 어떻게 은폐하고 있는지를 서술하는 한편, 소비주의의 사회 '수사'를 진일보하게 드러냈습니다. 즉 샤강(下崗)한[5] 여성 노동자, 전업주부(全職太太) 등의 호칭 배후에 은폐된 가혹한 사회현실, 계급과 성별질서의 재구축과 상호 결탁을 성공적으로 보여주었습니다.

《성별중국》에 모호하거나 애매한 서술은 없습니다. 다이진화 교수는 이 책에서 1990년대 이래 중국 대륙의 자본주의 과정에서 권력과 금전의 밀착이 있었으며, 미국과 신자유주의를 유일한 좌표로 설정, 근시안적이고 잠재적인 위기를 초래했다는 점을 분명하게 지적했습니다. 또한 그녀는 당대 중국사상계에서 기피하는 중국의 제3세계적 위치를 다시 제기하고 있습니다. 또한 제3세계 개념을 다시 제기하며 시선을 아시아, 아프리카, 라틴 아메리카로까지 확장하고 있습니다. 《성별중국》에서는 현재 '아시아 상상'을 회피하지도 낭만화하지도 않았으며, 그것을 세계화 과정의 구조이자 세계화 과정의 방어책으로 보았습니다. 그녀는 아시아가 담고 있는 사상자원과 문화정치 지형을 새롭게 생각하며, 페미니즘과 아시아 상상, 아시아 시야의 연

---

5. 옮긴이 : 작업라인에서 물러난, 잠정적 실업상태를 일컫는 말. 좀 더 자세한 내용은 4장을 참조할 것.

성별에 대한 포스트 냉전적 반성

결과 긴장을 진일보하게 탐색하려고 했습니다.

《성별중국》은 《역사 지표로의 부상(浮出歷史地表)》, 《성별과 서사(性別與敍事)》, 《무중풍경(霧中風景)》, 《숨겨진 서사(隱形書寫)》 등 기존에 출판된 여러 책들의 정수를 담고 있다는 점에서 가치가 있습니다. 또한 강연 형식을 빌려 원본의 복잡하고 다층적인 개념을 사람들에게 알기 쉽게 전달하고 있습니다. 특히 이 책의 가장 큰 매력은 선생님이 가진 논리의 힘, 호방함과 기백입니다. 다각적인 비판, 대규모 논쟁과 번잡한 정치를 솜씨 좋게 요리하는 것을 보면, 이 책을 과연 당대 중국어권 문화연구와 성별 연구의 최고 전범이라고 해도 지나친 말이 아닐 것입니다.

서론

포스트 냉전시대 문화정치

지나간 이십세기 역사는 서사를 호명하면서도 거부하는 것 같습니다.

에릭 홉스봄Eric J. Hobsbawm이 말한 '짧은 이십세기' 속에서 전세계적 냉전 구도로 모든 것이 분할되고 병합되었습니다. 이후 냉전 구도의 갑작스런 해체 속에서 자신들이 가지고 있던 참조할 만한 서사와 방향도 모두 무너졌습니다. 포스트구조주의, 포스트모더니즘에 의해 우리는 역사가 단지 하나의 서사에 불과하다는 것을 알게 되었고, 자신의 서사를 세울 가능성도 완전히 상실했습니다. 자신의 서사를 이야기하기 전에 우리는 먼저 자신의 위치를 확인해야 합니다. 하지만 여러 겹의 참조물 혹은 어떠한 참조물도 없는 가운데 자신의 위치를 확정한다는 것은 어려운 문제입니다.

이 책을 쓰면서 오늘 저는 자신을 어디에 위치지어야 할 것인가라고 하는 정체성 문제에 직면해 있습니다. 이는 매우 곤혹스러운 문제입니다. 이런 까닭에 저는 20세기 중국의 역사, 20세기 파란만장한 세계사와 여성주의 역사 서술을 참조하려고 합니다. 제 자신은 도

대체 어떠한 입장에 서서 발언하고 있는 것일까? 사회주의 국가(정확하게 말하면, 전(前) 사회주의 국가)출신 여성학자로서? 중국의 여성주의자로서? 제3세계, 아시아여성의 비판적 지식인으로서? 이들 수식어들은 도대체 무엇을 의미하는 것일까요?

'전(前) 사회주의 국가 출신'

소위 '사회주의 국가'와 함께 떠올려지는 것은 냉혹한 냉전 역사입니다. 현재 중국에서 냉전구도, 특히 냉전 이데올로기 구도는 이미 막을 내린 역사이며, 이미 지나간 시절의 역사로 여겨지고 있습니다. 그러나 냉전 이데올로기는 여전히 존재하며, 쇠퇴하였지만 변형된 모습으로 현실 속에 건재합니다. 물론 공산당 정권이 존속하지만, 중국 공산당 정권의 성질, 통치전략과 중국 공산당이 추진하는 신주류 이데올로기는 지금도 계속되고 있는 냉전 현실의 최대변수입니다. 지금 중국을 좌지우지하는 정권은 냉전구조 내부의 사회주의 정권이 아니라, 방대하고 집권적인 관료기구입니다. 바로 이러한 관료기구가 중국 내부의 자본주의화를 진행하고, 중국의 세계화 과정을 전력 추진하며, 다국적 자본과 중국내 형성되고 있는 신흥 부자계층 사이에 새로운 강자 연합을 만들고 있습니다. 중국 공산당 정권에게 사회주의 이데올로기는 통치의 합법성을 유지하기 위해 어쩔 수 없이 내세운 필수적인 요소지만, 중국정치에서는 이미 실효성을 잃은 관제여론(官方說法)에 지나지 않습니다.

그런데 제가 보기에 국제적으로 특히 중국의 사회, 문화에 관한 이해의 패턴과 해석전략에서 중국을 겨냥한 냉전적 대치와 이데올로기 표출은 여전히 존재합니다. 물론 현재의 국제정치 현실을 이렇게 냉전적 대치와 이데올로기로 표현한 까닭은 중국이 소련, 동유럽의 급격한 변화 이후 마지막 남은 사회주의 대국이기 때문입니다. 하지만 세계화 과정에서 새로운 권력/이익의 요청에 따라 그 같은 수사방식을 채택한 것입니다. 세계적으로 특히 구미 선진국과 그 지역에서 비판적 지식인들을 포함하여, 그것은 분명 강력한 이데올로기 효력을 가지는 수사방식이었다는 사실이 중요합니다.

중국 내부의 문화 속에서도 거대한 국가와 기존 사회주의 문화구조가 지금도 답습되고 있는데, 이는 중국을 해독하기 위해서 냉전논리가 가장 필수적이며 정확하다는 것을 반증하는 것이라 하겠습니다. 아직까지 중국에서는 민간자본의 출판사, 텔레비전 방송국, 라디오 방송국, 신문잡지사가 출현하지 않았습니다. 이러한 사실에 입각하여 다음과 같이 단정할 수 있겠습니다. 즉 현재 중국 사회의 주류 이데올로기가 여전히 현 체제의 사회주의 이데올로기라고 할 수 있지만, 다음 사실을 외부에서도 내부에서도 전혀 볼 수 없었으며, 그 누구도 보려고 하지 않았다고 말입니다. 즉 외형적으로 시종 거대한 규모를 유지하고 있는 문화기구가, 실은 전면적인 다국적 자본과 민간자본의 침투와 그것이 개입하는 가운데 미디어가 급격히 확대되면서 심각한 변화를 겪었습니다.

미디어 산업자본의 복잡한 구성을 심도 있게 논의하지 않더라도, 여기에는 두 가지 무시할 수 없는 사실이 존재합니다. 첫째, 1990년대 급격한 변화와 확장을 거친 문화기구는 중국의 세계화 과정 중 기존의 여론도구에서 오늘날의 문화, 미디어 산업으로 변모하였습니다. 미디어 산업은 세계 도처에서 급속하게 자본을 축적하여 거대한 상징자본과 권력을 획득하고, 국가와 지방에 있어서도 독점적 특성을 통해 자신의 권력구조를 강화하였습니다. 거대한 문화시스템이 과거에는 '권력의 미디어'였다고 한다면, 오늘날에는 '미디어 권력'의 특징을 보여줍니다. 미디어 산업이 지난날 어쩔 수 없이 국가의 여론기능을 계속해왔다면, 지금은 자신의 절대적인 독점적 지위를 유지하기 위해서 반드시 헌납금(貢金)을 지불해야 했으며, 새로운 권력, 이익집단과 정치이익집단 사이에 공모하고 상호 혜택을 주고받아야 했습니다.

둘째, 신흥 산업인 광고업이 중국의 세계화, 시장화와 함께 출현하여 미디어 산업에 개입하게 되었다는 사실입니다. 오늘날 광고는 이익, 그것도 폭리를 추구하는 신흥 산업 시스템으로, 전국 곳곳에 여러 가지 관영, 민영회사가 출현하였습니다. 하지만 중국의 광고업은 이미 다국적 기업, 다국적 자본에 의해 지배되었습니다. 따라서 광고는, 세계 어느 곳에서든, 포스트모던 혹은 소비주의 시대를 막론하고 가장 강력하고 유효하게 사회 이데올로기를 구축합니다. 또한 그것은 중국에서 광고 혹은 비광고(예컨대 사회적인 이슈를 둘러싼 논의)의 형태로 매스미디어 공간에 깊숙이 광범위하게 개입, 침투하여, 사회문화, 유행, 생활방식을 효과적으로 구축하고 있습니다. 그러나 보드리야르Jean Baudrillard가 묘사한 소비사회 모습과 달리6 주로 다국적 자본이 지배하고 있는 중국의 광고업계는 정치권력기구 사이에서 권력, 금전의 교환을 행하지 않으면 안 됩니다. 사실상 어떤 의미에서 고전적인 의미의 이데올로기(단순히 소비이데올로기가 아닌) 기능을 수행하고 있다고 하겠습니다.

그런데 중국 지식인 사회에 보편적으로 존재하는 사유방식은 격변하는 중국의 사회, 문화구조와 유리된 채 흑(黑) 아니면 백(白)이

---

6. 본문과 관련된 부분은 《소비사회(消費社會)》 (劉成富, 全志鋼 譯, 보드리야르(鮑德里亞), 南京大學出版社, 2000年)를 참조할 것.
   옮긴이 : 국내 번역서로 《소비의 사회》 (이상률 옮김, 문예출판사, 1982)가 있다.

라는 식의 이분법적 냉전사고로 충만했습니다. 이는 예전 중국 관방 이데올로기를 역으로 복제한 사고로, 문혁 후기에 출현하여 1980년 대 포스트 마오쩌둥 시대에 확립되었습니다. 중국 지식인 사회는 1980년대에 자유주의의 공통인식에 기초를 둔 사상동맹 위에 만들어졌으며, 지식인의 사유방향과 방식은 1970년대 말부터 1980년대까지 사회주의 체제 안의 정치폭력과 빈사상태의 사회주의 이데올로기를 비판하는 데 효과적인 무기가 되어 중국사회에 다른 사상 및 문화와 시야를 열어주었습니다. 1980년대 이러한 사유 방향이 보드리야르가 말한 대로 '지식으로 정치와 대결'하는7 중국 지식인 집단의 비장한 사회적 상상과 정치적 문화적 실천을 드러냈다고 하지만, 이 것은 지식 권력 확장의 자기 연민적 이미지와 요구를 상당히 포함하고 있었습니다. 중국 지식인 사회의 이런 사유방향은 사회적 현실에 투쟁적인 경향을 가졌지만 1990년대 이후 정치적 상황 속에서 점차 무력해졌습니다. 이는 중국 공산당 정권이 냉전 종결, 소련과 동유럽의 붕괴이후 극변하는 국제환경에 대응하려고 했기 때문입니다. 어쩌면 6·4 천안문 사건8 이후 중국사회 내부의 심각한 통치위기로 전개된 일련의 심각한 변화에 응대할 필요를 먼저 느꼈기 때문인지도 모르지만 말입니다. 중국 지식인 사회는 사회주의, 집권, 관방(官方), 공유제, 계획경제(모든 형식을 가지고 시행한 경제생활에 대한 국가의 간섭으로 변모한)를 악의 한 축으로 보았고, 자본주의, 대의제 민

---

7. 이에 대해서는 <나선형 시신(回轉不停的尸身)> (洪凌 譯, 보드리야르(鮑德里亞)), 《시뮬라시옹(擬仿物與擬像)》 (Simulacres et Simulation), 臺北;時報出版公司, 1998年에 수록)의 내용을 참조할 것.
옮긴이 : 국내 번역서로 《시뮬라시옹》 (하태환 옮김, 민음사, 2001년)이 있다.
8. 옮긴이 : 1989년 중국 베이징 천안문 사건을 지칭. 후야오방(胡耀邦) 추모행사를 계기로 공산당의 부패를 비판하고 민주화를 요구하였지만, 체제전복의 위기를 느낀 공산당 정권에 의해 무력 진압됨. 이후 '6·4 사건'으로 약칭.

주/자유, 민간, 사유제, 시장경제를 선의 한 축으로 보는 사유 패턴을 가졌습니다. 지식인들이 이러한 이원론적, 대립적인 사고를 가짐으로써, 공산당 정권이 중국의 자본주의화 과정을 선두지휘하고 있다는 기본적인 사실을 필연적으로 무시했습니다(이러한 과정은 1980년대 이미 시작되었지만, 중국 공산당 내 개혁파, 보수파의 서술로 가려졌을 뿐입니다). 또한 그들은 중국의 정치적 힘이 다국적 자본과 중국 신흥부자 계층의 새로운 연합에 의해 이전과는 다른 통치와 이익집단을 형성하였다는 사실도 무시하거나 직시하기를 거부했습니다. 지식인 집단이 냉전적인 사고와 그 사유패턴을 운용했다는 것은 자본주의의 세계화 자체가 가지는 심각한 위기에 대한 인식과 비판을 사전에 방기했다는 것을 의미하며 그들이 냉전 사회와 사회주의 역사를 진정으로 비판하고 검토할 수 없었다는 것을 의미합니다. 그리고 자본주의 세계화 과정이 이미 중국사회와 문화 밖에 존재하는 이질적인 요소가 아니라 내재적인 자아의 내용이라는 사실을 의식하지 않았다는 것을 의미합니다. 이러한 냉전적 상상 위에 세워진 사회비판 담론은 현실과 역사의 '무물의 진(無物之陣)'[9]에 빠져 무의식중에 다국적 자본, 신흥 부자계층과 정치권력의 새로운 결합을 합법화하는 논거를 마련해주었으며, 신주류 이데올로기 구축과정에 재편되었습니다. 물론 여기서 지적해야 할 사실은 사스SARS 같은 특정한 상황에서 중국의 관방 이데올로기 관리 시스템이 냉전적 조치를 발동하여 사회동원 수단으로 사용되었다는 점입니다. 국내외 사회와 문화무대에서 특정한 프로그램(예를 들어 국제영화제에 등장하는 중국영화

---

9. 옮긴이 : 무물의 진(無物之陣)은 루쉰(魯迅)의 산문시 <이런 전사(這樣的戰士)>에 나오는 표현으로, 역사 속에 숨어있는 보이지 않는 무형의 적, 즉 허위, 거짓과 기만으로 가득한 공간을 말함.

제목 등)이 때로는 냉전논리 내부에 대한 비판을 활성화하고 현재화합니다. 그러나 유사한 상황에서 사회적으로 정해진 냉전식 이미지를 더욱 많이 만들어내고 있으며 사회주의 이름 아래 순조롭지 않은 기술관료 시스템을 운용하고 있다는 점은 분명합니다.

이러한 사회 문화 구조 내부에서 여성학자로서 느끼는 가장 커다란 곤혹감은 정치, 경제, 법률 방면에서 중국 여성의 전면적 해방이 바로 중국 공산당 정권 하에서 완성되었으며, 여성학자(혹은 도시지식여성)를 포함한 중국 여성이 분명 사회주의 체제의 수혜자라는 사실입니다. 그러나 여성해방의 현실과 남녀평등의 문화가 공산당 정권의 변모과정 속에서 쇠퇴일로를 걷게 되었고 중국 지식사회는 사회주의 체제에 대한 전면적인 청산과정 속에서 거부되고 배제되었습니다. 따라서 우리 여성은 남성학자와 함께 강권정치에 반대하고 사회주의 체제를 비판하면서, 자기 자신의 성별의식에 심각한 분열이 생기게 되었습니다. 여성으로서 젠더적 입장을 가진 비판적 지식인이 1978년 전후로 시작된 '근대화로 완곡하게 불려졌던'[10] 과정에서, 남성권력 질서의 전면적인 재건 및 자본주의 문화 특히 전세계적 자본주의화 과정과 다국적 자본 운행내부의 부권제 구조와 논리를 무시할 수 없었습니다. 그런데 유사 사회와 성별 입장은 중국과 중국문화 내부의 냉전적 사유 논리 속에서 그 공간과 담론의 합법성을 얻기가 힘들었습니다.

---

10. 張京媛 譯, [美] 프리드릭 제임슨 (Fredric Jameson) ,<다국적 자본주의 시대 제3세계 문학(處於跨國資本主義時代的第三世界文學)>, 張京媛 主編, 《신사실주의와 문학비평(新歷史主義與文學批評)》, 北京大學出版社, 北京, 1993.

'중국의 페미니스트'

냉전/포스트 냉전의 역사적 맥락 속에서 스스로를 '중국의 페미니스트'라고 자리매김 할 때도 사회문화적 표현의 곤혹감이 내포되어 있습니다. 후발 근대화 국가에서 여성해방운동은 민족해방, 독립건국과 함께 생겨나, 사회동원의 중요한 내용과 방법이 되었습니다. 중국의 여성해방도 백여 년 동안 중국 근대화 역사에서 중요한 내용을 차지하였습니다. 재미있는 것은 여성해방이 처음에는 근대화 기획의 중요한 구성요소였기 때문에 남성 계몽사상가와 정치가에 의해 중국 여성해방이 제창되었다는 사실입니다. 이러한 맥락에서 중국 여성운동은 구미 여성주의의 이론이나 실천과 비교할 때 역사와 현실 간의 차이와 격차를 가집니다. 어떤 의미에서 구미 여권운동과 페미니즘 이론은 구미 근대적 프로젝트 구조 내부의 '내파implosion'11이며, 근대 담론의 반근대적 확장이자 근대 프로젝트 핵심을 겨냥한 근대 담론의 연장과 실천이라 하겠습니다. 따라서 구미 페미니즘은 시작부터 근대 민족국가제도의 부권, 남성 권력구조와 정면으로 충돌했습니다. 하지만 중국의 여성운동은 제3세계나 후발 근대화 국가처럼 민족국가의 확립, 국가민족주의 담론 간에 매우 복잡한 갈등이 존재합니다. 여기서 중국 여성해방 역사와 중국 근대 민족국가 역사에 대한 전면적인 논술은 잠시 접어두겠습니다. 상술한 바와 같이, 중국여성은 공산당 정권이 세워진 후에 바로 해방되었습니다. 이런 사실은 5·4 신문화운동이 개척한 역사와 문화 논리 속에서 공산당 정권이 중국

---

11. '내파(implosion)'는 보드리야르가 제기한 개념. 洪凌 譯, 鮑德里亞, <보부르 효과:함열과 저지(波爾堡效應：內爆與倒退)>, 《시뮬라시옹(擬仿物與擬像)》 (Simulacres et Simulation) , 時報出版公司, 臺北, 1998年.
  옮긴이 : 국내 번역서에서는 내파를 '함열'이라고 번역하였으나, 본문에서는 중문 번역어에 의거, '내파'로 번역함. 내파는 내부적 원인에 의해 폭발하는 현상을 가리킴.

대륙에서 합법성을 가지게 된 근거 중의 하나가 되었으며, 여성의 노동력을 동원하고 조직하여 전후 재건에 힘썼고 전면적인 공업화 과정 요구에도 적극 기여했습니다. 후자는 당연히 후발 근대화 국가에 보편적으로 존재했던 절박한 요구였지만, 동시에 냉전구조와 중국이 냉전의 경계선 최전방에 위치한다는 지정학적 위치에 의해 강화되었습니다.

이와 관련하여 중국의 여성해방 현실에 대해 얘기해 보겠습니다. 사회주의 이데올로기의 핵심인 계급담론은, 여성 - 갓 해방되었으나 잠재적으로 위험한 사회 에네르기를 가진 - 을 효과적으로 지배, 통합하는 중요한 방법이 되었습니다. 여성해방의 전제 하에 성별, 종족 ethnicity의 주제는 1949년 이후 중국문화 속에서 점차 모습을 감추었고, 계급론의 기초 위에 사회주의라는 이름의 부권제 이데올로기가 확립되었습니다. 따라서 1970, 80년대 교체기 중국사회가 포스트 마오쩌둥 시대로 전환될 때 가장 먼저 소개된 서양의 이론이 바로 구미 페미니즘 이론이었다는 사실은 그다지 이상할 것도 없습니다. 구미 페미니즘 이론이 중국 문화현실에 다시 수용된 것은 그 시기부터 시작된 대규모 서양이론의 소개와 마찬가지로 강권정치에 저항하고 사회현실비판을 전개하기 위한 것이었습니다. 그런 까닭에 초기 페미니즘 이론의 소개와 논의에 남성지식인이 많이 참여했습니다.

그런데 아이러니하게도 당시 저를 포함한 페미니스트들은 다음 사실을 자각하지 못했습니다. 중국 여성의 정치, 경제, 법률적 의미의 전면적인 평등을 스스로가 명확하게 전제하거나 변경을 용납하지 않은 채, 페미니즘에 대한 논의와 비판을 전개했다는 사실을 말입니다. 즉 구미 페미니즘 실천과 이론이 발생한 시대와 유사한 역사적 상황이 지연되고 있으며, 해방의 이름으로 해방의 사실 속에 있는 억압의

메카니즘을 비판해야 함을 뒤늦게 깨달았습니다. 우리가 무시하거나 인정하기를 거부했던 것은, 첫째 이러한 전제와 전세계적 냉전의 구조 아래에 있는 사회주의 제도의 내부적 연관성 때문이었습니다. 페미니즘 주제의 전개와 중국 사회변혁의 심화에 따라 예상하지 못했던 국면이 뚜렷하게 전개되었습니다. 사회주의 제도의 비정의성을 논증한 것이 공공연하게 남성권력의 합법성을 은연중에 지지하는 결과를 초래했습니다. 여성해방은 사회주의 체제가 조성한 여러 사회병폐 중의 하나였고, 그 재난의 역사가 불필요하게 거액의 대가를 지불했다고 공공연하게 말했습니다. 심지어 페미니즘은 사회주의 체제에서 여성해방의 등가물이 아니며 얼토당토않은 하등한 것으로 취급되었습니다. 따라서 당시 중국 페미니스트는 주도권을 쥔 남성권력의 논리를 반박하면서도 어떻게 냉전이데올로기의 틀에 빠지지 않을까 하는 곤경과 도전에 직면했습니다.

둘째 1970년대 말에서 1980년대 초반까지 페미니스트들은 자각적인 필요와 이론적인 공백을 메우기 위한 현실적이고 정치적인 요구에 의해 구미 페미니즘 이론을 새롭게 번역, 소개했습니다. 하지만 당시 중국의 정치문화적 제약 때문에 기본적으로 백인 중산계급 페미니즘 지식 계보를 적극적으로 수용하면서 성평등 주제를 제창하고 사회운동이념을 호소한 반면, 소수 민족, 제3세계 혹은 사회주의 색채를 띤 페미니즘의 이론적 자원을 완전히 무시하거나 거부했습니다. 동시기에 유입된 기타 서구 이론과 마찬가지로 그것의 역사적 사회적 문맥을 완전히 무시하고 단절한 채 구미 페미니즘 이론을 소개했던 것입니다. 따라서 페미니즘은 매우 자연스럽게 보편적이거나 신성한 '경전'으로 보였습니다. 이렇게 페미니즘이 중국에 수용됨에 따라 긍정적인 측면도 있었습니다. 즉 페미니즘 입장을 빌려 사회비판에 개입했으며, 당대 중국의 아카데미즘 속에서 젠더 개념을 세웠고, 상당수의 지식여성이 젠더의식을 가지고 사회문화적 실천을 했습니다. 그러나 1990년대 이후 자본주의가 전면적으로 전개되면서 권력과 금전의 밀착 아래 자본의 야만적인 원시축적과정이 이루어졌고, 그 결과 심각한 빈부격차를 조성했습니다. 그리고 여성 집단이 사회진보를 위해 필연적으로 희생해야 하는 최적임자로 선발되었을 때 우리가 가진 페미니즘 자원으로는 이러한 현실에 어떠한 발언도 하지 못한 채 무력해졌습니다.

격변하는 현실 속에서 중국 사회주의 역사는 전혀 다른 시각에서 새로운 채무와 유산을 보여주기 시작했습니다. 중국은 확실하게 공산당 정권 하에서 전면적이고 신속하게 공업화 과정을 완성하였습니다. 하지만 그 공업화 과정이 도시와 농촌 이원 구조의 엄격한 호적(戶籍) 제도에 의해 농촌에 대한 전면적인 착취를 전제로 전개되었다는 것은 분명한 사실입니다. 그래서 1980년대에 시작된 또 하나의 근대화 - 전세계적 시장의 참여 과정도 이러한 도시와 농촌의 이원 구조에 기초를 두었습니다. 사회비판적 성별 입장에서 볼 때, 애당초 공민(公民)으로서 권리를 그다지 누려보지 못한 농촌 사람들에게 정치, 경제, 법률의 전면적인 성별 평등, 혹은 최소한 경제, 법률 차원에서만의 평등은, 도시와 농촌의 이원구조 속에 살아가는 농촌여성의 현실에 적합하지 않았습니다. 또한 실제 대부분 여성 노동자들은 중국의 자본주의화 과정에 수반된 소위 중대형 국유기업 개조(國有大中型企業改造) 과정 속에서 노동자의 샤강 - 대규모 사회실업문제에 직면했습니다. 실업의 충격을 굳이 성별 측면에서 논의하지 않더라도, 여성 노동자의 퇴직 연령이 45세로 하향 조정된 사실, 정확히 말해 중년 여성이 대량의 잠재실업인구로 설정되었음을 알 수 있습니다.

중국 도시화 과정과 WTO(세계무역기구) 가입으로 농촌의 과잉 노동력이 대량 이동하면서 거대한 민공의 행렬(民工潮)이나 내부 이민 문제가 출현했습니다. 특히 농촌 여성의 고령화와 도시로 나온 '다궁메이(打工妹)'12 문제가 가장 심각했습니다. 도시 실업 여성과 농촌 출신 다궁메이가 눈에 보이지 않는 도시 하층민의 주요 구성원이 되었습니다. 하지만 1980년대 서구의 백인 중산층 페미니즘 이론을 선택적으로 도입했기 때문에 중국 여성노동자의 생존현실과 그것을 문화적으로 표현한다는 것이 불가능했습니다. 그러한 페미니즘으로는 다원화된 사회권력 집단이 뒤얽힌 역사 속에서 형성된 심각한 사회하층문제를 파악할 수 없었기 때문입니다.

이렇게 완전히 달라진 상황에서 우리가 가진 페미니즘은 무력했습니다. 여성, 심지어 페미니즘 문화내 포스트 냉전의 냉전구조, 자본주의화 과정에서 남성권력 이론의 주도적 작용과 성별 의식의 다시 쓰기를 다룰 수 없었습니다. 또한 사회주의 이데올로기에 대한 저항과 반발로 드러나고 더욱 공공연해지는 계급에 대한 편견, 전세계적으로 불균등한 권력구조 속의 종족 상상을 더욱 설명할 힘이 없었습니다. 물론 일찍이 사회제도로서 확립된 성별 평등의식에 나타난 정신유산의 가치도, 도시 여성뿐만 아니라 여성의 주체성 표현도 다룰 수 없었습니다. 다른 맥락의 페미니즘 이론을 도입하거나, 페미니즘에 전세계적 시야와 계급과 종족의 차원을 더하는 것으로 해결될 수 있는 문제가 아니었습니다. 서구에서 들어온 페미니즘 자원과 중국의 격변하는 사회 문화적 현실 사이에 커다란 간극이 있었던 이유는, 중국이 겪은 사회주의와 여성해방뿐만이 아니라 포스트 냉전과 세계화

---

12. 옮긴이 : 打工妹는 '농촌 출신 도시 이주 여성 노동자'를 가리키는데 '다궁메이'로 번역함.

역사과정에서 기인한 것입니다. 다시 말해 중국문제가 예전에 구미중심의 냉전구조와 그 속의 중국의 특수한 위치에서 생긴 차이성이라고 한다면, 세계화 과정과 그 시야에서 나타난 지역문제의 심각성은 오히려 세계화 및 전세계적 문제로 집중적으로 나타났습니다. 당시 페미니즘 사상은 사회 문화적 현실에 도전을 받으면서 전세계적 비판이론의 한계를 보여주었습니다. 이러한 상태에서 벗어나기 위해서는 풍부한 창조력과 상상력을 필요로 합니다. 저는 이것이 21세기 가장 중요한 사상적 작업 중의 하나라고 생각합니다. 특히 마르크스 이론과 사회주의 실천은 데리다Jacques Derrida가 말한 대로 방축되었다가 다시 '유령'으로 돌아왔습니다.13 페미니즘은 이러한 사상작업에 중요한 방법을 제시해야 하며 이러한 과정 속에서 자신과 비판이론을 위해 다른 정신자원과 시야를 열어갈 수 있을 것입니다.

'제 3세계와 아시아'

저는 여기서 농후한 냉전적 색채를 가지면서도 냉전구조를 부수고 넘어서고자 하는 요구를 가진 '제 3세계' 개념을 사용했습니다. 그 이유는 냉전, 포스트 냉전 사이의 연속된 역사적 맥락과 세계화 과정 속에서 점차 첨예해지는 동서, 남북의 대립, 그리고 중국사회 내부의 극심한 빈부격차 현실을 드러내기 위해서 입니다. 제가 시대에 뒤떨어진 '제 3세계' 개념을 끊임없이 사용하는 것 자체가 바로 포스트 냉전시대 국제정치에서 중요한 '증후'를 보여주는 셈입니다. 따라서 이 개념이 예전부터 가지고 있고, 계속적으로 부여되는 이데올로기적 의

---

13. 何一 譯, [프랑스]자크 데리다(雅克·德里達), 《마르크스의 유령-채무국가의 애도활동과 신국제(馬克思的幽靈--債務國家哀悼活動和新國際)》, 8-9쪽, 中國人民大學出版社, 1999年.

미를 회피하는 것을 저는 의도적으로 거부합니다. 또한 이와 유사한 의미로 대체하는 것도 거부합니다. 예를 들어 개발도상국이란 개념으로 중국 정치의 지리적 위치를 지칭하거나, 중국사회 내부 현실을 묘사하는 데 사용하는 것 말입니다. 개발도상국이라고 하는 호칭/개념 자체가 이미 발전주의 환상을 전제로 하여 사용된 것이기 때문입니다.

중국 내부의 사회문화현실에서 분명한 사실은 중국이 70~80년대 교체기 세계화되는 과정에서 중국의 사회문화 속에 구미 세계가 그 모습을 드러냈고, 세력을 점차 확장하면서 세계 다른 지역을 가리게 되었습니다. 그러다 결국은 미국이 구미지역을 대신하여 중국의 유일한 세계가 되었습니다. 이것은 수사적인 묘사가 아니라 냉정한 사실입니다. 1980년대 중반 이후 중국의 주류 미디어에는 제 3세계 이야기, 특히 제 3세계 저항과 고난의 이야기는 거의 없다시피 할 정도로 대폭 축소되었습니다. 그것은 관방의 의지가 다시 모습을 드러낸 것이라기보다는 관방의 의지, 미디어 이익의 요구가 신주류 미디어 대도시 수용자와 공모하여 선택한 결과였다고 말하는 편이 낫겠습니다.

또한 그 시기 도입된 페미니즘 이론은 제 3세계 혹은 구미 소수민족과 어떠한 유대나 맥락도 가지고 있지 않았습니다. 이와 함께 나타난 현상 중에 또 한 가지 재미있는 사실은, 중국이 구미 국가를 향해 시야를 돌리기 시작하면서 제3 세계/아시아 아프리카 라틴아메리카 국가에 대한 시선도 닫았다는 것입니다. 이와 동시에 중국 지식여성으로 대표되는 여성단체가 저항담론의 주체로서 수면 위로 다시 떠올랐지만, 중국 여성노동자 집단의 사회적 생존상황은 문화지표 아래로 점차 가라앉았습니다. 중국 페미니즘 역사에서 중요한 전환점은 1995년 베이징 세계여성대회의 개최입니다. 이 역사적 사건으로 페미니즘, 젠더이론이 중국대륙에서 광범위하게 전파되었고, 중국 여성 노동자와 농촌여성이라는 주제가 페미니즘 논의와 실천 속으로 상당히 효과적으로 들어갔습니다. 그러나 이들 주제가 새로이 부상하고 회귀한 것은 그 배후에 있는 세계은행과 구미의 대규모 국제기금에서 자금을 제공 받았기 때문입니다. 물론 관련 주제가 악화일로에 있는 중국여성, 특히 기층여성의 생존상황과 연관되었지만 말입니다. 지면과 주제의 한계로 양면의 칼날을 지닌 전형적인 현실에 대해 본격적인 논의를 전개할 수 없지만, 다음 사실만은 지적하고 싶습니다. 유사한 주제로의 회귀가 어떤 의미에서 은폐되거나 무시되어온 중국 내부의 제 3세계 현실을 드러냈습니다. 그리고 수면 위로 떠오른 자금의 흐름으로 자본주의 세계화 구도 속에서 중국이 가지는 제 3세계 위치를 다른 방식으로 보여주고 있다고 하겠습니다.14

이와 관련하여 저는 '아시아'를 다음과 같이 자리매김합니다. 어떤 의미에서 지역화(/본토화) 흐름은 세계화에 저항하는 하나의 힘으로서 세계화 전개에 따라 만들어지고, 다른 종류의 역량으로서 세계화의 모습을 그려가고 있습니다. 중국의 문화 콘텍스트 내부에서 한 번 더 아시아를 자세히 살피고 아시아를 드러내는 것은, 제 3세계에서 중국의 위치 및 전세계적 자유주의 역사에서 중국의 숙명과 현실문제를 분명하게 보여주는 중요한 첫걸음이라고 생각합니다. 동시에 아시아 각국의 역사, 사회, 문화와 비교 대조하는 가운데 중국을 자리매김하는 것은 냉전구조와 발전주의 환상의 외부에서 중국문제를 사고하는 방법 중의 하나입니다. 아시아의 역사, 즉 콜로니즘과 포스트콜로니즘의 역사 및 아시아가 갖고 있는 사상적 자원은 전세계적 비

---

14. 이것도 중국에 있어서 대부분 세기말에 부상한 다른 종류, 저항적 주제 중의 하나다. 예를 들면, 여러 가지 환경문제, 동성애 주제, 영화의 독립제작 문제 및 대부분 제3세계 국가의 여러 가지 민간단체NGO가 직면한 복잡한 정세 및 맡고 있는 여러 가지 역할 등이다.

판이론의 사상적 한계를 극복할 잠재적 가능성을 새로이 제공할 수 있을 것이며, 페미니즘 이론과 실천을 다시 열어갈 가능성 중의 하나가 될 것입니다.

비판적 지식인으로서 아시아를 다시 자세히 살핀다는 것은 냉전과 포스트 냉전이 만들어낸 사상과 문화의 울타리를 타파하겠다는 의미입니다. 그것은 바로 인접국가, 지역, 연관된 역사운명과 유사한 현실적 곤경을 말합니다. 그동안 우리는 자신의 시각과 담론을 구미 세계에 투항한 채, 타자(구미)의 언어로 자기 자신의 이야기를 했습니다. 동시에 운명을 함께 한 공동운명체를 망각했고, 상호간 대화의 전제와 가능성을 상실했습니다. 이제 세계화 과정에서 중시되는 국제정치와 경제단위로서의 아시아(혹은 더 정확히 말해 동아시아)가 세계화 추세에 저항함과 동시에 미국식 세계화 이론의 복제에 빠지지 않도록 경각심을 가져야 합니다. 이러한 문화정치 지형 속에서 페미니즘은 아시아 대화 속에서 혹은 차용한 타자/자아의 언어로서, 여러 가지 헤게모니와 남성권력의 민족주의 기획을 경계, 비판하는 효과적인 무기로서, 또 다른 아시아 시각과 아시아 상상을 만들어 낼 수 있을 것입니다.

이상 서론에서 대략적인 윤곽만 살펴보았습니다. 다음 장부터 영화를 통해 중국문화정치의 지형을 그려가면서, 자신의 위치와 입장, 자신의 담론이 갖는 모순과 곤경, 그리고 그 곤경을 타파하려는 몸부림과 저항을 분명하게 밝혀 보겠습니다.

1장

'여성' 이야기 : 격변하는 역사

중국/서구, 남성/여성

중국영화사(1905~)는 20세기 중국 역사와 궤도를 같이 합니다. 19세기말 서양 그림자극(西洋影戲)이라는 이름으로 새로운 놀이가 중국에 들어온 이래, 영화는 중국의 후발 근대화 과정에 특수한 참여자와 증인이 되었습니다. 서양 그림자극, 즉 영화는 중국 청나라 황실에 들어와, 청말(淸末) 통치자1 자희태후(慈禧太後)의 생일 축하연에서 처음 상영되었습니다. 하지만 가연성 물질 니트로기로 화재가 발생하자, 영화는 일시적으로 금지되었습니다. 의화단 사건(庚子之亂, 1900) 때 의화단(義和團) 권민(拳民)2들은 카메라가 양놈이 중국인의 눈을 뽑아가기 위해 만들었다는 소문만 믿고서 사진관 사장을 체포, 고문했다고 합니다. 지금 보면 무척 황당무계한 이야기지만, 동양과 서양, 전통과 현대에 관한 우언이나 80년대 중국의 주제 '문명과 우매'3에 관한 우화라 할 수 있겠습니다.

---

1. 저자가 말하는 자희태후는 청 말의 실제적인 통치자로, 청대 마지막 황제 부의(溥儀)는 상대적으로 꼭두각시에 지나지 않았다.
2. 옮긴이: 의화단은 의화권의 비밀결사조직을 말하며 권민은 의화단원을 지칭함. 의화단 운동은 1900년 서구 열강과 청 왕조를 몰아내기 위해 일어난 민중봉기였음.
3. 季紅眞, 《문명과 우매의 충돌(文明與愚昧的衝突)》, 杭州;浙江文藝, 1986. 1980년대 중국

서양 영화사에서 중국이 차이성을 가진 하나의 대상으로 인지된 것은 1900년 8개국 연합군이 중국에 침입, 베이징을 점령한 이후부터입니다. 이것은 '문명과 우매' 이야기에 좋은 사례와 주석이 될 수 있을지도 모르겠습니다. 이후 기록영화 시리즈물 <중국의 전쟁(中國之戰)>, <의화단사건(義和團事件)>이 만들어졌고 세계영화사에서 한 획을 그은 고전영화 <중국교회 피습기>와 그리피스의 <낙화(落花)>가 만들어졌습니다.4 만약 전자의 영화가 중국인을 자신과 다른 사악한 인종으로 묘사하여 황인종이 몰고 온 재앙을 다룬 황화(黃禍) 물결에 성공적으로 재편입했다고 한다면, 후자의 영화는 사이드Edward W. Said의 《오리엔탈리즘Orientalism》의 뛰어난 부록이라고 볼 수 있겠습니다. 바꿔 말해, 세계영화사 기점부터 중국을 묘사한 영화에서 페미니즘 영화이론가 로라 멀비Laura Mulvey가 언급한 헐리웃 주류영화에서 성별 이론, 시선과 응시, 주체와 정체성의 권력관계는 종족/성별 서술로 바뀌었습니다. 그래서 중국영화는 시작부터 폭력과 저항의 구조를 형성하여 중국을 마귀로 묘사하는 서양 열강의 서사에 저항하고, 긍정적이고 근대적인 국민국가 형상을 만들도록 기대되었습니다.

하지만 20세기 초 프랑스와 미국영화의 독점 속에서 힘들게 탄생한 중국 영화는 이렇게 무거운 책임을 담당할 수 없었습니다. 또한

문화사상계에서 중요한 주제어.

4. <중국의 전쟁(中國之戰, War in China) >(17부 다큐멘터리 영화, 미국, 1901年)
   <의화단사건(義和團事件)>(다큐멘터리 영화, 일본, 1901年)
   <중국 교회 피습기(Attack on a China Mission) >(시나리오, 감독: 제임스 윌리엄슨 (James Williamson) , 미국, 1901年) 이 영화는 영화사에서 평행 몽타주 수법을 처음으로 개척한 작품으로 평가된다.
   <낙화(Broken Blossoms) >(시나리오, 감독: D.W. 그리피스 (D.W. Griffith) , 미국, 1919年), 이 영화는 영화를 엄숙한 예술의 지표로 보았다. 이와 유사한 예로 <붉은 등 (The Red Lantern) >(프랑스, 1919年, 감독 알버트 카펠라니(Albert Capellani))이 있다.

서구 영화가 영화시장 대부분을 차지하고 영화관도 서구 영화를 위주로 상영되었습니다. 초기 중국 영화인들이 사회 중하층 관중을 확보하는 것만으로도 벅찼기 때문에 그들은 계몽의 사명을 담당할 힘이 아예 없었습니다. 그런 까닭에 근대공업문명의 산물이자 새로운 수입품이었던 영화는 20세기 초 중국문화의 구조 속에서 5·4 신문화운동의 중요한 장르가 되지 못했습니다. 다시 말해 영화는 문학과 함께 서양에서 들어온 예술양식 화극(話劇)5처럼 근대화 과정에 적극적으로 개입하거나 근대화를 추진하지 못했습니다. 이러한 영화와 문학의 시간차에서 진보/후퇴, 변혁/보수, 소년중국에 관한 새로운 글쓰기/노쇠한 중국의 잔재 등의 대립만 나타난 것은 아니었습니다. 20세기 중국 영화사와 대중 문화사를 고찰할 때 사상사와 문학사 측면에서 20세기 초 중국 엘리트 지식인의 사고와 근대화 담론이 사회 주류 이데올로기로 인정되기엔 커다란 격차가 존재했습니다. 이러한 격차는 중국의 근대민족국가, '상상의 공동체imaginary community'6를 건설하는 과정에서 더욱 뚜렷하게 나타납니다.

영화는 명실상부하게 새로운 장르였지만, 낡은 이야기를 담았기 때문에 중화문명 속에 면면히 이어져 온 중국어나 새로운 사람을 묘사한 문학과 상당한 차이를 보였습니다. 이러한 장르상의 차이는 중국 근대화 개입 과정에서 순수와 과격의 차이를 보여주었으며 초기 대부분의 중국영화는 전(前)근대 중국 민간문화에서 제재나 이미지를 빌리고 그 이야기 방식을 취했습니다. 그런데 영화 텍스트를 꼼꼼히 살펴보면 영화가 옛 이야기를 차용하고 바꿔쓰기를 통해 일상생

---

5. 옮긴이: 근대 이래 서구에서 들어온 근대극 양식을 지칭. 중국 고전극에 비해 대사가 중심이 된다고 해서 화극이라 칭함.
6. 옮긴이: 앤더슨은 《상상의 공동체》에서 민족을 마음에 묘사된 상상의 정치적 공동체라고 서술함.

활의 측면에서 근대 담론을 전파, 구축하고 전(前) 근대와 근대 일상생활을 통합하고 연결했다는 것을 금세 알 수 있습니다. 이런 원인 때문에 영화는 사람들이 갈망하고 기대한 것처럼 '소년 중국'이라는 신생 민족국가의 강한 남성미를 가진 남성영웅을 충분히 보여주지 못했습니다. 도리어 영화는 점차 성숙해가는 많은 여성 이미지를 가진 '제3세계 민족 알레고리'[7]를 만들었습니다.

보충설명을 하면 중국현대문학이나 현대영화 속에서 사람들이 간절히 바라고 광범위하게 인지될 수 있는 중국의 기둥(中國的脊梁)으로서 남성영웅 이미지는 좀처럼 등장하지 않았습니다. 이것은 제3세계 후발 근대화 국가의 국제적 위치와 역사적 숙명을 드러내는 것일지도 모르겠습니다. 근대 민족국가는 남성 권력을 구조적인 지지대로 삼았기 때문에 남성영웅은 자연스럽게 민족국가 상징의 의미를 가졌습니다. 제3세계 국가 대부분은 20세기에 이르러서야 서구를 모델로 근대화 과정을 시작했거나 독립국가를 형성했습니다. 때문에 제3세계 민족국가정권과 남성주체의 민족문화는 처음부터 서구 선진국의 상징적 부권제의 그늘 아래서 근대화 국가가 상징하는 '아버지의 이름'과 '아버지의 법'을 상당 정도 자각적으로 준수하거나 그것을 내재화해야 했습니다. 근대 민족문화 자체가 가지는 전통과 근대에 관한 초조감은 때로 남성문화의 내재적인 결핍으로 드러났습니다. 뒤에서 다시 언급하겠지만, 중국 문화전통 내부에는 예전부터 남성 문인들이 자신을 향초미인(香草美人)으로 비유하는 수사전통이 있었습니다. 하지만 앞으로 논의할 영화 속 여성, 혹은 여성의 사회적 주제가 남성주체를 드러낸 것은, 근대 민족국가 중국과 그 남성문화 사이의 근대적 긴장관계를 나타내는 특징 중의 하나였습니다.

----

7. 옮긴이: 프레드릭 제임슨은 제3세계 문학에는 집단의 역사와 무의식이 그 심층에 깔려 있다는 점에서 '제3세계 문학은 민족 알레고리'라고 함.

서론에서 살펴본 바와 같이 중국에서 근대적 의미의 여성운동은 유럽 선진국 여성운동의 역사와 다릅니다. 중국에서 근대적 의미의 여성운동은 근대화 과정과 동시 발생하여 근대화의 중요한 내용과 기준이 되었으며, 초기에 남성 사상가에 의해 주도되었습니다. 이러한 역사적 특징은 제3세계와 후발 근대화 국가에서 보편적으로 존재한 사실입니다. 그런데 여기서 지적해야 할 사실은 근대적 의미의 여성운동이 역사서서로서 근대중국 내부의 남성권력 문화 구축에 참여했다는 점입니다. 제3세계 혹은 후발 근대화 국가에서 여성해방 운동은 주로 남성 사상가가 제창하거나 남성 정치가가 주도했습니다. 또한 페미니즘이 전면적으로 전개되고, 여성이 자각적으로 여성 자신의 역사를 쓰기 전까지, 여성해방운동은 남성에 의해 쓰여 남성 제창자와 지도자의 역할이 부각되고 여성의 지위와 역할은 약화되었습니다. 제3세계의 여성해방은 대부분 독립 건국운동에 여성을 동원하고 참여시키기 위한 중요한 경로나 수단이었습니다. 공동의 적에 대응하기 위해 해방된 여성은 해방되자마자 타자의 특징을 보여주는 위험한 세력으로 인식되어 잠재적으로 억압되고 통합의 대상이 되어야 했습니다. 그러므로 여성해방운동에 있어서 여성의 역할을 없애는 것이 그 다음으로 중요한 단계가 되었습니다. 이런 까닭에 수정을 거친 관제여론에서는 남성 사상가와 정치가의 모습만 남았습니다.

　예를 들어 추진(秋瑾, 1877~1907)은 '한족을 재흥하고, 국권을 크게 부흥'시킨 여성 영웅이라는 역사적 사실만 강조될 뿐, 남녀평등의 제창, 여성신문, 여학교의 창간, 여성 체육회를 창립한 사실은 최대한 축소되었습니다. 또한 <인형의 집A Doll's House>이 5·4시기 사람들에게 정신적인 거울을 제공하기 전에 추진이 실제로 집을 나온 현실 속 '노라'8였다는 사실도 거의 알려지지 않았습니다. 또한 쑨원

(孫文, 1866-1925)이 '민국 창립의 여걸'이라고 불렀던 중국동맹회 (中國同盟會)의 최초 여성 회원 탕췬잉(唐群英, 1871-1937)이 1912년에 부인참정권을 요구하고 남녀평등을 법률에 명시할 것을 요구한 행동은 그저 에피소드처럼 기술되어 있을 뿐입니다. '몸을 없앨 수 있어도 마음만은 죽일 수 없다. 머리는 자를 수 있어도 그 권리를 없애서는 안 된다'라는 비장한 각오로 전례 없던 여권 투쟁을 전개한 사실은 전혀 고려되지 않았으며, 여성신문을 만들고 여학교를 만든 역사적 사실도 그저 고상한 일화로 그려질 뿐이었습니다. 더욱이 추진, 탕췬잉, 중국공산당사에 특별한 지위를 차지한 혁명의 어머니 거젠하오(葛健豪 혹은 葛蘭英, 1865-1984) 이들 세 사람 사이에 피어난 감동적인 우정도 여성 동료의 잡담 장면으로 묘사되었습니다. 또한 그녀들 간의 우정과 동맹관계가 자매애sisterhood로 인정받지 못했으며, 시대의 선구자로서 사회변혁에 투신하고 여성해방을 추진한 세 사람의 공통적인 선택을 연결 지어 해석한 경우도 거의 없었습니다.

시대의 우상, 노라

남성 계몽자의 형상으로 충만한 역사 텍스트와 달리 문학, 예술, 영화 속에서는 여러 세대에 걸쳐 계보를 이어가는 일련의 여성 이미지가 있습니다. 주지하다시피, 현당대 중국문화, 5·4 신문화운동의 흐름에서 그 시대의 거울은 노르웨이의 극작가 입센Henrik Ibsen이 쓴 <인형의 집>의 여주인공 노라[9]였습니다. 당시 젊은 세대는 노라로부

---

8. [노르웨이] 입센 (Henrik Ibsen) 의 《인형의 집(A Doll's House, 1879年)》
9. 1907년부터 루쉰은 입센을 연속적으로 소개하였다. 1914년 연극인 루징뤄(陸鏡若)는 『俳優雜誌』 창간호에 실린 《입센의 연극(伊蒲生之劇)》에서 <인형의 집(頑偶之家)>을

터 '집을 떠나는 것(出走)'을 배웠습니다. <인형의 집> 현관문이 노라 뒤에서 '쾅' 하고 닫힐 때, 변혁의 시대 신청년/신여성은 용기와 힘을 얻고 봉건혈연으로 맺어진 가정의 속박에서 벗어나 아름다운 꿈을 안고 새로운 생활 속으로 달려갔습니다. 그러나 일찍이 멍웨(孟悅)와의 공동저서 『역사 지표로의 부상(浮出歷史地表)』에서 지적한 대로, 노라가 5·4 시기 정신적 상징이었던 사실은 확실하지만, 두 가지 점에서 원작과 다른 차이를 보여줍니다.

첫째 리얼리즘 극작가 입센의 원작에서는 다양한 해석과 의미를 포함하고 있습니다. 각성한 여성이 중간계급의 결혼, 도덕, 법률, 종교적 위선에 반발하여 남성에 의해 좌지우지된 채 인형으로 살았던 가정을 떠난다는 이야기입니다. 하지만 5·4 세대 상징이었던 노라 형상에서는 저항과 가출의 모습으로만 국한되었습니다. 후스(胡適)의 <입센주의>에 나오는 표현을 빌리면 순수한 개인주의의 실천이었습니다. 또한 극중 근대 핵가정은 중국 봉건혈연 가정으로 치환되었습니다. 후스의 원작에서는 결혼과 핵가정으로 상징되는 근대 자본계급의 도덕, 법률, 종교에 대한 첨예한 비판이 중국 계몽 담론 속에서 근대 자본주의 문화 논리를 승인하는 것으로 전이되었습니다.

둘째 '소년 중국'과 5·4시기 여성의 상대는 봉건적 부권(父權)에서 근대적 부권 (夫權)으로 치환되었습니다. 노라가 위선적인 남편에 대해 '난 무엇보다도 사람이에요, 당신과 같은 사람이라고요'[10] 라고 선언한 내용이, 아버지에 대해 '나는 바로 나 자신입니다'라고 한 뒤 자주결혼을 선택한다는 내용으로 전이되었습니다. 사실상 중국판 '노

포함한 몇 편의 극본을 소개하였다. 1918年6月15日잡지 《신청년(新青年)》에서는 입센 특집호(易卜生專號)를 간행하였다. 여기에 후스의 <입센주의(易卜生主義)>, 위안전잉(袁振英)의 <입센전(易卜生傳)>, 후스와 뤄자룬(羅家倫)이 공동번역한 극본 <노라(娜拉)>가 발표되었다. 이후 《신조(新潮)》, 《희극(戲劇)》, 《소설월보(小說月報)》와 현 대(現代), 춘조서국(春潮書局)에서 잇따라 입센 관련 저작을 게재, 출판하였다.
10. <인형의 집(頑偶之家)>

라극'11의 원형인 후스의 <종신대사(終身大事)>는 원작의 내용을 바꿔, 여성이 저항하고 가출하는 역사적 순간을 아버지의 집을 벗어나 남편의 집으로 옮겨가는 내용으로 변질시켰습니다. 남편의 집은 여성이 자주적으로 선택하며('자식의 결혼은 자식이 결정해야 합니다', '나는 바로 나 자신이에요, 누구도 내 권리를 간섭할 수 없어요!')12 봉건혈연가정은 근대 핵가정으로 전환되었습니다. 아버지 집과 남편 집 사이에서 남겨진 것은 작은 틈새뿐, 이 틈새도 곧 사라지게 될 운명이었습니다. 5·4 시기 여성은 잠을 뒤척거리며 고민하면서 역사의 무대를 끝없이 맴돌며 배회했습니다.

입센과 그의 노라는 5·4 시기 문학이나 문화의 역사에 결연한 행위와 비장한 자아 이미지를 남겼습니다. 하지만 그 시대 문화 실천 속에서 가출은 매우 복잡다단하고 주저되는 행동이었습니다. 전근대 중국의 혈연가정은 신문학 서사 속에서 '좁은 우리(狹的籠)'내지 '인육을 먹는 잔치(吃人宴席)'였고 구(舊) 여성은 '죽은 여성'으로 그려졌습니다. 하지만 5·4가 만든 역사적 단절을 넘어 연속되는 현실사회의 삶에서 본다면, 가족/혈연가정은 중국 사회정치 생활의 구조적 기초 중의 하나를 계속해서 담당했습니다. 가족/혈연가정은 권력에 의한 억압만이 아니라 가족 간의 정에 호소한 요구가 더욱 많았습니다. 루쉰(魯迅, 1881-1936)은 이렇게 말했습니다. '제게는 어머니가 한 분 계십니다. 어머닌 절 많이 사랑하시고 자식의 무사평안을 기원하십니다. 그런 어머니 사랑에 보답하기 위해서라도, 전 제가 하고 싶지 않은 일을 해야 합니다'13 그에게 결혼은 '어머니가 준 선물

---

11. 후스가 입센의 <인형의 집>에 직접적인 영향을 받아 창작한 <종신대사(終身大事)>를 시작으로, 이후 어우양위치엔(歐陽予倩)의 <막돼먹은 여자(潑婦)>, 시웅휘시(熊佛西)의<새로운 사람의 생활(新人的生活)>, 바이웨이(白薇)의 <유령탑을 나오며(打出幽靈塔)> 등의 작품이 출현하였다. 중국현대문학사, 화극사에서는 이들 작품을 '노라극(娜拉劇)'으로 칭한다.
12. 각각 후스의 <종신대사>와 루쉰의 <상서(傷逝)>에서 인용.

로, 전 단지 어머니를 잘 공양하고 싶을 뿐, 애정은 제 소관이 아닙니다'[14]라고 했습니다. 루쉰과 <종신대사>의 저자 후스를 포함한 대다수 5·4 신문화운동의 지도자, 여성해방의 제창자들은 자유결혼이라는 지극히 개인적인 문제에 있어서 스스로 노라의 행보를 실천할 힘도 방법도 없었습니다. '노라가 집을 떠난 후 어떻게 되었는가'에 대한 답안 중의 하나로 일컬어지는 소설 <상서(傷逝)>에서 쯔쥔(子君)은 집으로 '돌아옵니다.' 이러한 쯔쥔의 형상은 5·4 시기 남성 문인의 모습으로 읽혀집니다. 그들은 끊임없이 떠났고, 또 끊임없이 돌아왔습니다. 그들은 집을 떠날 수 없었으며 잠시 떠났다가 다시 돌아오는 일을 끊임없이 반복하며 그렇게 평생을 전전하며 살아가야 했습니다.

사진1 영화 <고아가 할아버지를 구한 이야기>

---

13. 魯迅, <趙其文에게(250411, 致趙其文)>, 《魯迅書信集》, 北京;人民文學, 1976年
14. 許壽裳, 《벗 루쉰 인상기(亡友魯迅印象記)》, 北京;人民文學, 1977年

사진2 중국의 첫 번째 비극 여배우
왕한룬

집을 떠난 노라가 5·4 시기 연극 무대에서 스포트라이트를 받을 때, 중국 스크린에서는 <고아가 할아버지를 구한 이야기(孤兒救祖記)>15가 센세이션을 일으켰습니다. 이 영화에는 전근대 옛 중국의 분위기로 넘쳐 납니다. 여주인공 위위루(余蔚如)는 잇따른 재난 속에서도 대의를 지키고 굴욕을 참아가며 자식을 교육시켜 보답을 받게 됩니다. 위위루를 연기한 여배우 왕한룬(王漢倫, 1901-1978)은 일약 스타 반열에 오르며, '중국 제일의 비극 여배우'로 칭해졌습니다. <고아가 할아버지를 구한 이야기>는 여성을 주인공으로 한 멜로드라

---

15. <고아가 할아버지를 구한 이야기(孤兒救祖記)>, 각본 : 정정추(鄭正秋), 감독 : 장스촨(張石川), 촬영 : 장웨이타오(張偉濤), 출연 : 왕한룬(王漢倫),정샤오치우(鄭小秋),정저꾸(鄭鷓鴣), 흑백 무성 영화, 스타영화 주식회사(明星電影股份有限公司), 1923年. 이 영화는 중국 영화사상 최초로 흥행에 성공을 거두었는데, 이 영화로 인해 중국내 국산영화 제작 열기가 일어났다. 영화 내용은 다음과 같다. 대갓집 첩 위위루(余蔚如)는 임신 중에 남편이 죽게 되고 나쁜 친척에게 희롱당한다. 그녀가 거절하자 부정하다는 무고한 죄를 쓰고 시댁에서 쫓겨난다. 위위루는 아들 위푸(余璞)를 낳고 갖은 고생을 다하며 자식을 기른다. 위푸가 성장하여 평민학교에 진학하게 되고, 학교의 설립자 부자 할아버지와 알게 된다. 위푸는 그가 자신의 할아버지임을 모르고 있다가 훗날 할아버지를 구하고 악인은 참회한다. 위위루는 원한을 깨끗이 씻고 시댁으로 들어간다. 이후 물려받은 유산의 반을 장학금으로 기부한다.

마(苦情戱)라고 하는 하위 장르(準類型)를 만들었습니다. 초기 중국 영화인 청부가오(程步高)는 멜로드라마를 다음과 같이 정의했습니다.

(멜로드라마는) 도덕성이 강하고 인정미가 농후하며, 연극성과 스토리에 더욱 중점을 두고 묘사한다. 특히 비극을 중시하였는데, 관중이 가장 동정한 착한 사람, 특히 의지할 데 없이 고통 받는 여성 주인공의 비참한 스토리와 연극성을 강조하여, 그녀에게 인간 세상의 모든 고통을 집중시켰다. 여주인공은 세상의 고통에 압사되어 숨 쉬지도 고개를 들지도 몸을 펴지도 못한 채, 속죄양처럼 세상의 모든 고초를 겪고 있는 듯하다. 관중들은 이 비극의 여주인공을 동정하며, 여주인공의 삶에 자연스럽게 감정이입을 하였다. 극중 인물이 고통스러워하면 관중도 고통스러워했고, 극중 인물이 눈물을 흘리면 관중도 따라서 눈물을 흘렸다.[16]

이러한 멜로드라마는 전통고전희곡의 진향련(秦香蓮)과 <비파기(琵琶記)>의 조오랑(趙五娘) 계보를 이으면서, 옛 중국의 멜로드라마 이야기가 공연(演出) 공간으로 전이되었습니다. 할아버지가 손자와 재회하고 원죄를 참회하는 공간은 근대 평민학교로 변했고 여주인공은 오명을 벗은 후 물려받은 재산을 학교에 기부하는 선행을 했습니다. 다시 말해 드라마에서 속죄 구원의 공간에 근대교육에 의한 사회 구원의 의미를 첨가한 것입니다. 또한 재미있는 것은 이 영화로 근대 법률, 유산과 계승권에 관한 논의가 전개된 것입니다. 이것은 5 · 4 신문화운동시기 정체된 중국영화가 무의식중에 담당한 사회적 역할을 보여주는 대목입니다. 다시 말해, 당시 영화는 일상생활과 대중문화의 측면에서 옛 중국의 이야기와 이미지로 문화 근대화의 사회적 기능을 이행하는 동시에, 전근대 중국사회 생존의 경험과 표현

16. 程步高, 《추억 속의 영화계(影壇憶舊)》, 中國電影出版社, 1983年

을 근대생활과 결부시켰습니다. 이런 까닭에 여주인공을 욕망의 눈빛으로 보는 시선과 재난의 세례를 받는 대상으로 설정했습니다. 정신분석이나 로라 멀비의 표현을 빌면, 여주인공은 바라보는 남성주체가 훔쳐보고 새디즘을 투사하는 이중의 대상이 되었습니다. 흥미로운 사실은 위위루 역을 통하여 일약 상해탄 초특급 스타가 된 왕한룬이 바로 명실상부한 '신여성'이라는 것입니다. 그녀는 미션스쿨에서 교육을 받고 남편의 집에서 나와 시댁, 친정 식구들과 철저하게 결별한 후에 타락하지도 돌아가지도 않고 혼자 독립해 사회적인 성공을 거둔 노라였습니다.17 사회적으로 성공한 '신여성'과 스크린 위 현대판 '진향련' 왕한룬의 이야기는 근대 중국문화가 역사적 대변혁 속에서 얼마나 몸부림쳐 왔는지를 암시합니다. 또한 그 이야기는 당시 여성들이 여성에 관한 글쓰기와 여성 글쓰기보다도 더 대담하게 실천하고 생존해야 했음을, 그리고 문화적 공백과 형성중인 신주류 문화의 규범 사이에서 어떻게 몸부림쳤는지를 알게 해 줍니다. 신여성의 문화적 등장은 십여 년이 지난 후에야 가능했지만, 당시 중국 사회구조는 다시 급변하고 있었습니다.

다중 담론과 실천하는 '신여성'

1930년대 대도시에서 신여성을 보는 것은 일상적인 일이 되었습니다. 문화방면에서는 여성 스스로 자신을 진술하면서 기존의 울타리를 넘어서기 시작했지만, 다른 측면에서는 당시 노라의 호소 하에 아버지의 집을 나온 5·4의 딸들이 자유결혼에 의해 자신의 집, 아니 남편의 집으로 들어가기 시작했습니다. 입센이 묘사한 근대적 결혼생

---

17. 王漢倫 等著, 《지난날을 추억하며(感慨話當年)》, 北京:中國電影出版社, 1962年 1月

활이나 근대문명의 '인형의 집'을 진실로 이해하기 시작한 것입니다. 이미 서술한 바와 같이, 청 말부터 1930년대에 이르기까지 사실상 인형의 집(아버지 집에 국한되지 않음)에서 과감히 나온 여성의 행렬은 계속 이어졌습니다. 1930년대 대도시는 근대교육을 받고 있던 지식여성에게 생존 공간과 가능성을 제공해 주었습니다. 1930년대가 되어서야 입센의 <인형의 집>이 가진 진의가 드러났습니다. 1935년 상하이 아마추어 연극협회(上海餘業劇人協會)가 <인형의 집>을 열연하여 사회적인 주목을 받게 되고, 1935년은 '노라의 해'라고 불렀습니다. 하지만 이보다 한 해전에 이미 고전이 된 중국 영화 <신여성(新女性)>과 <신녀(神女)>가 상영되었습니다. 이들 영화의 개봉으로 새로운 노라와 가출 열기 속에, 성숙한 여성문화와 다른 의미의 사회 상징적 글쓰기 의미가 부여되기 시작했음을 보여주었습니다. <위여사의 직업(衛女士的職業)>[18]같이 메시지가 애매한 영화를 제외하고는, 중국영화 속 여성은 위위루처럼 근대적 삶을 향해 구여성에서 신여성으로 탈바꿈한 것이 아니라 신괴 무협 영화(神怪武俠片)[19] 속 격투장면 속에 오랜 시간 숨어있었습니다. 스크린 속 신여성 이미지는 1920년대 말 '국산영화 부흥운동'과 뒤이은 '좌익영화운동'이 전개되고서야 등장하기 시작했습니다.

1935년 영화 <신여성>[20]에서 여주인공 위밍(韋明) 역을 연기한 명배우 롼링위(阮玲玉, 1910~1935)는 작품을 둘러싼 여러 가지 갈

18. <위여사의 직업(衛女士的職業), 감독 : 홍선(洪深), 장스촨(張石川), 각본 : 홍선(洪深), 촬영 : 둥커이(董克毅), 출연 : 딩쯔밍(丁子明), 궁자농(龔稼農). 흑백 무성 영화, 명성영화주식회사(明星電影股份有限公司), 1927年
19. 옮긴이 : 신선과 요괴, 자객과 협객의 영화
20. <신여성(新女性)>, 감독: 차이추성(蔡楚生), 각본 : 쑨스이(孫師毅), 촬영 : 저우다밍 (周達明), 출연 : 롼링위(阮玲玉), 정쥔리(鄭君里), 인쉬(殷虛), 왕나이둥(王乃東). 흑백 무성 영화, 롄화 영화사(聯華影業公司), 1934年

등으로 고민하다 자살하였습니다. 이 여배우의 자살은 중화민국사와 중국영화사에서 가장 충격적인 사건 중의 하나였습니다. 여성의 관점에서 볼 때 영화 <신여성>은 여성 글쓰기와 여성에 관한 글쓰기라고 하는 이중 구조를 가집니다. 즉 반역적인 신여성에게 돌아온 파멸과 자멸을 기록한 동시에 여성에 의한 글쓰기 보다는 신여성에게 드리워진 운명의 비극적인 결말에 대한 사회적 알레고리를 묘사했습니다.

　이야기의 원저자는 중국영화사상 소수였던 여성 연기자/여작가/영화 시나리오 작가 아이샤(艾霞, 1912-1934)입니다. 아이샤는 자전에 가까운 시나리오 대본 <모던-여성(現代-女性)>을 썼는데 연애의 좌절과 생활의 압박 때문에 자살했습니다. 남성 시나리오 작가 쑨스이(孫師毅, 1909-1979)가 자신의 비극적인 인생을 각색해서 시나리오 <신여성>을 썼습니다. 여주인공 위밍은 암흑의 부권 가정에서 벗어나 스스로의 운명을 선택하려고 자유결혼을 하지만, 위선적이고 매정한 남자에게 버림받고 다시 독립된 인생을 살려고 합니다. 그녀는 교사로 일하면서 자전체 소설 <애정의 무덤(愛情的墳墓)>을 씁니다. 그러나 남성의 도구로 출판계와 저널리즘 상업주의에 의해 응시되고/훔쳐보기를 당하는 운명에 놓이게 되자 자살하게 됩니다. 차이추성(蔡楚生, 1906-1965)이 감독을, 롼링위가 주연을 맡은 이 작품은 당시 영화 검열 제도에 저촉되어 상하이 신문계의 원성을 사게 되었습니다. 여기에 그녀의 전 남편이 가세하여 그녀를 도주, 불륜죄로 고소하자 매스컴은 이를 대대적으로 보도했습니다. 이에 롼링위는 '사람의 말이 무섭다'는 유언을 남기고 다량의 수면제를 먹고 자살하여 세상을 떠들썩하게 만들었습니다. 영화 <신여성>과 '롼링위의 죽음'은 어느 한 시기를 풍미한 사건일 뿐만 아니라 여러 가지 알레고리를 내포한 중화민국 영화사상 일대 문화적 사건으로 이에 대해 다음 같이 다양한 해석이 가능합니다. 이 작품은 토발드 헬머21가 집을 나온 노라에게 가하는 비열한 보복이라고 볼 수도 있고, 신여성과 부권/남권 문화의 비극적인 충돌로도 볼 수 있습니다. 당대(當代) 중국 여작가 쑤쑤(素素, 1955~)는 이 영화의 갈등이 신여성 대 남권/부권 문화의 충돌이라기보다 5·4 시기 역사의 지표에 등장한 신여성과 근대 중국의 유민(遺民)인 구시대 문인 간의 충돌이라고 지적했습니다.22 페미니즘의 시각에서는 상업주의와 스타제도 아래에서 발생한 여배우의 비극으로 보았으며, 중국 관변(官修) 영화사에서는 1930년대 좌익영화와 우익 신문업간의 충돌에서 그 의의를 찾을 수 있다고 기술했습니다.

사진3 비련의 여배우 롼링위

---

21. Torvald Helmer, <인형의 집>에서 노라 남편의 이름.
22. 素素, 《전생금생(前世今生)》, 76쪽-81쪽, 上海文藝出版社, 1997年

그런데 롼링위의 죽음과 함께 〈신여성〉 영화 텍스트를 결부시켜 보면, '신여성'이란 제목을 붙인 작품 속 신여성에 관한 글쓰기에 분명한 변화가 나타납니다. 첫째, 이중의 의미를 가지는 노라의 가출 이야기는 이미 영화 서술 이전에 이뤄진 배경 이야기로, 실제 영화에서는 과거를 회상하는 장면으로 나타났습니다. 영화 줄거리 속 위밍은 근대 사회에서의 개인이었습니다. 다시 말해 '집을 나간 노라'에 관한 루쉰의 권위적인 결론, 즉 타락하거나 집으로 돌아오는 선택의 기로에서 후자를 선택하지 않았습니다. 근대 사회의 개인으로서 그녀/그는 이미 '선험적으로 돌아갈 집이 없었습니다'.23 하지만 영화서사가 루쉰의 권위적인 결론을 넘어서지 못한 이유는 위밍을 기다리는 것이 타락 아니면 죽음이었기 때문입니다.

둘째, 우리는 이 작품이 남성에 의한 사회비판이며 고발적 글쓰기라는 측면에서, 위밍이 신여성이었지만 오히려 미인박명의 운명에서 기본적으로 벗어나지 못했음을 알 수 있습니다. 영화 속 그녀는 인형의 집에서 과감하게 나오지 못했고, 후안무치한 남성에게 버려졌습니다. 위밍은 자유롭고 독립된 삶을 살고자 했지만, 사회 억압에 저항할 수 없는 무력한 약자였습니다. 영화 속 위밍과 현실 속 롼링위를 비교해보면, 현실 속 그녀는 이미 전남편과 관계를 청산했으며, 그들의 갈등도 달랐습니다. 그들의 갈등은 나약한 여성이 인형의 집에 나오는 억압적인 남성가장에게 반발한 것이 아니라, 독립적이며 성공한 여성과 장기간 그녀에게 기생하며 살아온 옛날 부잣집 도련님 사이에서 발생한 것이었습니다.

셋째, 진보적 남성 작가 쑨스이는 여성에 관한 상상과 글쓰기의

---

23. 楊恒達 譯, [헝가리]게오르그 루카치 (Georg Lukacs) , 《小說理論(The Theory of the Novel)》, 唐山出版社, 臺北, 1997年.

관례에 따라 작품을 개작하되, 남성/남권에 대한 여성 글쓰기보다 좌익 서사의 맥락을 더욱 중요시하여 신여성의 개인주의 실천에 죽음을 선고했습니다. 이런 맥락에서 위밍 주변에서 그녀와 완전히 다른 여성 아잉(阿英)의 존재는 커다란 의미를 가집니다. 영화는 끊임없이 평행 몽타주 편집방식24으로 리아잉(李阿英)을 위밍 이야기 바깥에 존재하는 조역에서 위밍과 동급의 삶으로 전이시켰습니다. 노동복 차림의 검소한 아잉은 근면하고 강건하게 소박한 삶을 사는 도시 여성 노동자였습니다. 같은 여성이면서도 아잉에게는 약한 모습이 전혀 없습니다. 또한 아잉이 노동자 야학교에서 가르치는 모습을 통해 그녀가 단순히 여성 노동자가 아니라, 바람직한 길(健康坦途)을 걸어가는 지식여성이라는 사실을 미묘하게 나타내고 있습니다. 영화의 마지막 부분에서 다운 샷down shot으로 위밍이 죽음 직전에 몸부림치는 장면을 보여주고 있습니다. 동시에 평행 몽타주 수법으로 피사체를 올려다보는 앵글로 아잉이 야학교 여공들과 함께 주제곡 〈신여성〉을 부르며 나가는 모습을 화면 가득 그리고 있습니다. 여기에서 신여성의 기표(能指)는 이미 파괴되어, 위밍이라는 전형적인 신여성의 상징적 의의를 지닌 인물에서 천천히 미끄러져 나와 아잉의 몸으로 전이되었습니다. 살고자 했지만 비참하게 죽음을 맞이한 위밍, 영화의 마지막에 나타난 왕박사에게 몸을 맡기며 스스로 타락을 선택한 젊은 여성, 영화의 마지막 장면에서 위밍의 자살 보도가 실린 신문이 건강한 여성 노동자의 발밑에 밟혀지는 장면, 이것을 통해서 상징적인 의미를 가진 신여성은 역사 속에 또 하나의 주검으로, 무의미한 혹은 새로운 정의를 필요로 하는 기표로 나타납니다. 클라이막스는 평행 몽타주에 의해 야학교에서 노래하는 아잉의 노랫소리를 들은 듯 위밍

---

24. 옮긴이 : 영화에서 주제와 관련된 필름을 모아 하나의 연속물로 결합하는 편집방식

이 만족스러운 미소를 짓는 것으로 그려졌습니다. 이 장면은 여성, 신여성의 희망을 여성 노동자와 노동자 계층에게 부탁하는 유언으로 보입니다. 위밍이 '살고 싶어!' 라고 절규하다가 죽어가는 모습은 새벽 공장의 기적소리와 함께 공장의 대문 앞에 어깨를 나란히 하며 모여드는 여공들의 장면과 겹쳐지다가, 여공들이 힘차게 걸어가는 장면에서 영화는 끝납니다. 기나긴 지연을 거쳐 중국 영화 스크린에 등장한 신여성의 이미지는 또 하나의 죽음으로 표현되었습니다.

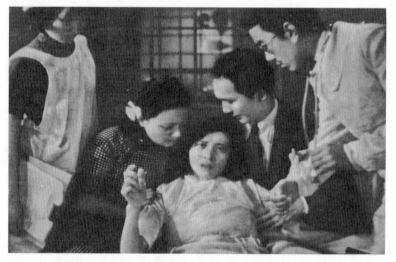

사진4 영화 <신여성>

그런데 그것은 여성에 대한 남성의 글쓰기 전략이라기보다, 1930년대 좌익영화의 전형적인 사회정치적 알레고리로 읽을 수 있습니다. 중국은 역사적으로 1919년 파리강화회의의 충격과 상처를 거치면서, 유럽 국가들에 대한 환상이 깨졌습니다. 1920년대 중국사회성질에 대한 대논전을 거치면서, 1930년대 중국 지식계는 좌익에 경도되었습니다. 당시 마르크스의 전파와 소비에트 소련의 영향과 지지 하에 있었던 공산당 역량이 확대되면서 사상, 문화적 기초를 제공했습니다. 상당히 흥미로운 사실은 좌익문화가 국민당 우익정권 하에서 중국 대도시, 특히 상하이에서 상당한 영향력을 가진 문화조류였다는 것입니다. 계급담론은 사회담론의 중요한 차원으로서 1930년대 중국 문화 지도 속에 침투되다가 서서히 모든 현실을 아우르며 관찰하고 해석하였습니다. 이러한 경향은 영화에서도 나타나, 하층 민중의 형상과 생활이 어딘가 어색하고 부자연스럽게 표현되었습니다. 당시 영화에서 계급담론이 마르크스 유물사관의 계급적 형상 계열(階級表象序列)을 확립했다기보다는 하층 민중에게 전례 없는 도덕적 우위를 부여하고 감정을 이입하기 시작했습니다. 따라서 <신여성>을 훨씬 능가하는 예술적 성과를 보여주는 <신녀(神女)>25가 <신여성>처럼 좌익색채를 농후하게 드러내지 않았지만, 하층 민중과 그들의 고난에 다시 시야를 돌렸다는 점에서 당시 사회문화적 요구를 성공적으로 실천했습니다. 하층민의 불행을 슬퍼하고 싸우지 않는 현실에 분노하는 방식으로 주제를 드러내기 보다는, 불공평하고 정의롭지 않은 사회제도에 사람들의 시선을 향하게 하고 사회혁명을 호소했습니다. 따라서 매춘부로 전락한 신녀가 위밍보다 더 비참하고 불행한 운명을 확실히 가지고 있다 할지라도, 위밍이 갖고 있지 않은 도덕적 힘을 가지고 있었습니다. 실제 이러한 하층 여성의 이야기는 중국현대문학에서 이미 축적된 여성의 이미지, 즉 노예가 된 어머니에서 풍부하고 감동적인 힘을 빌렸습니다. <신녀>의 줄거리는 <고아가 할아버지를 구한 이야기>와 유사하지만, 전통연극, 영화의 멜로드라마 계

---

25. <신녀(神女)>, 각본, 감독 : 우융강(吳永剛), 촬영 : 훙웨이례(洪偉烈), 출연 : 롼링위(阮玲玉), 리컹(黎鏗), 장즈즈(章志直). 흑백 무성 영화, 롄화 영화사(聯華影業公司), 1934年

보를 잇고 있으며, 서구 영화에서 모성을 주제로 한 멜로드라마의 중국 버전이라고 하겠습니다. <신여성>에서 위밍이 딸을 위해 타락도 불사한 것은 스토리 전개상 드라마틱하게 설정한 것입니다. 하지만 <신녀>에서 표현된 신성한 어머니의 사랑은 신녀 행위의 내재적인 논리와 주도적 동기에 의한 것으로, 이로써 도덕적인 숭고감을 얻었습니다. 1930년대 좌익영화의 전체적인 문맥 속에서 이러한 숭고감은 다시 하층/노동계급 삶 속에 정의로 표현되었습니다. 예를 들어 <신여성>, <신녀> 영화 텍스트에서 등장인물을 구원하는 결말을 거부한 것은, 바로 구원의 가능성을 보다 큰 사회에, 스케치되고 현상된 미래에 두었기 때문입니다. 굴욕을 당하고 상처받은 불행한 여성, 노예가 된 어머니를 다시 사회의 고난과 병리를 지칭하는 대명사로 사용하고, 그녀들의 숭고함과 불행을 통해 사회동원의 힘을 만들어내고자 시도하였습니다. 영화의 예술적 성과 여부는 차치하고, <신녀>에 비해 <신여성>에서 위밍의 삶은 구체적이지 못했고, 사람들의 공감을 불러일으키기에도 부족했습니다. 시대적 특징을 가진 좌익영화에서 사회정치 우언으로서 그 이데올로기 혹은 대항 이데올로기적 의도가 결코 신여성 ─ 한 명의 여성 혹은 성별이 맞닥뜨린 이야기를 창작하는데 있지 않았습니다. 영화에서 위밍은 사회계층, 도시지식계층 혹은 표준적인 좌익/공산당 용어로 '도시 부르주아계급 지식인'으로서 호명interpellation되고 방축되었습니다.26 영화의 창작자, 우선 감독과 시나리오 작가 자신도 확실히 이 호명을 전달하는 동시에 호명을 받은 역사 과정 속에 있었습니다. 이런 까닭에 영화가 저항 이데올로기를 표출한 것은 타당하지 않고 자연스럽지 않았습니다.

---

26. 李迅 譯, [프랑스]루이·알뛰세르(路易·阿爾都塞), 《이데올로기와 이데올로기 국가기구(意識形態與意識形態國家機器)》, 李恒基、楊遠嬰 主編 《外國電影理論文選》, 上海文藝出版社, 上海, 1995年.

사진5 영화 <신녀>

영화의 마지막에 사람들이 짊어지고 나온 신여성의 관은, 집을 떠난 노라 혹은 신여성의 죽음을 말한 것이 아닙니다. 오히려 5·4 시기 중국판 노라를 둘러싼 여러 계몽 담론, 특히 개인주의 담론의 죽음을 말한 것입니다. 미래의 주인은 위밍에서 리아잉으로 바뀌어졌고, 의미의 중심도 개인의 독립과 자유에서 계급의 각성과 해방으로 옮겨졌습니다. 위밍 혹은 신녀와 비교할 때 리아잉은 확실히 완벽한 기호입니다. 영화에서 아잉의 그림자가 벽에 거대하게 비쳐지는 장면이 있는데, 아잉의 높고 강한 정신이 표출되었다는 점에서는 흥미롭지만 영화적으로는 실패한 장면입니다. 루쉰의 작품에서 인력거꾼이 '자신의 몸속에 숨겨진 결점을 짜내는' 느낌을 받은 것처럼[27] 표현했

---

27. 魯迅, <사소한 일(一件小事)>, 《루쉰전집(魯迅全集)》 卷1, 北京, 人民文學, 1990. 옮긴이 : 루쉰의 원문 내용은 다음과 같다. '인력거는 나를 천천히 압박하여 내 몸 속 작은 결점을 짜내는 깃 같았다.' (他對於我, 漸漸的又幾乎變成一种威壓, 甚而至於要 榨出皮袍下面藏着的'小'來) 여기서 皮袍는 몸뚱아리를 의미함.)

지만 영화의 시각효과 면에서는 텅 빈 위협적인 형상이 되어버렸습니다. 노동계급을 애써 찬미하려던 좌익 예술가의 잠재의식이 더러드러난 것일지도 모르겠지만, 아잉의 특징을 빈 정치부호의 특징으로 정확하게 표현했습니다.

그런데 노라의 가출과 신여성과 관련된 주제는 좌익 담론의 심판처럼 죽음으로 끝나지 않았습니다. 이는 〈신여성〉과 더불어 다양한 논의를 일으킨 롼링위의 성대한 장례식 후에 도래한 1935년 '노라의 해'에서도 반증됩니다. 그러나 좌익 계급담론이 우위를 차지하고 일본군에 의해 전면적인 침략이 고조됨에 따라 '인형의 집'에서 가출을 호명한 내용은 5·4 시기의 그것과 확연히 달랐습니다. 1935년 노라를 연기해 명성을 얻은 젊은 배우 란핑(藍蘋)은 몰래 집을 떠나 상하이에서 옌안(延安)으로 떠났는데, 1930년대 변화하는 노라의 숨은 뜻을 보여주기에 매우 부적절한 주석이라 하겠습니다. 이렇게 그녀는 중국영화사에서 우연하게 중국사회정치사로 걸어갔는데 이후 장칭(江青)[28]이란 이름으로 중국을 위협 속으로 몰아넣습니다.

다시 쓰는 노라

1930년대 좌익영화에서 계급담론이 성별 등장을 막았다면, 일본군의 전면적인 중국 침략의 개시로 민족구망(民族救亡)의 주제가 모든 주제를 대체하였습니다. 오랜 기간 동안 행해진 잔인한 침략, 반침략의 전쟁은 민족국가의 이름으로 여성의 신체와 생명을 침해했습니다. 이러한 전쟁에서 신여성 같은 주제는 너무 사치스러웠습니다. 실제로 성별과 국가, 국제 자매애international sisterhood라고 하는 사치

---

28. 옮긴이: 장칭은 마오쩌둥의 부인이자 문화대혁명을 주동한 인물.

스러운 테마 자체가 가지는 전복력은 침략에 저항하는 중국정부에게도, 점령군으로서의 일본 침략군에게도 반드시 경계하고 진압해야 할 리스트 중의 하나였습니다.

주목해야 할 것은, 8년간 지속된 항일 전쟁이 끝나고 내전의 그림자가 중국을 뒤덮고 있을 때, 노라의 모습과 가출의 호소력은 다시 커다란 반향을 일으켰다는 것입니다. 동시에 가출은 다른 의미로 채워졌습니다. 1930년대 <신여성>에 반발하듯 이번에는 남성 권력이 지배하는 인형의 집 즉 남편의 집을 과감하게 나온 노라를 정면에서 자세하게 묘사하였습니다. 이는 공산당 계열의 영화제작사와 좌익 영화인에 의한 영화제작과 직접적인 관련이 있습니다.[29] 다시 말해서 노라 이야기는 5·4 전통과 좌익 입장의 연장선상에서 공산당 정권의 성립 이후 전개될 여성해방의 기치를 먼저 고양시키기 위해 중국 스크린에서 뒤늦게 집중적이고 직접적으로 표현되었습니다. 그런데 1930년대 좌익 글쓰기에 대한 연속 혹은 황폐한 전쟁을 가로지르는 메아리처럼, 유사 영화는 자각하건 자각하지 않건 간에 강력한 사회적 호소와 선명한 사회 정치적 메시지를 담은 문화전략의 하나가 되었습니다. 집을 나온 노라는 원래 자신이 속한 곳을 벗어나 인생과 운명을 다시 선택하고 자신의 사회적 위치와 역할을 선택합니다. 이들 영화 속에 '노라가 집을 떠난 후' 대면하게 된 위치와 신분의 불확정성(身分的懸置)[30]은 입센 원작에서 망연자실함과 달리 신중국의

---

29. 예를 들어 <여인행(麗人行)>, <막을 수 없는 봄빛(關不住的春光)>, <요원한 사랑(遼遠的愛)>, <약한 자여, 그대 이름은 여자(弱者, 你的名字是女人)> 등 일련의 영화는 강한 여성 또는 절망에 빠진 여성이 과감하게 지옥 같은 남편에게서 도망쳐 사회로 들어가 광명을 찾는다는 내용이다.
30. 옮긴이 : '懸置'는 허공에 매달리다, 고정된 자리가 없이 매달려 있다는 의미로, 저자가 여성 주체의 곤경을 설명할 때 자주 사용하는 개념. 이 부분에선 고정된 자리가 없다는 의미에서 '불확정성'으로 번역하였는데, 좀 더 자세한 설명은 2장 여성 협객 부분을 참조할 것.

미래 청사진과 곧바로 연결되어 명확한 지향성을 가졌습니다. 1940년대 중국의 노라들이 인형의 집을 떠난 것은 바로 당시 유토피아 색채를 지닌 집단과 민중이나 혁명에 투신하기 위해서였습니다.

냉전시대가 개막되자 국민당과 공산당의 문화와 이데올로기의 요구가 서로 대치했습니다. 그런데 흥미롭게도 영화적 표현은 서로 상반되었지만 핵가정의 가치와 의의에 대해선 양측 모두 낮게 평가했습니다. 좌익은 여성, 독립, 가치의 이름으로 인형의 집이 가지는 구속력과 위선을 고발했으며, 우익은 전통적인 중국혈연가정의 이름으로 사회의 구심력과 질서를 요구했습니다. 5·4 시기부터 가출한 노라는 자유해방을 상징하였지만 개인주의의 표현과 호소를 감당할 수 없었습니다. 그런데 상당히 이상한 점은 당시 공산주의, 사회주의 이데올로기에 대해 대부분 공감했던 좌익 영화 글쓰기가 개인주의 슬로건을 내세웠다는 사실입니다. 영화 속 노라 이야기에 대한 분석을 통해 역사의 전환과 문화 수사의 변화로서 드러난 것은 가출한 노라가 아니라 근대 핵가정이었다는 것을 어렵지 않게 알 수 있습니다. 근대 핵가정은 남성 표상으로 상징되는 개인주의 담론을 실천하고 연장하는 곳이었으며, 역사적 전환기에 나약한 환상을 보여주거나, 일격에 와르르 무너지는 허약한 울타리였습니다. 따라서 가출한 부인 노라가 부서뜨린 것은 개인의 가치관 및 중산계층의 생활이상이었습니다. 입센의 본의로 돌아오다가 다시 본뜻을 이탈했다고 하겠습니다.

이러한 특수한 역사적 맥락 속에서 중국과 대만 관변(官修) 영화사에서 모두 '중간노선'으로 칭해지는 영화가 몇 편 출현했습니다. 그중 특별한 의미의 부인 형상과 핵가정에 관한 묘사는 상당히 특수한 사회문화적 위치를 보여줍니다.31 이들 영화 가운데 가장 사회적 징

31. 당시 원화 영화사(文華影業公司)에서 출품한 영화가 그러한데, 그중 비교적 전형적인

후를 잘 보여주는 영화는 페이무(費穆, 1906-1951)가 감독한 <작은 마을의 봄(小城之春)>입니다.

사진6 영화 <작은 마을의 봄>

이 영화는 중국 영화예술에서 최고 걸작 중의 하나로 손꼽히는 영화입니다. 핵가정의 여러 가지 문제가 영화 첫 부분에서부터 여지없이 폭로되었습니다. 영화 속 남편은 허약하여 이미 남성 가장의 역할을 맡을 수 없었고, 부인은 인형이 아니라 성숙하고 매혹적이며 총명한 여성으로 실질적인 가장이었습니다. 여주인공은 영화 마지막에서 떠날 것인가, 머무를 것인가를 놓고 고민하다가 후자를 선택합니다.

영화로 다음과 같은 것들이 있다. <부인 만세(太太萬歲)>, 각본 : 장아이링(張愛玲), 감독 : 상후(桑弧), 촬영 : 쉬치(許琦), 거웨이칭(葛偉靑), 출연 : 장파(張伐), 상관윈주(上關云珠), 스후에이(石輝), 1947年. <작은 마을의 봄(小城之春)>, 각본 : 리톈지(李天濟), 감독 : 페이무, 촬영 : 리성웨이(李生維), 출연 : 웨이웨이(韋偉), 리웨이(李緯), 스위(石羽), 1948年

이러한 그녀의 선택은 부권(夫權)에 대한 의존과 신뢰에서 생겨났다기보다는 현실을 수용하는 가운데 저항했다고 말하는 편이 낫겠습니다. 그녀는 시대의 위협에 저항하고, 개인의 숙명을 소극적으로 받아들이면서도 자신의 선택으로 정해진 사회적 숙명에 저항했습니다. 핵가정은 개인의 마지막 공간을 지칭한 것으로 그녀는 격동의 시대에 무력하지만 어쩔 수 없이 결혼을 고수할 수밖에 없었습니다. 여기서 여성/부인 형상은 어쩌면 남성 문인을 무의식중에 드러낸 것이라 하겠는데, 이를 통해 곧 다가올 위대한 시대, 대변동에 대한 각성과 두려움을 드러냈습니다. 물론 그다지 의식적이지는 않았지만 국민당과 공산당 즉 세계적인 규모에서 시작된 냉전 이데올로기의 대립을 넘어서려는 부질없는 시도를 보여줬습니다. 남성 권력 질서를 무력하게 다시 진술했다기보다는 남성의 한층 더 절망스러운 자조감와 공허한 바램 같은 것을 말했다고 해야겠습니다.

성별의 사회적 수사

1949년 중국 대륙에 공산당 정권이 수립됨에 따라 중국은 근대화 과정 중 대변혁의 시대로 확실히 진입하였습니다. 앞에서 서술한 것과 같이 중국 공산당 정권의 건립과 거의 동시적으로 정치, 경제, 법률적인 의미에서 전면적인 여성의 해방이 이루어졌습니다. 이것은 분명 단순한 정권 교체만이 아니라 다방면에 걸친 역사적 단절이었습니다. 세계가 사회주의와 자본주의 양대 체제로 나눠지는 냉전 체제에 진입함에 따라, 중국 역사 내부의 단절과 진폭이 커졌습니다. 점차 폐쇄일로에 놓였던 중국 영화산업과 영화시장은 할리우드 영화를 몰아내고 특정한 역사 환경 속에서 번영의 시대를 맞이했습니다. 사회주의적 현실주의 혹은 공농병 문예의 중국영화로 일컬어지는 마오쩌둥 시대 중국영화사에서, 중요한 변화로 여성 영웅/여전사의 형상과 함께 남성 영웅 형상이 등장했습니다. 중국은 제국주의의 군함과 대포 앞에서 무수한 좌절과 굴욕을 겪었으며, 20세기 전반 저항과 고통 속에서 근대 민족국가로서 마침내 제국주의 세력을 축출하고 (더 나아가 소련 사회주의 진영과 결렬한 가운데 새로운 무형의 지도를 배제하고) 통일과 자주를 이루었습니다. 그리고 근대 민족국가로서 당대(當代) 중국문화 내부에서 재구성된 중국에 대한 자아상상, 세계상상과 연결됐습니다.

이와 동시에 계급을 유일한 표준과 분류근거로 삼는 사회주의 문화에서 성별 논리와 질서에 대한 다시 쓰기가 이루어졌습니다. 우리는 일련의 남성 영웅을 획득했는데, 중국 사회주의 문화 내부에서 남성, 여성, 영웅 등의 용어에 대해 모두 새로운 정의를 필요로 합니다. 어떤 의미에서는 사회주의 내부의 긴장과 대립 및 냉전 시대의 전세계적 상황(중소 관계의 결렬을 포함) 때문에 당대 중국이 주위에 적들로 포위된 극단적인 고립 상황에 놓이게 됨으로써 사회주의 중국은 내부적으로 중앙집권적인 정치권력 구조를 형성했습니다. 이는 거대하고 복잡한 명제이기 때문에 이렇게 개략적인 언급만 하고 지나가겠습니다. 여기에서 논의해야 할 주제는, 이러한 정치 집권이 새로운 부권문화 확립을 출현시켰다는 것입니다. 당시 성별논리가 분명 차용된 서사를 만들었지만, 계급질서에 의한 사회 통합은 성별질서를 철저하게 은폐시키고 대체했으며 모든 것을 통괄하는 강령이 되었습니다. 제가 <성별과 서사(性別與敍事)> 글에서 지적한 바와 같이 여러 가지 문화와 서사 속에서 본질주의적 성별 상징은 여전히 존재했지만, 더 많은 경우 새로운 권력구조 안에서 공석이 되고 그

빈자리에 남녀 역할이 채워졌습니다. 예를 들면 남성이 가진 권위와 지위 역을 여성이 맡을 수 있고, 계급사회 속에서 자상한 어머니 역을 인정미 넘치는 남성 지도자가 맡을 수 있었습니다. 다음은 <성별과 서사>에서 발췌한 내용입니다.

(중국 공농병 문예의) 영화형식에서 영화 매커니즘 내부에 존재하는 성별 질서와 그 성별 서사에 변화가 발생했다. 이들 영화의 주요 골간은 다음과 같다. 첫째, 일찍이 남성의 욕망 응시 속에 내재적으로 여성을 표현하던 방식이 점차 사라졌다. 둘째, 이데올로기 담론을 참조하여 만들어진 엄밀한 영화서사의 정치 수사학에서, 욕망의 서사 및 영화의 카메라 언어에서 필수적인 욕망의 시선이 점차 지워졌다.

욕망의 서사와 그 영화 언어가 소실됨으로써, 담론의 소실 측면에서 (로라 멀비가 말한) 할리우드식 영화의 고전영화 서사 매커니즘에 내재한 특정한 남성 권력 이데올로기 담론을 성공적으로 없앴다. 즉 남성 욕망/여성 형상, 보는 남성/보여지는 여성이라고 하는 카메라 언어 모델을 성공적으로 제거하였다. 하지만 그 자체가 단순히 당대 중국의 영화 실천에서 고전적 혁명영화 모델이 남성 권력의 질서와 서술을 근본적으로 전복했다는 것을 의미한 것은 아니었다. 그럼에도 그것은 분명 남성 중심의 영화 형식을 흔들어 놓았으며, 수정을 거친 강력한 부권 이데올로기로 만들어진 영화서사가 그것을 대체하였다. 첫째, 이 새로운 경전 영화가 거의 예외 없이 권위적인 시선(남성의 시선이긴 하지만 그렇다고 욕망의 시선은 아닌) 속에서 여성을 서술하고 있지만, 여성 자신의 진술은 아니다. 둘째, 여성 형상은 더 이상 남성 욕망과 시선의 대상으로 존재하지 않았고, 남성으로부터 독립한 집단으로서도 존재하지 않았다. 또한 여성이 중심적인 시선을 점유한 자와 시선을 보내는 자가 되기는 더더욱 불가능했다.

당대 중국의 사회조직구조와 마찬가지로 영화 서사에서 욕망의 언어와 인물의 욕망 시선이 없어짐으로써 스크린 속 인물형상은 비성별화(非性別化)된 모습으로 나타났다. 남성, 여성의 성별 대립과 차이가 상당히 약화되었고, 인물과 이야기에서 계급적, 정치적 대립과 차이가 성별 대립과 차이를 대신하였다. 동일한 계급에 속한 남성과 여성은 친밀하고 순결한 형제자매였다. 그들은 당과 인민이라는 정신적인 아버지를 둔 자녀였다. 그들은 동일한 서사 형상 혹은 공간 이미지로 존재했다. 성별 차이가 모호한 서사는 욕망의 공백을 낳았으며, 이 빈 자리에 정신적인 아버지(공산당, 사회주의 제도 및 공산주의)를 정확하게 대위시키고 투사했다. 알뛰세르Louis Althusser가 말한 이데올로기 호명과 구원자가 피구원자에게 요구하는 절대적인 충성을 성공적으로 실현했다.32 이와 동시에 비성별화된 인물형상과 서사가 개인 욕망과 개인주의를 부정하고 잠재적으로 억압하였다. 혁명 경전 서사 방식에서 어떠한 개인의 사욕도 부끄럽고 불결한 것이었기 때문이다. 또한 개인의 욕망의 전형적인 양식인 물욕과 정욕이, 당과 인민에 대한 절대적인 충성에 손상을 가할 수 있다고 보았기 때문이다.33

다음 절에서는 1949년 이래 당대 중국역사에서 전면적인 해방을 획득한 여성이 직면한 새로운 사회적 상황과 문화적 딜레마에 대해 심도 있게 논의해 보겠습니다. 1949년 이래 중국영화의 성별 표상 계보에서 현저한 변화가 일어났습니다. 노라 이야기와 형상이 끊임없이 재서술되고 그 위치를 계속 바꿨다가 당대 문화의 시야에서 서서히 사라졌습니다fade out34. 도시 소자산계급과 지식여성 이미지의 다

---

32. 李迅 譯, [프랑스]루이·알뛰세르, 《이데올로기와 이데올로기 국가기구(意識形態與意識形態國家机器)》, 李恒基、楊遠嬰 主編《外國電影理論文選》, 上海文藝出版社, 上海, 1995年.
33. 戴錦華 <성별과 서사(性別與叙事)>, 《무중풍경(霧中風景)》, 北京大學出版社, 2000年
34. 당시 유일한 예외로 홍색 고전 텍스트, 장편소설 및 동명 영화로 개편한 <청춘의 노래(靑春之歌)>가 있다. 하지만 아버지 집과 남편의 집, 이중의 인형의 집에서 나와 가출한다는 노라의 이야기는 한 여인의 이야기라기보다는 지식인의 사상개조수첩이라고 하는 편이 낫겠다. 戴錦華, 《<청춘의 노래>:역사 속에서 다시 돌아봄(〈靑春之歌〉: 歷史視域中的回瞻)》, 《영화이론과 비평수첩(電影理論與批評手冊)》, 科學技術文獻出版社, 1993(옮긴이 : 이후 北京大學出版에서 재발간함.)

양한 노라 형상이 노동여성 리아잉 형상을 대체하였습니다. 다음에서 성별과 사회의 표현이라는 점에서 가장 증후적 의미를 가지는 영화 <홍색낭자군(紅色娘子軍)>을 예로 들어 보겠습니다. 여기에 나오는 여전사 형상은 서구 좌파 페미니스트들에 의해 한때 여성해방의 상징이 되기도 했습니다. 이 영화를 통해 마오쩌둥 시대 사회주의 이데올로기와 계급 표현에 있어서 성별이 내포하는 의미를 살펴보겠습니다.

사진7 영화 <홍색낭자군>

이 영화는 홍색 경전(紅色經典)35으로서 마오쩌둥 시대 주류 영화의 전형적인 특징을 보여주고 있는데 실제 하이난다오(海南島)에서 활약한 공산당 유격대 충아이 여성종대(瓊崖縱隊)의 여성 병사 이야기를 바탕으로 했습니다. 공산당에 의해 해방된 소녀/노동대중의

---

35. 옮긴이 : 사회주의 혁명 과정에서 영웅들의 투쟁을 반영한 작품을 가리키는 용어.

이야기로, 공농병 문예 특유의 성장모델을 보여줍니다. 즉 [여성 노비/노예가 갖은 고초를 겪으면서도 강직하게 자신의 뜻을 굽히지 않다가 → 공산당의 구원과 인도를 받아 (여)전사가 된다 → 좌절과 실패 속에 자아/개인의 원한을 버리고 (여성)영웅으로 성장한다]는 이야기입니다. 성별 상징에서 보면 저항하는 여성 노예가 남성 공산당원에게 구출되어 출로를 찾게 된다는 전형적인 내용이 표현되었습니다. 영화의 사회적 주제 즉 가난한 사람의 해방과 여성 해방이라는 두 가지 주제가 공산당의 전지전능한 구원에 의해 실현되고 있습니다. 남성 공산당원은 여성을 고통의 바다로부터 구출할 뿐만 아니라 그녀의 성장을 지도합니다. 여기서 가장 흥미로운 것은 영화 내부에서 남성주체와 욕망의 응시를 지워버렸음에도 남녀 간의 애정이 어떤 방식으로든 남아있어 인물의 성장과 이야기 전개에 동력으로 작용했다는 것입니다. 여주인공은 애정의 대상이기도 한 남성 스승을 따라 성장하고 높은 계급의식과 계급해방 내지 인류해방의 시야를 획득합니다. 격렬한 계급투쟁 속에서 여주인공의 욕망 대상은 적의 손에 의해 살해됩니다. 여주인공은 사랑하는 사람을 잃은 슬픔을 이겨내고 시련 속에서 성장해 갑니다. 이런 까닭에 적의 폭력에 빼앗긴 남성 스승/연인은 공산당 불멸의 정신으로 승화되는 동시에 빈자리로 변화됩니다. 여주인공은 이 빈자리를 계승하며 점유하는 가운데 영웅(공산당원)의 이름을 획득합니다. 이름을 획득한다는 것은 그녀의 성별 정체성을 바치고 상실하며 제거한다는 것을 의미합니다. 전형적인 성별 정체성 질서가 서사 논리 속에 여전히 남아있었지만 계급서사와 현실정치 논리에 의한 고쳐쓰기와 변주를 반드시 수용해야만 한다는 것을 보았습니다. 이와 유사한 논리가 상당히 오랜 기간에 걸쳐 당대 중국영화를 포함한 모든 서사예술을 통제하고 있었습니다.

'여성'이야기-격변하는 역사

1976년에서 1978년에 커다란 사회적 변화가 다시 생겨나자 정치적 폭력 상징에서 성별 정체성 회복을 요구하는 문화적 표현이 일어나며 새로운 시대를 열었습니다.

2장
'남성의 역할을 연기한 여성'[1] 이야기
- 여성주체의 곤경

화목란(花木蘭) 열풍과 목란(木蘭)에 대한 辯

2002년에서 2003년 사이, 중국 매스컴은 영화 화목란(花木蘭)과
관련된 연예계 뉴스를 요란하게 보도했습니다. 첫 번째는 본드걸[2]과
<와호장룡(臥虎藏龍)>[3]으로 유명한 홍콩(말레이시아 국적) 여성 액
션스타 양쯔충(楊紫瓊)이 <화목란>을 제작한다는 소식입니다. 제작
비 3천만 달러가 들어간 이 영화는 그녀와 저우룬파(周潤發)가 함께
출연하고 <와호장룡>으로 오스카 최우수 촬영상을 수상한 피터 파우
가 감독을 맡을 예정이며 로맨스와 액션이 어우러진 애국영화가 될

---

1. 옮긴이: 扮演은 단순히 남장, 변장의 개념이 아니라 남성의 역할을 연기한다는 의미를
   포함함.

2. 양쯔충(楊紫瓊,Michelle Yeoh) 은 007시리즈 제18탄 <네버 다이(Tomorrow Never Dies,
   중문 明日帝國, 1997년작)>에서 본드걸로 중국 대륙 여형사로 출연한 바 있다. 이 영화
   에서 로저 스포티우드(Roger Spottiswoode)가 감독을 맡았고, 피어스 보로스넌(Pierce
   Brosnan)은 주연을 맡았다.

3. <와호장룡(臥虎藏龍, 영문 Crouching Tiger, Hidden Dragon)>, 원저자 : 왕두루(王度
   廬), 감독 : 리안(李安, Ang Lee) , 촬영 : 피터 포(Peter Pau) , 주연 : 저우룬파(周潤
   發, Yun Fat Chow), 양쯔충(楊紫瓊), 장쯔이(章子怡), 미국 컬럼비아 영화사 출품,
   2001년. 이 영화는 2001년 미국 오스카에서 최우수 외국어영화상, 최우수 촬영상, 최우수
   작품상을 수상하였다. 제37회 대만 금마상에서 최우수 영화상, 최우수 감독상, 최우수 편
   집·음향·효과상을 수상하였다. 제20회 홍콩 금상에서는 최우수 영화상, 최우수 감독상,
   최우수 촬영상 등 8개 부문의 대상을 받았다.

것이라고 합니다. 그녀는 이 영화가 <브레이브 하트Brave Heart>와 쿠로사와 아키라Akira Kurosawa의 <란亂/Ran/The Chaos>4에 필적할만한 작품이 되길 희망하며5 이 영화로 <영웅>의 좌절을 딛고 오스카를 겨냥6한다고 소식통은 전했습니다.

두 번째는 할리우드에서 성공을 거둔 홍콩 감독 탕지리唐季禮, Stanly tong가 제작하고, 영화 <찰리즈 시스터Charlie's Angels>7에 출연했던 중국계 여성 류위링劉玉玲, Lucy Liu이 주연 예정인 <목란전기>(<목란종군>이라고도 함)를 촬영할 계획이라는 소식입니다. 이천만 달러가 투자되고 미국 이천 개 영화관과 이미 계약을 체결한 이 영화는 영어로 찍을 것이라고 합니다.

세 번째는 중국 슈퍼스타 장이머우 감독이 감독을 맡고, 한국 우우공사(友友公司)가 투자하기로 한 <목란> 소식입니다. 여주인공 목란 역을 놓고 장쯔이(章子怡), 장이머우가 좋아하는 한국의 톱스타 송혜교, 한국영화 <엽기적인 여자친구>에 나온8 전지현이 각축을 벌이고 있다고 합니다. 중국어권 영화계에서 '세 편의 목란'을 둘러싼 논란과 소동은 오랫동안 많이 벌어졌습니다. 다른 소식통에 따르면, 영화 시나리오 세 편이 중국영화기구의 심사 비준을 차례로 통과하

---

4. <브레이브 하트(Braveheart, 중문 勇敢的心)>, 감독 · 제작 · 주연 : 멜 · 깁슨 (Mel Gibson) 미국 파라마운트 영화사 출품, 1995년.<란(Ran/ The Chaos, 중문 亂)>, 각색 · 감독 : 쿠로사와 아키라 (黑澤明, Akira Kurosawa) , 일본, 1985년

5. 기자 任嫣, <양쯔충판 <화목란> 결정, 저우룬파, 이장군으로 출연(楊紫瓊版 <花木蘭> 定組, 周潤發出演李將軍)>, 《北京娛樂信報》, 2003年4月21日

6. 기자 周滿珍,《스타들 총집합-<화목란>, 오스카 진격을 향한 다짐(巨星如云風光旖旎-<花木蘭> 誓要沖向奧斯卡)》, 《武漢晨報》, 2003年4月20日

7. <미녀 삼총사(Charlie's Angels, 중문 霹靂嬌娃)>, 감독 : 맥지(Joseph McGinty Mitchell), 미국 컬럼비아 영화사, 2000年

8. 한국영화 <엽기적인 그녀(My Sassy Girl, 중문 我的野蠻女友)>, 감독 : 곽재용, 주연 : 전지현, 차태현. 2002년년. 당시 이 영화는 아시아 영화계를 석권하였다. 인터넷 자료에 따르면, 헐리웃 영화사 드림 팩토리가 75만 달러에 이 영화의 리메이트 판권을 구입했다고 한다.

여 크랭크 인 준비 중이라고 합니다.

더욱 흥미로운 사실은 약속이나 한 듯 2002년 4월 광저우(廣州)에서 홍콩 발레단이 영국 유명 무용가 매튜 하트Matthew hart가 안무한 발레극 <화목란>을, 동년 10월 상하이 희극학원(上海戲劇學院)에서 창작한 소극장 연극 <화목란>은 일본, 한국에서 순회공연을 했습니다.9 2003년 공연 소식에 따르면 중국가극원이 음악극 <화목란>을 동년 7월에는 상하이 이푸무대(逸夫舞臺)에서, 11월에는 베이징에서 상연할 예정이라고 합니다. 8월에는 창춘(長春)에서 '서커스, 무용, 평극(評劇)이 융합된 새로운 레퍼토리' 잡기고사극(雜技故事劇) <화목란>이 상연되었습니다.10 각 지방극으로 상연된 <화목란> 소식은 잠시 접어두더라도, 2003년은 기실 '화목련 해'라고 해도 무방하겠습니다. 이러한 '목란 열기'에 부응하듯 2004년 6월 '두 가지 버전의 <화목란>이 션전(深圳)과 베이징에서 상연되었습니다. 그것은 디즈니사의 아이스 쇼와 중국 경극의 실험 작품으로, 전자는 미국이 제작한 것이고 후자는 중국 작품이었습니다.'11

중국사회 문화내부에 이 같은 '화목란 열풍'이 일어난 이유와 근거를 찾기는 힘들지만 이는 분명 문화 세계화라는 거시구도 속에 처한 중국의 모습일 것입니다. 이러한 현상을 이끌어낸 직접적인 원동력은 다음 두 가지로 보입니다. 하나는 가장 직접적인 것으로 디즈니 제작사가 장기간에 걸쳐 제작, 1998년에 마침내 상영한 애니메이션 장편 영화 <뮬란>12과 관련이 있습니다. '세계로 향하자' 는 열망으로 가

---

9. 기자 曉辰, <상하이 희극단의 <화목란>, 일본, 한국 순회공연(上戲 <花木蘭> 巡演日韓), 《新民晚報》, 2002年 10月1日

10. <잡기 고사극 <화목란>, 창춘에서 절찬리에 공연(雜技故事劇 <花木蘭> 火爆長春)>, 中國新聞网, http://www.chinanews.com.cn, 20003年 8月22日

11. 기자 郭佳, <경극 <화목란>의 답답함(京劇花木蘭眞叫沉悶)>, 《北京靑年報》, 2004年6月28日

12. 디즈니 애니메이션 영화 <뮬란(Mulan, 중국어 제목 花木蘭)>, 감독 : 배리 쿡 (Barry

득한 많은 중국 영화인과 관중들에게 이 영화 상영은 중국의 개혁개방, 경제발전과 동시에 서구 세계에 '중국바람'이 불고 있음을 의미했습니다.

둘째는 성공적으로 할리우드에 입성한 화교 감독 리안(李安)이 <와호장룡>으로 전세계 영화시장을 석권하여, 중국 영화인이 오랫동안 열망했던 오스카 최고 외국영화상을 수상했다는 사실입니다. <와호장룡>의 성공은 1995년 리안이 영미 고전문학을 원작으로 한 영화 <센스 앤 센스빌리티Sense And Sensibility>로 오스카 최우수 영화상 후보에 오른 때보다 사람들을 더 크게 고무시켰습니다. <와호장룡>이 단순히 중국계 감독의 성공만이 아니라 중국문화의 승리를 의미했기 때문입니다. <센스 앤 센스빌리티>와 달리 <와호장룡>은 중국어권 영화산업에 있어서 화교 감독이 걸어갈 수 있는 경로와 모델을 분명하게 제시해주었습니다. 그 뒤를 이어 <영웅(英雄)>과 <천맥전기(天脈傳記)>13, 제작 시기는 이보다 이르지만 늦게 개봉한 <천지영웅(天地英雄)>14이 잇달아 출현했습니다. 여기서 미국문화의 에이전트 역할을 맡고 있으며 글로벌 환상을 구축하고 있는 다국적 기업 할리우드가 담당한 기능에 대해서는 굳이 언급하지 않겠습니다.

Cook) , 토니 반크로프트 (Tony Bancroft) , 각본 : 크리스 샌더 (Chris Sanders) , 유지나 보스트웍 (Eugenia Bostwick) , 필립 레이즈브링크 (Philip Lazebnik) , 레이먼드 싱어 (Raymond Singer) , 리타 샤오 (Rita Hsiao) , 제작 : 팜 코츠 (Pam Coats) , 디즈니 영화사 출품, 1998年

13. <영웅 (英雄, Hero) >, 감독 : 장이머우(張藝謀), 각본 : 리펑(李馮), 촬영 : 두커펑(杜可風), 출연 : 리렌제(李延傑, Jet Li), 량츠아오웨이 (梁朝偉, Tony Leung Chiu-Wai) , 장만위 (張曼玉, Maggie Cheung) , 천다오밍(陳道明), 장쯔이(章子怡), 엔쯔단 (甄子丹, Donnie Yen) , 2002年
   <천맥전기(天脉傳奇, The touch)>, 감독・촬영 : 바오더시(鮑德熹), 제작책임자(監制) : 중짜이스(鐘在思, Thomas), 양쯔충(楊紫瓊), 출연 : 양쯔충, 벤 채플린(Ben Chaplin) 2002年.

14. <천지영웅(天地英雄, Warriors of Heaven & Earth) >, 각본 : 허핑(何平), 장루이(張銳), 감독 : 허핑, 촬영 : 자오페이(趙非), 출연 : 장원(姜文), 나카이키치 (中井貴一, Kichi Nakai) , 자오웨이(趙薇), 왕쉐인(王學圻), 제작: 西安電影制片廠, 西影股份有限公司, 華誼兄弟太合影視投資有限公司, 컬럼비아 영화사(아시아) 출품, 2003年

제가 강조하고 싶은 것은 현재의 중국, 특히 1980년대 이후 중국에서 할리우드는 여러 겹의 환상으로 가득한 상징적인 의미를 지니고 있다는 것입니다. 대다수 중국지식인들에게 할리우드는 미국문화뿐만 아니라 전세계 자유·민주의 역량을 나타내는 미국을 의미합니다. 따라서 중국에서 할리우드의 영향력은 중국 개방과 진보를 측정하는 척도 중의 하나가 됩니다. 또한 할리우드 영화는 주류 상업영화의 경영 모델이며 세계화된 영화시장의 독점을 의미하고 인류에 대한 영화예술의 정복을 상징합니다. 할리우드 진출과 오스카에서의 수상에 대한 불안감은 곧 세계로 향하려는 중국의 슬로건이 성공적으로 실현되고 인정되었는가 하는 초조함을 드러냅니다.15 어떤 의미에서 1980년대 말 중국영화가 유럽국제영화제에서 대승리를 거둠으로써 세계로 향하려는 중국의 조바심을 일시적으로 완화시켰습니다. 그런데 바로 그 시기에 할리우드 영화가 신자유주의의 전세계적 승리와 함께 전세계 영화시장에 대한 지배력을 한층 강화함으로써 유럽영화를 포함한 외국영화가 더욱 커다란 압박을 받게 되었습니다. 한편으로는 중국사회 콘텍스트에서 미국이 유일한 세계가 됨으로써, 미국 외의 문화 풍경과 문화 선택은 은폐되었습니다. 중국 영화인은 헐리웃 진군을 통해 상징자본 획득을 기대함과 동시에 예술영화 시장을 포함한 전세계 주류 영화시장을 겨냥한 야심을 명확하게 드러내기 시작했습니다. 말할 것도 없이 '화목란 이야기'는 중국영화사에서 특유한 '시대극 영화의 윤회'16 속에서 끊임없이 재생17되었습니다.

---

15. 凌洁, 《千里之行始於武俠——中國數代電影人的奧斯卡夢想》, 《新浪网》, http://ent.sina.com.cn/r/m/2003-10-16/1605215690.html

16. '시대극 영화의 윤회'는 저자가 중국영화사 연구 중에 제기한 관점이다. 1920년대부터 시작된 시대극 영화(시대극 야사, 신괴무협영화 포함)의 열기 후, 중국영화사는 1930년대 말, 상하이 '고도(孤島)' 시기, 1950년대 말에서 1960년대 '양안삼지(兩岸三地, 중국, 대만, 홍콩)', 1980년대 홍콩에서 중국대륙, 대만까지 시대극 열풍이 반복적으로 재현된다. 매 시기마다 1920년대 발굴된 전근대 중국민간이야기가 리메이크되었다. 이런 까닭에 저자는 이를 '윤회'라고 하였다. '신괴무협영화'도 이렇게 하여 중국 영화사에

'남성의 역할을 연기한 여성'이야기—여성주체의 곤경

따라서 디즈니 제작사가 화목란이란 제재를 선정한 것은 우연이지만, 현재 중국에서 부메랑18처럼 크고 다양한 반향을 일으키고 있는 것이 결코 우연만은 아닙니다.

유럽 역사에서는 잔다르크Joan of Arc 외에 여성 영웅의 이야기가 없습니다. 이에 반해 중국 민간문화사에서는 여성 영웅(巾幗英雄) 이야기 전통이 고대부터 이어져 내려오고 있습니다. 그중에서 가장 유

서 점차 하나의 하위 장르(準類型)가 되었다.

17. 1924年 민신영화사(民新電影公司)는 매란방(梅蘭芳)이 1912년에 공연한 <목란종군>의 일부를 영화로 제작하였다. 1927年, 1928年 중국 무성 영화시대의 영화감독 리핑치엔(李萍倩)과 허우야오(侯曜)가 각각 <화목란 종군(花木蘭從軍)>과 <목란종군(木蘭從軍)>을 만들었다. 1939年 상하이(上海) 고도(孤島) 시기에 감독 부완창(卜萬蒼)은 이 시기를 가장 대표하는 영화 <목란종군(木蘭從軍)> (각본 : 어우양위치엔(歐陽予倩), 촬영 : 위성산(余省三), 주연 : 천윈츠앙(陳雲裳))를 만들었다. 1956年 영화감독 류구어취안(劉國權), 장신스(張辛實)는 예극(豫劇) <화목란(花木蘭)> (촬영 : 천민훈(陳民魂), 주연 : 창샹위(常香玉)) 무대 예술영화를 만들었다. 1964年 홍콩 사오제작사(香港邵氏公司)는 다시 <화목란(花木蘭)> (감독 : 위에펑(岳楓), 주연 : 링보(凌波))을 제작하였고, 1998년 홍콩은 44회 분량의 텔레비전 연속극 <신편 화목란(新編花木蘭)> (주연 : 위안용이(袁咏儀), 자오원줘(趙文卓)을 제작하였다.

18. 원시시대 병기로, 던지면 다시 던진 사람의 손으로 돌아옴.

명한 이야기는 단연 고대 악부(樂府) <목란사(木蘭辭)>입니다. 소녀 목란이 아버지를 대신하여 남장을 하고 종군한다는 이야기는 중국 고대부터 지금까지 많은 사람에게 회자되고 있습니다. 현대인의 시각에서 본다면 이것은 전근대 규범을 위반하고 역사의 무대로 뛰어든 여성 주체의 이야기입니다. 그런데 화목란 이야기는 기타 민간문화 속에 전하는 여성 영웅 양문여장(楊門女將)과 양홍옥(梁紅玉) 이야기와 두 가지 차이점을 보입니다. 첫째 아버지를 대신하고, 둘째 남장을 한 것입니다. 첫째 아버지를 대신한다는 점에서는 그다지 커다란 차이점을 가지고 있지 않습니다. 왜냐하면 전근대 중국 민간문화(매우 드물게 정사에도 보입니다) 속에서 화목란과 유사하게 경계를 넘는(僭越) 여성 대부분은 아버지를 대신하거나 남편을 대신하기 위한 명분을 가지고 있었기 때문입니다. 하지만 대부분의 여성들이 사회/반(反)사회 주변지대에 있었습니다.19 그런데 목란은 규중 소녀의 신분으로 아버지를 대신하여 종군한다는 점에서 매우 청순하고 매력적입니다. 때문에 목란 이야기 속에 가장 흥미로운 부분은 아버지를 대신하는 것이 아니라 남장하고 종군하는 것입니다. 이것은 현대문화 속의 변장 개념을 단순하게 전이한 것으로 보입니다. 실제 전근대 중국의 민간문화 속에서 '여성 영웅' 계보와 병행하여 '변장한 여성'이야기가 분명히 존재합니다. 이 중에서 가장 유명한 것은 <양산백과 축영대(梁山伯與祝英臺)> 이야기입니다. 이 이야기 또한 목란 이야기와 같이 중국영화가 시작한 이래 근대적 다시쓰기가 되고 있는 소재입니다. 유사한 이야기에 변장(易裝), 성별 오인(性別錯認), 잘못 투사된 욕망(欲望誤投)이라는 내용을 (잠재적으로) 포함하고 있습니다. 이것은 거의 현대인의 성별, 트랜스 젠더(跨性別) 정체성 서사로

---

19. 이중에서 양홍옥은 樂籍에 들어가(入樂籍) 기원에서 웃음을 팔았으며(靑樓賣笑), 목계영은 아버지를 따라 산적이 되었다.

'남성의 역할을 연기한 여성'이야기─여성주체의 곤경

직접적으로 전이할 수 있습니다. 그러한 이야기들이 근대적 다시 쓰기를 할 때는 애정이야기 혹은 애정비극에 중점을 두고 선택된다 할지라도 말입니다. 최소한 근대 중국에서 애정 담론은 근대성 담론 중에 특수한 위치를 가지는데, 봉건문화를 비판하고 개인과 개인주의 담론을 확립하는데 직접적인 기여를 하였습니다.

목란 이야기에서 여성영웅과 남장한 여성의 이야기가 서로 만나면서 드러난 것은 이러한 계보의 중첩만은 아니었습니다. <목란사>의 마지막 부분에서 '숫토끼 발로 뜀박질하고 암토끼 눈이 흐릿하네. 토끼 두 마리 나란히 뛰어가니, 어찌 암수를 구별할 수 있을까(雄兎脚撲朔, 雌兎眼迷離;雙兎傍地走, 安能辨我是雄雌)'라고 하였습니다. 우리는 이 구절을 현대적으로 해석할 수 있습니다. 이 부분은 성별을 넘어서거나 오인했다기보다는 성별의 사회적 기능이 전환될 가능성을 드러낸 것이라고 보아야 합니다. 또한 목란의 출정에 대해 '만리 길 전쟁터로 달려가, 날아가듯 관산을 넘었네. 북방의 냉기가 금방자에 전해지고, 차가운 달빛 철갑옷 위에 흐르네. 장군은 백번 싸워 죽고 장사는 십년 만에 돌아가네(萬里赴戎機, 關山度若飛. 朔氣傳金柝, 寒光照鐵衣. 將軍百戰死, 壯士十年歸)' 라고 간결하게 표현하여 이야기 속에 성별이 오인될 수 있는 장면을 삭제했습니다. 이런 까닭에 목란 이야기 속의 남장은 현대적 의미의 변장이라기보다는 일종의 분장이나 연기에 더 가깝습니다. 이는 '아버지를 대신한다'는 의미를 강화하기 위한 것으로 자각적인 분장을 통해 잠시 남성의 사회적 역할을 대신하거나 연기한 것입니다. 현대적으로 해석하면 여성 주체성의 출현이라고 할 수 있는데 분장을 통해 남성의 사회적 역할을 연기함으로써 그것이 실현되고 완성됩니다. 여성이 변장하고 종군한다는 것이 전근대 중국 성별 질서에 대한 일종의 월권행위였지만 저항자로서의 월권이 아니라 충신으로서의 월권이었습니다. 그러므로 목란 이야기는 민간문화에서 생겨나 민간문화 아니 대중문화의 방식으로 끊임없이 다시 쓰기가 되었고, 전근대 중국에서 결코 주변 서사가 아니었습니다. 역대 저명한 문인들이 목란을 많이 읊은 것에서도 이 점을 더욱 잘 알 수 있습니다. 다시 말해 전근대 중국의 사회맥락 속에서 목란 이야기는 전통중국문화 혹은 봉건이데올로기의 핵심 중의 하나인 효(백가지 선에서 효가 우선이다(百善孝爲先))를 드러내고 있습니다. 여기에 '아버지를 대신한다'는 의미가 깃들여진 것인데, 효는 충으로, 집은 국가와 연결되었습니다.

1920년대 중국 영화의 첫 번째 '시대극 영화 열기' 속에 개편된 목란 이야기에서는 이야기의 특이성 및 남장한 여성이 지닌 보이는 대상으로서 매력에 초점이 맞추어졌습니다. 고도시기(孤島時期)[20] 가장 유명한 영화 <목란종군(木蘭從軍)>에서는 효와 충에 그 의미를 둠으로써, '국가의 흥망에는 사내(아녀자)도 책임이 있다(國家興亡, 匹夫(匹婦)有責)'는 것을 명확히 드러냈습니다. 영화는 의식적으로 목란 이야기에 잠재된 충군(忠君)의 함의를 근대민족국가와 동일시하며 항전시기 민족국가건설에 동원했습니다. 실제 일본군 침략을 계기로, 근대 중국문화는 의식적으로 전근대 중국문화 자원 중의 하나인 충군 전통을 근대민족국가 합법성 관련 서사와 민중동원에 효과적인 것으로 바꾸었습니다. 부완창(卜萬蒼) 버전의 <목란종군>은 중국내에서만 인기가 있었던 것이 아니라 당시의 적국 일본에서도 상영됐다는 점은 상당히 흥미롭습니다. 어떤 측면에서 근대 서사 속의 화목란은 '텅 빈 기표(空洞的能指)'의 두 가지 의의를 나타냈습니다. 첫째, 화목란은 남성욕망의 시선 속에서 변장에 의해 더욱 매력적인

---

20. 옮긴이 : 일반적으로 고도시기(孤島時期)는 1937년 11월 12일 일본군이 상하이를 부분 점령한 시기부터 1941년 12월 8일 일본군의 태평양 참전으로 상하이를 완전 함락한 시기까지를 지칭함. 다만 중국학자 지앙티엔쭈어(蔣天佐)는 고도시기를 1937년부터 1945년 일본의 패망시기까지 봄. 고도는 상하이 조계지역을 제외한 지역이 일본군에 의해 점령되어 고립된 섬과 같이 되었다는 데서 유래된 명칭.

'남성의 역할을 연기한 여성'이야기-여성주체의 곤경

여성이 되었습니다. 둘째, 근대민족국가를 통합하는 효과적인 기호의 기능이 있습니다. 여기에서 말하는 민족국가는 치환불가능한 민족국가가 아닙니다. 당시 일본에게 공동체는 대동아공영권이었습니다. 1949년 이래 목란 이야기는 국가 정체성에 계속해서 봉사하는 동시에 사회주의 체제 정체성, 사회이데올로기 여성해방 실천에도 직접적으로 기여했습니다. 무대예술영화 〈화목란〉에 나오는 '여자가 남자보다 못하다고 누가 말하는가'는 널리 회자되고 있는 가사입니다. 영화 〈홍색낭자군〉에서 낭자군(娘子軍)21들도 다음의 중대가(連歌)를 소리 높여 불렀습니다.

옛날 화목란이 아버지를 대신해 종군했다지만,
지금 낭자군이 인민을 위해 총을 들었네. …
공산주의는 진리, 당은 지도자,
여성이 해방되네, 여성이 해방되네.

앞에서 서술한 21세기 초 화목란 사건에서 상징하듯, 목란 이야기 다시 쓰기가 외부의 힘에 의해 다시 등장했습니다. 홍콩의 발레극과 상하이 희극학원의 소극장 화극을 제외하고, 새로운 중국, 아시아에서 새로 만들어진 화목란 텍스트는 아직 없습니다. 하지만 '상상의 기표(想像的能指)'로서 화목란 형상은, 성별 정체성과 변장 연기를 하는 것 외에 중국현대서사에서 부여한 기의에서 다시 미끄러져 유리되어, 전세계적 콘텍스트 속에서 새로운 의미의 접합articulation22을 찾아냈습니다. 이번에는 다른 의미의 '역할 연기'를 수행하는데, 남성의 사회적 기능 역할을 연기한 것이 아니라, 전세계적 시야 혹은 상

---

21. 옮긴이 : 여성들로 이루어진 군대.
22. 옮긴이 : 저자는 耦合 개념을 통해 혼재된 다른 층면의 것들이 연결되었다는 것을 강조하여 설명함.

상하는 전세계적 시야 속의 '중국'을 연기하고 있습니다. 후자의 연기에 대해서는 다음에서 언급하겠습니다.

정주하지 못하는 타자[23], 여성 협객

현당대 중국의 사회문화사, 영화사에서 화목란은 일종의 '원형'입니다. 여성이 남성의 사회적 역할을 연기하는 것(변장은 외면적인 형식일 뿐이다)을 보여줍니다. 화목란과 기타 여성 영웅 형상에서는 중국여성사 혹은 중국 여성문화사가 드러나는데, 서구 여성사, 여성문화사, 여성주의와 상대적으로 다른 배경을 가집니다. 비교문학적 측면에서 화목란을 성녀 잔다르크 이야기와 단순 비교해도 그렇습니다. 서구 기독교문화와 달리 전근대 중국문화에서는 성별질서가 절대적이지 않으며 경계 넘어서기를 허용하고 있습니다. 《성경》에 나오는 창세기 신화에서 하느님은 인류의 남성시조 아담을 만들고, 이어 남성의 갈비뼈에서 여성의 시조 이브를 창조했습니다. 하지만 중국 창세기 신화에 나오는 두 가지 서술, 즉 여와(女媧)가 흙을 빚어 사람을 만들었다거나 복희(伏羲), 여와 남매가 결혼하여 인류를 낳고 길렀다는 이야기 속에 남성과 여성에 대한 차이성, 특히 권력의 등급구조는 나타나지 않았습니다. 저자가 일찍이 <성별과 서사> 글에서 지적한대로, 전근대 중국의 문화표현 중에 성별은 근대 사회의 정체성 의미를 지니지 않으며 계통적이고 구조적인 상징을 가지지 않았습니다. 중국문화 속에서 성별은 음양설로 설명되어지는데, 음양설에서는 음양을 서로 전환될 수 있는 조화의 상징이라고 보았습니다. 하지만

---

23. 옮긴이 : 懸置는 허공에 매달렸다는 뜻으로, 저자는 이 개념을 통해 허공에 매달려 위치가 정해지지 않은, 사회로부터 방축되어 자신의 자리를 정할 수 없는 여성 협객의 위치를 설명한다. 이렇듯 여성 협객은 고정된 위치가 없어 구조 바깥에 존재하지만, 잠시 구조 안에 들어가 모든 구조에 영향을 끼치는 존재로, 본문에서는 '정주(定住)하지 못하는 타자'로 번역함.

오랜 역사과정 속에서 주인은 양이고, 노예는 음이며, 존귀한 자는 양이며, 비천한 자는 음이라는 식의 권력질서가 점차 부여되었습니다. 물론 이렇게 고쳐 쓰고 위계질서를 갖춘 음양관에 성별질서를 대응해보면 문화의 보편적 의미에서 남존여비의 질서가 확인되기도 합니다. 하지만 이와 동시에 성별질서가 약화되고 모호해져 성별의 구분이 불분명하고 서로 간에 경계도 용납되었습니다. 소위 임금과 신하, 아버지와 아들, 남편과 부인이라는 권력구조에서 여성은 계급질서의 최하층이었지만 남성이 신하와 아들의 위치에서는 음/여성의 문화위치에도 놓일 수 있었습니다. 전근대 중국문인이 향초미인으로 자신을 비유한 문화전통도 여기에서 비롯된 것입니다. 이와 연관해서 문학 텍스트에서 부권을 대신한 전제적인 어머니의 형상이 계속적으로 나타나고 있으며 중국민간문학과 문화 속에 여성 영웅의 전설과 전통희곡 속의 도마단(刀馬旦)24 역할도 존재합니다. 또한 중국문학사에서 악부의 쌍벽이라 불리는 민간 서사시 <목란사(木蘭辭)>와 <공작동남비(孔雀東南飛)>를 단순히 비교해 봐도 알 수 있습니다. 여기에 아버지가 연로하여 남장을 하고 종군하는 강인한 여성과, 억압적인 어머니의 위압 속에 아무 것도 하지 못하고 자신의 애정과 결혼조차 유지하지 못하는 약한 남성이 등장합니다. 바꿔 말해 전근대 중국문화내부에서는 성별이 절대적으로 표현되지 않고 성별의 경계를 넘을 수 있는 사회적 기능 역할만이 나타나 있을 뿐입니다. 이러한 의미에서 다시 <목란사> 텍스트를 해석해보면 '목란이 아버지를 대신해서 종군한다'는 이야기 속에서 서술하고 있는 것은 목란의 떠남과 돌아옴입니다. 목란이 남장을 하고 떠나 먼 길을 걸어가다가 관직을 사직하고 돌아와 다시 여장을 한다는 이야기 속에 성별구분은

---

24. 《사해(辭海)》에 따르면, 도마단(刀馬旦)은 경극의 배역이다. '단(旦)' 역은 무예가 뛰어나고 젊거나 중년의 여성이 연기한다. 갑옷 등 뒤에 깃발을 꽂고 주로 말을 타고 싸우는 역을 맡는다. 노래와 무술을 함께 한다.

그 사이를 가로지를 수 있는 공간이나 옷을 입고 연기할 수 있는 역할로 그려집니다. 성녀 잔다르크와 달리 목란이나 목란 식의 연기는 바로 이 사이를 미끄러져 갈 수 있는 사회적 기능 역할 면에서 전근대 성별 질서 내부의 특별한 허가와 비준을 받았다고 해야겠습니다. 어쩌면 바로 이런 점에서 전근대 중국(유럽 문화에 상대적으로)의 다른 문화적 현실이 근대성 담론 및 그 실천 자체에서 차이와 균열을 보였다고 해야겠지요.

젠더(社會性別)25 연구의 시야에서, 중국사회의 근대화 과정은 유럽 본질주의의 성별관념을 참조하여 근대 중국의 성별질서를 다시 새롭게 만들어가는 과정으로 해석할 수 있습니다. 여성해방에 대한 남성 사상가의 주장과 실천은 잠재의식 속에서 근대 남권이 봉건부권을 대체하는 실천과정 중의 하나가 되었습니다. 구여성을 매장하고 신여성을 호명함으로써 근대남성주체의 중국 강림을 선언하며 실천했습니다. 1장에서 이미 말씀드린 것과 같이, 5·4 신문화운동 이후 십년동안 찬란했던 순간이 한순간에 사라졌습니다. 노라가 집을 떠나고 신여성 글쓰기가 저조한 가운데 '루인(盧隐)식 정체'26가 나타났습니다. 영화에서는 멜로드라마 <고아가 할아버지를 구한 이야기(孤兒救祖記)> 이후 시대극 영화에 여성 협객 형상과 이야기가 잇달아 등장했습니다. 이는 분명 그람시Antonio Gramsci가 말한 '문화혁명'으로,27 급격한 사회변천 후 사람을 새롭게 배치하는 과정이었습니다. 다시 말해 사회격변이 만들어낸 단절과 신여성 생존과 서사규범의

---

25. 옮긴이 : 性別은 생물학적 의미의 성별로, 社會性別은 사회학적 의미의 젠더로 번역했으며, 跨性別은 편의상 트랜스 젠더로 번역함.

26. 茅盾, <루인을 논함(盧隐論)>, 《모순전집(茅盾全集)》 20卷, 北京;人民文學, 1990. 옮긴이 : 중국현대문학가 마오둔(茅盾)이 여성 소설가 루인의 문학창작상의 변화를 빌어 5·4 신문학의 정체를 표현한 말. 루인은 5·4 시기 사회적 테마를 가지고 작품을 쓰다가 점차 개인적, 비관적인 작품을 주로 썼다.

27. 唐小兵 譯, 제임슨(詹明信), 《포스트모더니즘과 문화이론:프레드릭 제임슨 교수 강연록(後現代主義與文化理論 : 弗·杰姆遜敎授演講錄)》, 陝西師範大學出版社, 1986年

'남성의 역할을 연기한 여성'이야기―여성주체의 곤경

공백이 신문학에서는 '루인식 정체'를 만들어냈습니다. 또한 근대성 담론의 전파와 건설 과정이 바로 근대 여성과 전근대 여성의 생존경험과 표현 사이의 연결과 연속을 폭력적으로 단절했다고 하겠습니다. 영화와 대중문화가 맡은 역할은 바로 전근대 여성 이야기의 근대적 말하기를 통해 여성에 관한 서술을 다시 이어감과 동시에 신/근대 여성을 정의하고 규정하는 것이었습니다. 1920년대 중국영화 속에 집중적으로 출현한 전근대 중국 민간서사 속의 화목란과 여성 영웅의 변주인 여성 협객 이야기가 바로 그 전형적인 예입니다.

사진9　영화 <무명영웅>

실제 중국영화사의 계보에서 여성 협객은 매우 특수한 유형입니다. 여성 협객은 영화 속의 주인공일 뿐만 아니라 이야기 속 행동주체로, 이는 할리우드 혹은 기타 주류 상업영화 속에서 정해놓은 성별역할과 완전히 다릅니다. 여성이 더러 (남성) 관중이 보는 욕망의 주체가 되기도 하지만, 남성 주인공 욕망의 대상이 되는 경우는 극히 드뭅니다. 여성은 곤경에 처한 여성을 구해주거나 남성 주인공을 구원합니다. 이러한 '미인이 영웅을 구한다'는 이야기 구성방식은 기존의 부권, 남권 구조를 뒤집는 것으로, 여성 협객의 형상은 상당히 전복적이고 경계를 넘나드는 색채를 농후하게 가집니다. 물론 전통희곡 속에 도마단 전통이 있고, 전근대 현대 여성 협객의 이야기로 넘쳐나는 <아녀영웅전(兒女英雄傳)>28이 있지만 말입니다. 현대적 변주 형태로서 여성 협객을 절대적인 주인공으로 하는 대부분의 영화에서, 여성 협객은 이야기 속의 행동자, 구원자 또는 어떤 의미에서는 권위적인 형상을 나타낸다고 하더라도, 영화 속 원(元)사회meta- society에서 그녀의 선행이 승인되거나 받아들여질 수는 없었습니다. 초기 중국영화 속의 여성 협객은 전형적인 미국의 서부 영화 속 영웅/카우보이의 사회적 기능을 어느 정도 수행합니다. 그녀는 영화 속 남자 주인공과 감정적인 갈등을 겪기도 하지만, 마지막에는 남성 주인공과 그녀가 구원한 여성에게 인연을 만들어주고 다시 표표히 사라집니다. 서부 영화 속의 카우보이가 황야에서 와서 다시 황야로 돌아가는 것은 일종의 자아방축인 동시에 사회로부터의 방축이며, 어디에도 정주할 수 없는 의식(懸置的儀式)입니다. 신협객소설에서 남성 주인공은 무술이 뛰어난 고수를 만나 그를 스승으로 삼고 기술을 연마하게 되는데, 이것은 이야기 속에 잠재된 남성 성장 이야기의 중요한 고리입니다. 그가 모든 수련을 마치고 하산할 때, 그는 이미 하나의 완전한 의미로서 주체이자 영웅이 됩니다. 그런데 여성협객을 주인공으로 하는 영화에서 여성 협객이 스승에게 무술을 배우고 연마하는 것은, 자신의 성별 정체성과 세속 생활을 버렸다는 것을 의미할 뿐입니다. 초기 전형적인 여성 협객 영화 속에서, 여성 협객은 외재적이고 전지전능한 구원의 힘을 가지고 있으며, 영화 속 원사회의 생존과 질서 구

---

28. 중국 청대 문강(文康)이 지은 장편 장회소설(長篇章回小說).
　　옮긴이: 국내 번역서로 김명신 번역의 《아녀영웅전》(지식을 만드는 지식, 2009년)이 있다.

'남성의 역할을 연기한 여성'이야기—여성주체의 곤경

조, 관중의 상상세계에 대해서는 타자로 존재했습니다.

시대극 영화와 그 속에 나오는 여성 협객 이야기가 당시 사회 콘텍스트에서 어떠한 역할을 하였는지에 대해서는 잠시 접어두고 성별/여성 글쓰기에 대해서만 말하겠습니다. 유사영화는 여성주체 형상을 두드러지게 표현한 동시에 유사한 여성주체를 사회질서구조 밖으로 추출했습니다. 유사 영화가 근대적 성별 글쓰기로서 가지는 의의가 여기에 있다고 하겠습니다. 동시기 시대극 영화가 드문데 <위여사의 직업(衛女士的職業)>[29]을 참조하면 이야기 구조 속 여성 주인공의 위치와 구조가 신괴 무협 영화 속의 여성 협객과 놀랍도록 유사하다는 사실을 발견할 수 있습니다. 영화 속 직업여성 웨이수전(衛淑眞)은 자신의 능력과 노력으로 어머니와 여동생을 부양하는데, 사장의 욕망을 거절하며 자신의 정절을 지키고 사장의 가정도 지킵니다. 결국 그녀는 비서로 발탁되지만 이와 동시에 남성의 결혼대상에서 제외되어 결혼의 꿈을 상실하게 됩니다. 당시 사회문제극 <위여사의 직업>은 분명 유사한 사회현상에 대한 작가 겸 감독(특히 홍선)의 비판의식을 드러냈습니다. 하지만 이 영화는 근대 서사의 거울로서 여성 협객을 주인공으로 한 신괴 무협 영화 서술구조에서 성별의 진의를 보여줍니다. 즉 성별 집단으로서 여성은 중국 근대화 과정에 따라 역사 지표 위로 부상하기 시작했습니다. 하지만 근대 남권의 새로운 규범역량은 여성/신여성에게 남성과는 상대적으로 차이성을 지니는 성별 정체성을 요구했습니다. 전근대 중국의 문화 표현 속에서 가로지를 수 있고 사회적 기능을 지니는 공간은 이미 폐쇄되었으며 여성은 경계를 넘어서거나 남성을 연기한 대가로 고정된 성별질서 속에서 점차 축출되거나 스스로 떠나왔습니다.

---

29. <위부인의 직업(衛女士的職業)>(일명 《여비서(女書記)》), 감독 : 장스촨(張石川), 홍선(洪深), 각본 : 홍선, 촬영 : 둥커이(董克毅), 출연 : 딩쯔밍(丁子明), 궁자눙(龔稼農), 명성영화사(明星影片公司) 출품, 1927年

사진10 영화 <대취협>

중국 근대화 과정의 전개에 따라 신괴 무협 영화를 포함한 신무협 서사는 그 성숙된 서사 형식을 갖기 시작했습니다.[30] 그중에서 여성 협객은 이야기의 중심 위치에서 점차 벗어났습니다. 여성 협객이 이야기 속의 행위주체이지만, 남성 주인공 욕망의 객체가 되거나 최종적으로 남성 주인공의 가족이 되기도 했습니다. 그런데 이러한 결말을 성립하기 위해서 대부분 이중의, 다중의 학대받는 이야기 구조를 취하였습니다. 우선 여성 협객의 행위/구제대상이 되기에 충분한 근거를 제공하기 위해서 남성 주인공은 항상 진정 혹은 상징적인 불구/무력한 상태에 놓였습니다. 주류 영화에서 먼저 설정한 것처럼 관중

30. 사실상 신무협 서술의 성숙한 형태는 식민역사와 냉전의 경계선에 의해 격리된 홍콩 문화 속에서 출현한 것으로, 진용(金庸), 구룽(古龍), 량위성(梁羽生)을 대표로 하는 무협소설(및 대부분의 영화, 텔레비전 각색물), 후진취안(胡金銓), 장츠어(張徹)가 개척한 신무협 영화물이 대표적이다. 중국에서 홍콩으로 연결되는 대중문화의 계보는 70년대 말, 80년대 초에 진척된 중국대륙의 개혁개방에 따라 소리 없이 들어왔다가 봇물처럼 중국대륙에 역수입되어져, 신주류 문화(성별 질서와 문화를 포함) 속에서 강력한 영향력을 가지는 하나의 흐름이 되었다.

'남성의 역할을 연기한 여성'이야기—여성주체의 곤경

은 자신을 남성 주인공과 동일시하여 학대받는 경험을 겪습니다. 다음으로 유사 영화에서 여성 협객은 자신의 애정을 얻기 위해서 필연적으로 무수한 고난, 오해와 시련을 거쳐야 했습니다. 관중은 이 과정에서 여성 협객과 자신을 동일시하고, 여성 협객의 학대받는 체험과 자신을 동일시합니다. 끊임없는 문화의 협상談判, negotiation31을 통해 어떤 긴장완화가 생겨나는 것처럼 여성의 성별 경계를 넘나드는 행위는 용서받을 수 있었지만 필연적으로 매우 비싼 대가를 치러야만 했습니다.

신괴 무협 영화는 중국영화사상 특수한 아류입니다. 그러나 여성 협객을 주인공으로 삼는 특별한 이야기는 사회가 급격히 동요하고 출구도 현실적인 해결방안도 없던 시대에 출현합니다. 여협 이야기는 바로 격변하는 사회에 대한 절망감과 무력감에 상상력을 전이하고 있습니다. 첫 번째, 여성 협객을 외래적인 구원자로 설정한 방식을 통해 현실의 어려운 상황을 상상적으로 해결하려고 했지만 이 때문에 여성 협객은 사회 속에서 '타자the other'로 그려졌습니다. 두 번째, 영화보기를 통해 관객은 현실의 중압감을 주동적으로 선택하고 학대받는 것을 쾌감으로 전이시켰습니다. 이 과정에서 여성은 다른 방식으로 사회적 학대를 주체적으로 선택하거나 사회적 가학자로서의 위치로 보내졌습니다.

해방된 여성과 '남장'의 역할

흥미롭게도 1949년에서 1979년까지 검을 차고 종횡무진 공간을

---

31. 옮긴이 : 이것은 스튜어트 홀의 미디어 수용개념으로, 주류 문화가 미디어를 통해서 보여주는 여러 가지 이야기와 영상에 대해 그 주류문화에 속하지 않은 관객이 주류문화의 지배적인 독법을 그대로 수용하고, 수용자가 그것을 주변적인 문화와 주류문화와 협상해 가면서 텍스트를 해석해 간다고 보았다. 저자는 '협상(negotiation)'개념을 가지고 여성 협객에 대해 관중이 동일시하는 과정을 설명하고 있다.

누비던 여성 협객이 당대 중국 문화 속에서 완전히 그 모습을 감추었다가, 원형인 화목란과 여성 영웅들의 형상으로 다시 돌아왔습니다. 어떤 의미에서 마오쩌둥 시대의 당대 중국문화는 끊임없이 근대문화를 뛰어넘으려고 했고, 다른 방식과 요구로 전근대 중국문화 자원을 새로이 재사용하거나 끼워 맞추었습니다. 예를 들면 50년대 말 60년대 초 냉전으로 서로 거리를 두었던 중국대륙, 홍콩, 타이완에 동시적으로 시대극 영화 붐이 일었습니다. 중국대륙은 경극과 지방극을 포함한 고전희곡 레파토리 개편과 무대기록 영화를 택했습니다.32 그중에서 재기발랄한 도마단 역의 주인공이 가장 사람들의 주목을 끌었습니다. 당시 많은 중국 희곡 영화 속에서 화목란과 양문여장을 새로 개편한 레퍼토리가 가장 인기를 누렸으며 광범위하고 뚜렷한 영향을 끼쳤습니다. 앞에서 언급한 예극(豫劇) <화목란> 외에도 목계영(穆桂英), 여태군(余太君)과 양문여장(楊門女將)을 주인공으로 하는 레퍼토리가 더 나왔습니다.33 무척 흥미로운 사실은 공산당 정권

---

32. 여기에서 보충하지 않으면 안 되는 것은, 무대기록영화, 희곡영화의 형식으로 출현한 전근대 중국의 이야기가 중국 대륙에서만 있었던 현상은 아니라는 사실이다. 일찍이 홍콩, 타이완 및 동남아시아에도 이러한 경향이 일시에 풍미했다. 리한샹(李翰祥)이 감독한 <양산박과 축영대(梁山伯與祝英臺)>에서는 지방희곡 황매조(黃梅調) 형식을 취하였다. 그런데 이 시대극 붐의 부활로 희곡-기록 형식을 채용한 것은 대륙뿐이다. 물론 50, 60년대 중국대륙에서도 비희곡 형식의 시대극이 많이 출현했지만 말이다. 그중 대표적인 것으로 <임칙서(林則徐)>, 《흑기 송경시(黑旗宋景詩)> 등등이 있다. 하지만 희곡의 형식을 통해 전근대 문화자원을 다시 이용한다고 하는 사회적 정치적 목적과는 달리, 그 시대극은 다른 시대적 이데올로기의 요구 - 맑시즘의 유물사관에 의해서 중국의 역사를 다시 쓰는데 사용되었다. 지면과 주제의 한계로 이것의 풍부한 문화현상에 대해서는 논외로 하겠다.

33. <목계영, 군사를 거느리다(穆桂英挂帥)>, 감독 : 쉬쑤링(徐蘇靈), 각색 : 추이웨이(崔嵬) (마진펑(馬金鳳)과 송사(宋詞) 무대를 기반으로 정리 개편), 촬영 : 구원허우(顧溫厚), 출연 : 마진펑, 딩구이윈(丁桂雲) 등, 예극 흑백영화, 강남영화제작소(江南電影制片廠), 1958年.《양문여장(楊門女將)》, 감독 : 추이웨이. 천화이이(陳懷皚), 각색 : 판쥔훙(范鈞宏), 뤼롼밍(呂瑞明), 촬영 : 녜징(聶晶), 칼러영화, 베이징영화제작소(北京電影制片廠), 1960年.
<목계영 홍주에서 크게 승리를 거두다(穆桂英大戰洪州)>, 감독 : 추이웨이, 천화이이, 각색 : 추이웨이 (소설 <양가장 연의(楊家將演義)>를 개편함), 촬영 : 황신이(黃心一), 출연 : 류슈룽(劉秀榮), 장춘샤오(張春孝) 등. 경극 희곡영화, 베이징영화제작소(北京電影制片廠), 홍콩 번화영화사(香港繁華影業公司), 1963年 연합제작.

'남성의 역할을 연기한 여성'이야기—여성주체의 곤경

하에서 여성이 정치, 경제, 법률 방면에서 전면적으로 해방되어, 여성이 사회기능 역할을 넘어서고 가로지르는 것처럼 보였습니다. 전근대 중국사회와 달리 도마단, 화목란 및 남성을 연기하는 것이 더 이상 사회적인 문화수사에 머물지 않고 전면적인 사회실천이 되었습니다. 바로 이 점에서 신중국 여성/해방된 여성은 줄리아 크리스테바Julia Kristeva34가 말한 대로 '화목란 상황' 속에서 새로운 문제와 곤경에 처하게 되었습니다.

사진12 희곡영화 <목계영, 군사를 거느리다>

5·4 신문화운동이 전근대 중국 여성을 죽은 여성으로 나타냄으로써 여성들을 역사 단절의 피안으로 격리시켰습니다. 사회주의 중국에서 주류 글쓰기는 신성한 '정치 시대구분법'35에 따라서, 여성의 낮은

---

34. 옮긴이: 프랑스 정신분석학자이자 기호학자.
35. 관련 논의는 저자의 《의혹으로 가득한 當代(疑竇叢生的 "當代")》 참조할 것.

지위, 비참한 운명, 사회적 고난, 성별의 비극, 신생과 방황을 모두 '암흑천지의 구중국'으로 표현했습니다. 이에 반해 신중국의 여성은 하루아침에 해방되어 '봄빛 같은 따뜻한 태양' 아래 평등하고 행복하게 노력하며 영생을 누리는 것으로 묘사되었습니다. 신중국의 성립으로 여성의 노예 같은 역사적 운명은 종결되었으며, 부권, 남권 사회에서 여성은 '제2의 성'으로서 지위를 가지며, 남존여비의 역사 문화적 틀과 역사적 타성을 일순간에 전복시켰습니다. 이러한 '정치 시대 구분법'은 경계 표지석처럼36 확연히 다른 두 세계를 구분 지었습니다. 그리고 이러한 시대 구분법은 실개천같이 이어지는 근대사회 여성문화와, 5·4 신문화혁명 이래 여성문화의 전통을 당대 중국여성의 문화 시야 바깥으로 격리시켰습니다. 또한 더욱 중요한 것은 신중국 여성-해방된 여성이 직면한 새로운 생존과 문화현실이 부딪친 문제도 은폐했습니다. 마오쩌둥 시대-구중국 여성의 비참한 운명과 비극적인 이야기는 시종 새로운 사회이데올로기와 정치동원에 이용되었습니다. 하지만 여성 비극의 사회적 상징은 이미 성별 집단의 사회적 운명에서 미끄러져 나와, 계급, 즉 피압박 계급의 운명을 말해주는 대명사가 되었습니다. 1950년대 초기 널리 유포되었던 노래 <여성해방가(婦女解放歌)> 노래가사처럼, '구사회는 만길 깊은 어두운 우물이었네, 우물 속에는 우리같이 고통 받는 사람들, 여성은 그 밑바닥에' 있었습니다. 신중국 홍색경전 영화 <바이마오뉘(白毛女)>는 이러한 주류 이데올로기 성별을 표현한 중요한 텍스트입니다. 이 작품의 개편과정, 즉 민간전설에서 앙가극(秧歌劇), 가극, 영화, 무대극으

---

36. 경계령(分界岭)은 영화 <홍색낭자군>에 나오는 지명인 동시에 영화 텍스트 속에서 하나의 상징적 의미를 가진다. 영화는 이 경계석을 클로즈업하며 비추었다. 이 분계령을 경계로, 국민당 통치지역과 공산당 지역이 구분되었다. 또한 확연히 다른 여성의 운명을 함께 보여주었다. 다시 말해 국민당 통치지역에서 노예생활을 하며 감시받고 구금되며 채찍질을 받고 팔려가는 운명이거나 강제결혼으로 나무 송장과 평생 살아야 하는 운명이었다. 그러나 공산당 지역에서 여성의 삶은 해방되었고 남녀가 평등하고 자유연애를 하며 남성과 함께 전투하는 모습으로 그려졌다.

로 개편되었던 역사 자체가 바로 사회동원과 통합의 참여자이자 증인이었음을 말해줍니다.

사진13 영화 <바이마오뉘>

계급을 유일한 기준으로 삼았던 사회정치와 문화구조에서 성별 서사는 사회정치 수사방식으로서만 존재하다가 거의 사라졌습니다. 성별 차이는 단지 계급 대립의 전제 하에서만 모습을 드러냈습니다. 동일한 계급 내부, 계급의 형제자매 간에 본질적인 차이는 물론 어떠한 모순도 존재할 수 없었습니다. 당시 '시대가 변했다. 남녀는 모두 똑같다. 남성 동지가 할 수 있는 일은 여성동지도 똑같이 할 수 있다' 는 주장이 지배적이었습니다. 여성은 해방되었고 남녀평등의 기치를 내걸었지만 이와 동시에 성별 차이는 부인되었습니다. 성별 경계를 넘나든 목란이 남장을 하고 종군하며 역사의 무대에 직접 뛰어든 것은 아닙니다. 목란은 절대적 권위적인 명령에 따라 신중국 사회무대에서 여성에게 요구된 남성과 거의 다를 바 없는 사회적 역할을 수행했습니다.

5·4 시기 신여성과 신중국 이후 해방된 여성을 거칠게 비교해 보겠습니다. 5·4 시기 노라의 호소 아래 집을 떠난 신여성에게 아버지와 남편이 통제하는 공간 사이의 좁은 틈이 남겨졌다면, 신중국 해방된 여성에게는 성별 평등을 획득하는 순간 여성 해방도 일순간에 지나가버렸습니다. 여성은 최하층의 종속적인 노예의 지위에서 해방된 다음 순간 사회, 국가, (공산)당과 사회주의 제도를 위해 자신의 성별 정체성을 버리거나 사회에 봉헌해야 했습니다. 남성의 각도에서 마오쩌둥 시대가 무성화(無性化) 시대였다면, 여성의 각도에서 보면 오히려 남성화 과정이었습니다.

<목란사>에서 생략된 부분은 1949년 이후 중국 현실 속에서 그 모습을 드러냈고 사회무대에 등장했습니다. 하지만 이것은 지난날 남성의 행위방식, 사회규범과 그 가치판단을 유보하지 않고 수용하고 준수해야 한다는 것을 의미했습니다. 사회문화와 현실은 뫼비우스 띠와도 같이 안이면서 밖이고 밖이면서 안이었습니다. 여성이 남권 문화 속의 여성규범 사이에서 다시 배회하지 않고 침묵하게 되자, 남성규범(여성에 대한 남성규범이 아니라 남성 자신의 규범)이 유일한 절대적 규범이 되었습니다. 여성이 사회의 주체적 지위를 얻게 되는 동시에 성별의 주체적 지위를 향유하거나 표현할 전제 혹은 가능성도 상실했습니다. 그런데 외부의 힘/남성 정치가가 이끌고 완성한 여성해방, 성별평등의 주요한 사회적 실천은 여성을 사회무대로 이끌어 냈습니다. 그리곤 여성들에게 남성과 같은 국민의 의무와 책임을 짊어지게 했으며, 남성 사회의 모든 행위기준을 받아들이도록 요구했습니다. 여성은 계급과 차이 없는 사회 속에서 남성과 '어깨를 나란히 하고 전투'했습니다. 다른 한편 이데올로기화된 도덕질서(숭고한 무

'남성의 역할을 연기한 여성'이야기—여성주체의 곤경

산계급의 정조/부패하고 몰락한 자산계급 생활방식)를 강화함으로써 가정을 사회조직의 기본단위로 제시하고 환원했습니다. 또한 혼인을 기초로 한 가정의 가치를 다시 강조했습니다. 경계를 넘어서는 것을 허용하지 않는 계급적 정치기준 하에서, 결혼과 가정은 신성하다고는 할 수 없지만 매우 강고한 실용적 가치를 부여받았습니다. 중화민족/노동인민의 전통적인 미덕 하에 여성은 가정에서 매우 고전적이고 전통적인 역할을 수행해야 했습니다. 즉 노인을 봉양하고 어린아이를 돌보며 아이를 낳고 자녀를 기르며, 남편을 내조하고 자식을 가르치며, 묵묵히 온갖 어려운 일과 수모를 견뎌내야 했습니다. 귀에 익숙하게 들어온 용어 '두 어깨에 모두 짊어진다(雙肩挑)'[37]는 표현은 신중국 여성의 형상과 무거운 짐을 정확하게 지적한 것입니다. 바로 이런 까닭에 사회주의 문화가 양문여장의 전기에 특별한 애정을 가지고 있는 것입니다. 전기 속의 수많은 영웅이 부인이고 어머니인 동시에 신하이며 아들이 되어, 차례차례 국가를 위해 남편을 대신하고, 아들을 대신하고, 손자를 대신해서 출정합니다.

신중국 여성이 직면한 '화목란 상황'은 원래 신여성이 필연적으로 만날 수밖에 없는 사회적인 숙명이며 해방된 여성이 반드시 짊어져야 했던 자유의 족쇄였습니다. 그런데 여기서 문제는 이런 현실을 만든 국가행위와 국가의지를 의심하고 반성하는 것을 용납하지 않았으며, 여성이 처한 분열된 생존공간, 역할 규범과 생명 체험이 거의 이름 붙여질 수 없고 말할 수 없는 상태에 놓였다는 사실입니다.

---

37. 체제 여성 간행물과 부련(婦聯) 조직에서 자주 사용하는 용어. 특히 여성이 사회적 책임과 가사노동을 모두 짊어져야 함을 지칭한다.

사진14 영화 <전화 속의 청춘>

당시 뜨거운 반향을 일으켰던 영화 <전화 속의 청춘(戰火中的靑春)>38에서는 여성의 변장 이야기를 통해 마오쩌둥 시대 성별 문화와 그 표현의 여러 가지 증후를 드러내고 있습니다. 이 영화는 현대판 목란 이야기라고 불리는데, <목란사>에서 생략된 목란의 군대 생활을 표현하였습니다. 영화가 당시 많은 사람들에게 인기를 얻었던 것은, 남장 이야기에 포함된 성별 오인으로 인한 성적 이야기와 해학성, 혁명경전 서사 속 성별수사와 주류의 상투적인 이야기가 절묘하게 결합되었기 때문입니다. 영화에서 사회의 정치 서사와 성별 서술은 흥미진진한 애정 이야기로 전개됩니다. 영화는 여주인공 가오산

---

38. <전화 속의 청춘(戰火中的靑春)>, 감독 : 왕옌(王炎), 각색 : 루주궈(陸柱國), 왕옌루주궈의 장편소설 《동해 거친 파도를 넘고 또 넘어(답평동해만경랑(踏平東海萬傾浪)》을 개편 , 촬영 : 왕치민(王啓民), 출연 : 왕수야(王蘇婭), 팡쉐친(龐學勤), 흑백영화, 창춘영화제작소(長春電影制片廠) 촬영제작, 1959年

'남성의 역할을 연기한 여성'이야기-여성주체의 곤경

(高山)이 변장을 하고 종군한다는 이야기로, 표면적으론 성별차이를 드러내지 않았지만 성별차이를 가진 모습으로 표현되었습니다. 이런 까닭에 당시 영화 속 남녀 주인공은 관중들의 우상이 되었는데, 이는 혁명의 우상일 뿐만 아니라 청춘 우상으로서의 의미도 지녔습니다. 영화의 첫 부분에서 여성 공산당원 가오산이 속한 공산당원 지방부대는 국민당 부대의 군사충돌로 전몰하고 가오산만 생존했습니다. 이 과정에서 공산당원 부대의 정치, 군사 지도자였던 가오산의 아버지도 전사했습니다. 가오산은 자신의 성별신분을 숨겨 용맹스런 공산당 정규 부대에 가입했습니다. 당시 주류 서사에서 가오산이 변장을 하고 종군한 동기는 깊은 계급적인 원한에서 비롯한 것으로, 그녀는 공산당원으로서 계속 투쟁하여 '전중국, 전인류를 해방시키자'는 신성한 사명을 가지고 있었습니다. 그녀는 이미 공산당원의 신분이었기 때문에 선험적으로 사회적 주체 위치를 분명하게 가지고 있었습니다. 그런데 차이의 성별 서사 측면에서 그녀는 아버지를 살해한 원수에게 보복하기 위해 변장하고 종군합니다. 이는 절묘하게도 목란이 아버지를 대신한 이야기와 중첩됩니다. 이어 전개되는 군대에서의 생활은 주류 서사 방식대로 혁명 대가정의 친밀하고 화기애애한 기운으로 넘쳐납니다. 하지만 성별 서사 측면에서 성별 오인 장면을 해학적으로 만들어 남녀 간의 미묘한 긴장감이 감돌게 하였습니다. 영화에서 남자 주인공 레이전린(雷震林)은 가오산의 도움으로 전투에서 자신의 개인영웅주의를 이겨내고 성장하여 정치적인 성숙을 이룹니다. 주류 서사의 도식에서 볼 때 가오산은 레이전린에게 권위적인 당과 인민(지방부대 출신의 여성신분이 동시에 '인민'이라는 고상하지만 텅 빈 정치권위 기표를 점유하고 있는)의 지위를 점하고 있습니다. 하지만 가오산은 친절하게 가르침을 주기보다는 직접 부대를 이끌고 적진에 들어가 적에 고립되어 포위된 레이전린을 구해냄으로써 그를

각성시킵니다. 이 부분을 정신분석학 각도에서 해석하면 상당히 흥미롭습니다. 남주인공은 적의 함정에 빠져 방앗간으로 퇴각하고, 여주인공은 부대를 끌고 들어와 맷돌 아래 좁은 통로에 몸을 숨긴 그를 구출합니다. 시각면에서 맷돌 아래의 좁은 통로는 어머니의 뱃속을 상징합니다. 가오산의 구출은 바로 출생/재생을 표현한 것으로, 그 순간 레이전린은 개인의 신분을 버리게 되고 주체로 성장하거나 개조됩니다. 혁명문화의 비(非)/반(反) 프로이드적 내함을 지닌 주체로 성장되고 개조되는 과정은 대부분 주인공이 자신의 성별 특징을 버리는 것을 의미했습니다. 하지만 성별 서사 방면에서 남자 주인공은 정치적으로 미성숙한 개인이었습니다. 그는 고전적 혁명영웅이 가지지 못한 남성적 매력을 가진, 기골이 장대하고 잘생겼지만 만용을 부리는 인물이었습니다. 남자 주인공의 남성적 특징이 강조됨으로써, 성별 오인 장면에서 권위자로서 가오산의 창백하고 무미건조한 특색이 다소 약화되어 강하면서도 성숙한 소녀로 그려졌습니다. '미인이 영웅을 구한다'는 이야기는 여성 협객의 이야기와 관련을 가집니다. 가오산이 레이전린을 구하다가 몸에 중상을 입게 되는 장면에서 가오산은 어쩔 수 없이 자신의 성별을 드러낼 수밖에 없었기 때문에 이야기는 전환됩니다. 조직은 여성 가오산이 더 이상 부대를 이끌고 작전을 수행하지 못하도록 결정하고, 그녀를 지방으로 전근 보내 그녀의 평민신분을 회복시킵니다. 마지막 출정 나가는 군대를 송별하는 장면에서 이미 성장한 영웅 레이전린은 행군을 하고 있습니다. 가오산은 여성이 있어야 하는 자리로 돌아가 송별하는 인파 속에서 기대와 부드러움으로 가득한 얼굴 표정을 짓고 있습니다. 레이전린이 행렬에서 나와 자신의 개인영웅주의를 상징했던 일본 군도를 가오산에게 선물하고, 가오산이 이를 흔쾌히 받아들이는 장면은 감동적으로 그려지고 있습니다. 주류 서사의 측면에서 이것은 남자 주인공이 개인(주의)을 버리고 영웅의 성장과정을 완성했다는 것을 상징합니다. 혹은 정신분석의 시각에서 남성이 자각적으로 정신적 거세를 받아들이고 변장한 여성의 정치적 아버지에게 충성스럽게 굴복하는 것to subject을 상징합니다. 하지만 이것은 성별 서사 측면에서 분명 남녀가 헤어질 때 주고받는 애정의 징표입니다. 현대판 화목란 이야기는 남장/연기의 이야기로 여러 가지 측면의 다양한 역할을 드러내는 동시에 은폐했습니다. 여기서 여성은 남성을 연기했을 뿐 아니라, 남성 사회 속으로 들어가 남성 역할을 수행하였습니다. 또한 남장한 여성이 (공산)당의 권위적인 역할을 연기하고, 남성의 과오를 수정하고 성장시키는 역할을 하였습니다. 동시에 그녀의 진짜 성별, 즉 본질주의적 여성 특징인 부드러움과 모성애를 연기함으로써, 권위적인 역할의 부성(父性) 혹은 부권을 약화시켰으며, 여성의 정체성에 온화하고 하나된 혁명대가정(革命大家庭)의 정감을 부여하였습니다. 여성이 여성 역할로 돌아오고 다시 (공산)당/아버지 형상과 인민/어머니 형상의 정치수사학 논리 속에서 인민을 연기함으로써 인민의 이름으로 출정 나가는 군대는 정의의 군대라는 영광을 부여받게 됐습니다.

이러한 정치/성별 서사 수사학은, 당대 중국 내부 부권/집권체제가 강화됨에 따라 점차 요원해집니다. 성별 서사를 빌려 정치 사회 서사를 표현하다가 의식적으로 성별 서사의 요소를 제거하거나 방축했습니다. 물론 영화를 보는 측면에서는 성별 표상만 존재하여, 관객은 시종 성별과 남녀사이의 욕망만을 받아들이지만 말입니다. 이후 고독한 인물이 중국 스크린에 가득차기 전까지, 여성형상은 남성형상과 같이 다중의 역할에서 단일한 역할로 점차 변질되며 현실정치와 일대일로 대응하는 단순한 부호로 등장했습니다.

차이의 등장과 남성 글쓰기

제가 〈서론〉에서 언급한 대로, 마오쩌둥 시대는 종결되고 포스트 마오쩌둥 시대(혹은 덩샤오핑(鄧小平) 시대)가 시작되었습니다. 70년 대 말부터 80년대 초 사상해방운동과 개혁개방이 시작되고, 마오쩌 둥 시대 집권 통치를 청산하는 동시에 남성의 복권과정도 시작되었 습니다. 중국 남성 지식인에게 마오쩌둥 시대 특히 문혁 십년간의 트라우마는 부권제 아래에서 남성 거세의 고통으로 뚜렷하게 나타났습니다. 이러한 남성의 트라우마를 진술할 때 역사의 진전과정에서 여성과 역사적 폭력을 연결시키거나, 드센 여성을 역사 폭력의 산물이나 역사폭력의 매개물로 묘사했습니다. 사회정치적 상황이 잠시 해빙 되었지만 여전히 추운 겨울이었습니다. 신구 세력이 함께 공존하는 격변기에 기존의 서사방식과 습관적인 글쓰기의 전환은 지연되었습니다. 이 때문에 남성은 자신의 성별과 성별 권력을 의식적으로 요구 했습니다. 남성은 처음에 폭력으로 상처를 입은 여성과 공모하는 방식을 취했다가, 다시 여성의 불행이나 비참한 상황의 가면을 씌워, 남성이 받은 폭력과 박탈된 운명을 보여주었습니다.

다음에서는 당시 센세이션을 불러일으켰던 영화 〈골목길(小街)〉[39] 을 살펴보겠습니다. 지금 보면 생경하고 유치하게 보일 수도 있습니다. 이 영화는 남장 여성 이야기를 통해 역사의 한 단락이 종결되고 새로운 시대가 개막되었음을 나타냈습니다. 영화는 남성 나레이터의 목소리를 통해 문혁 초기 가장 잔혹하고 폭력적인 나날 속에 이루어 진 기이한 만남과 비극을 얘기하고 있습니다. 이야기는 나레이터 하 가 세상에 겁을 먹은 미소년 유와 우연하게 만나면서 시작됩니다. 나

---

39. 〈골목길(小街)〉, 감독 : 양옌진(楊延晉), 시나리오: 쉬인화(徐銀華), 촬영 : 잉푸캉(應福康), 출연 : 궈커아민(郭凱敏), 장위(張瑜), 컬러영화, 상하이 영화제작소(上海電影制片廠) 촬영제작, 1981년

'남성의 역할을 연기한 여성'이야기―여성주체의 곤경

래이터 하는 소년 유를 남성으로 오인하지만 둘은 순수하게 즐거운 시간을 보내다가 뜻지 않게 유가 남장한 소녀라는 사실을 알게 됩니다. 하지만 소녀가 남장을 하게 된 것은 그녀가 자원한 것이 아니라 사회적 폭력과 박해를 받고 그 폭력에서 벗어나기 위해 불가피하게 선택한 절망적인 조치였습니다. 여기에서 문혁이나 사회주의 역사의 폭력이 여성의 '여성되기', 여장할 기본 권리마저 빼앗고 있음을 드러냈습니다. 긴 머리 여성이 되고 싶은 소녀의 소박한 소원을 이루기 위해 청년은 가발을 훔쳐 달아나다가 무자비한 폭력을 휘두르는 사람들에게 구타당하고 두 눈마저 실명됩니다.[40] 그는 병원에서 나와 그녀를 찾지만 소녀는 이미 사라졌고 행방도 알 수 없게 되었습니다.

사진15 영화 <골목길>

---

40. 옮긴이: 문혁 당시 긴머리 가발은 모범극용으로 판매되고 있어서 구입할 수 없게 되자, 주인공 남성이 모범극에 출연한 여성 연기자의 가발을 빼앗아 달아난다. 이후 사람들에게 잡혀 남성은 집단구타를 당하고 두 눈을 실명하게 된다.

영화는 당시 센세이션과 논쟁을 불러 일으켰습니다.41 당시 쟁점 중의 하나는 개방된 결말 때문이었습니다. 즉 결말도 세 가지로 선택 가능한 허구이고 개방적이며 고정되지 않았기 때문입니다. 매 결말마다 두 사람이 어떻게 다시 만났고 두 사람의 인연이 계속 이어갈 수 있는가, 하는 것에 초점이 맞추어졌습니다. 다시 말해 시대와 역사는 여성이 여인이 될 수 있도록 권력을 여성에게 돌려주는 동시에 남성이 역사폭력에 의해 빼앗긴 욕망 대상을 다시금 찾아오도록 했습니다. 실제 1970년대~1980년대 교체기 이후 4세대 감독은 남성 주인공의 욕망대상인 문혁의 세월이나 혁명의 시대 속에 사라졌거나 잃어버린 여성의 몽롱한 뒷모습에서 사회비판과 역사적 호소를 애매하고 완곡하게 표현했습니다. 동시에 4세대 감독은 남성의 박탈되고 억압된 심리적 트라우마를 표현하며, 역사폭력에 의해 만들어진 남성주체와 결핍과 훼손을 이야기했습니다. 당시 4세대 영화서사에서 사회, 성별 문화적 징후가 가끔 드러나기도 했는데 이런 징후는 마오쩌둥 시대의 주류영화와 달리 영화적으로 정신분석에 준하는 보는 것과 보이는 것의 주제를 드러냈습니다. 이것은 역사폭력 속에서 시각 능력이 박탈되었거나 상실되었음을 말하는 것입니다. 영화 <골목길>에서는 남자 주인공 하가 보려고 했지만 보지 못한다는 주제를 분명하게 제시했습니다. 만약 유의 울먹이는 호소가 아니었다면 그는 시종 유가 남장한 소녀라는 사실을 알아채지 못했을 것입니다. 그는 유가 소녀라는 것을 알고 난 후 여장한 그녀의 모습을 보고자 욕망했고 성별 차이를 보여주는 유를 통해 자신의 욕망대상을 세우거나 획득하고자 했습니다. 하지만 진짜 결론이 없는 서사 속에서 그는 미소녀를 상상 속에서만 보았을 뿐 자신의 두 눈으로 그녀를 보지 못합니다. 뿐만 아니라 그는 역사의 폭력에 의해 시각/볼 수 있는 능력과 가능

41. 당시 쟁의, 쟁명 작품은 동시에 사회사상 논전의 대명사였다.

95

성을 철저하게 빼앗겼습니다. 라캉Jacques Lacan의 서술에 따르면 눈은 일종의 욕망기관입니다.[42] 이러한 서술은 남성이 부권 폭력에 의해 거세된 고통을, 또한 손상된 남성 주체를 분명하게 말하고 있습니다. 서사 속 여성은 욕망으로 차이를 드러내고 차이로 인지되는 이미지로 자기 연민적인 남성의 거울이었습니다. 또 다르게 해석할 수도 있습니다. 영화 속 남자 주인공이 성별 차이를 지닌 여성을 볼 수 없거나 보지 않았기 때문에, 영화 속에 잠재된 욕망의 이야기는 추억이거나 상상 속의 이야기일 뿐이었다고 말입니다.

사진16 영화 <아, 요람>

---

42. Alan Sheridan 역, 라캉(Lacan), 《정신분석학의 네 가지 개념들(The Four Fundamental Concepts of Psychoanalysis)》, W. W. Norton & Company, New York· Lodon, 1973.

그 시기에는 신주류 취향의 사회와 성별 표현이 좀 더 직접적으로 나타났습니다. 이러한 경향은 중국 뉴시네마 혹은 중국 여성 뉴웨이브에서 시작된 4세대 영화창작에서는 드러나지 않았습니다. 새로운 경향은 중국 뉴시네마를 대표하는 감독 셰진(謝晉)의 영화 <아, 요람(啊,搖籃)>과 <부용진(芙蓉鎭)>에서 드러났습니다.43 그런데 흥미롭게도 <홍색낭자군>을 감독하고 출연한 팀이 다시 모여 <아, 요람>을 만들었습니다. 두 영화 모두 여성 이미지/기표를 동일하게 사용했지만 성별 서사를 완전히 다르게 표현했습니다. <홍색낭자군>에서 노예 신분에서 해방을 얻은 소녀 충화(瓊花)는 점차 자신의 성별 정체성을 버리고 역사의 무대 중심에 올라, 옛날 남성의 사회기능 역할과 권위적 형상을 연기했습니다. 이에 반해서 <아, 요람>에서는 성숙한 여전사가 남성적인 행동방식을 취함으로써 역사의 소외, 역사 폭력에 의한 수탈을 보여줬습니다. 역사 폭력은 여성에 대한 전통문화와 사회구조의 박해와, 전쟁이 여성에게 안겨 준 잔혹함으로 표현되었습니다. 동일한 주류 서사로서 이러한 폭력의 시발자가 혁명이나 사회주의 역사일 수 없다는 점을 분명히 했습니다. 따라서 여성은 다시 남성 아버지와 오빠의 보호와 인도 하에 자신의 성별 정체성을 인정하고 받아들이며 사회와 역사의 무대에서 물러나 여성의 원래 위치로 돌아가 부인과 어머니의 역할을 다시 수행했습니다.

---

43. <아,요람(啊！搖籃)>, 감독 : 셰진(謝晉), 시나리오 : 쉬칭둥(徐慶東), 류칭(劉靑), 촬영 : 천전양(陳震祥), 출연 : 주시쥐안(祝希娟), 춘리(村里),장용서우(張勇手), 칼러 영화, 상하이영화제작소(上海電影制片廠) 촬영제작, 1979년. 이 영화는 1979년 중국문화부 우수영화상을 수상하였다.
《부용진(芙蓉鎭)》, 감독 : 셰진, 시나리오 : 아청(阿城), 셰진 (구화(古華)의 동명소설을 개편), 촬영 : 루쥔푸(盧俊福), 출연 : 류샤오칭(劉曉慶), 장원(姜文), 쉬쑹쯔(徐松子), 상하이영화제작소(上海電影制片廠) 촬영제작, 1986년. 이 영화는 1987년 제7회 중국영화 금계상 최우수 각본상, 최우수 여우주연상, 최우수 여우조연상, 최우수 남우주연상, 방송영화 영상미디어 1986년-1987년 우수영화상을 수상하였다.

'남성의 역할을 연기한 여성'이야기─여성주체의 곤경

사진17 영화 <부용진>

　<부용진>에서 여성 주인공 후위인(胡玉音)의 절규 '내 남자를 돌려 줘!'는 1950년대부터 1970년대에 대한 역사청산과 서사를 요약한 것입니다. 역사폭력을 구체적으로 보여준 음란한 여성 리구어샹(李國香)은 집으로 돌아오던 남성 주인공 친시톈(秦西田)이 던진 '아직도 시집가지 않았나?'라는 한마디 농담으로 징벌을 받습니다. 이로써 중국버전의 성/정치 수사에서 냉전시대 사회주의 중국의 역사서사는 다시 성별과 욕망의 서사로 탈바꿈되었습니다. 여성을 착한 여성과 나쁜 여성으로 구분한 뒤, 착한 여성에게는 그녀의 남성을 돌려보내는 포상을 내렸고, 나쁜 여성에게는 성별질서와 욕망충족의 가능성 바깥으로 방축하는 징벌을 내렸습니다. 이것은 일종의 징조로도 볼 수 있는데, 사회비판과 정치 항의의 수단의 의미를 지닌 반역의 성별 서사가 불과 몇 년 사이에 저항적 서사에서 신주류 서사를 구축하는데 수용되었기 때문입니다. 이 새로운 역사적 공모 가운데 사회

주체가 된 여성은 아직 철저하게 축출되진 않았지만, 이미 남성의 절대주체 정체성과 상대적인 차이를 지닌 형상으로 점차 사회무대의 주변부로 밀려나기 시작했습니다.

여성 주체와 주체성

페미니즘이나 젠더의 시점에서 바라보면 신시기 혹은 포스트 마오쩌둥 시대의 시작점에서 여성 지식인의 사회적 입장과 주체 자리매김 사이에 분열과 모순이 뚜렷하게 나타났습니다. 5·4 시기와 같이 여성은 남성 지식인과 함께 전제집권에 반대하는 정치투쟁을 하며 인식을 같이 했습니다. 남성의 사회입장과 동일시하였을 뿐만 아니라 공통된 역사경험과 미래 구상을 함께 하였습니다. 그러나 이러한 사회적 공통 인식은 시작부터 커다란 분열과 균열을 나타냈습니다. 처음에는 인식을 같이 한 것처럼 보였지만 남성은 자신의 거세 고통, 주체 결핍을 드러내면서 정치집권의 부권 구조를 고발하고 이를 대신할 남권 체제를 요구했습니다. 남성은 성별 차이를 강조했는데 그 목적은 사회공간에서 여성을 최종적으로 축출하기 위한 것이었습니다. 한편 대부분 해빙된 사회주의 국가에서와 마찬가지로 여성도 성별 차이를 다시 제기하며 여성주체를 호명함으로써, 자신의 성별 정체성 즉 비남성적 사회역할로서 역사무대에 등장했습니다. '전투복을 벗고 구식 옷을 입은' 것은 자신을 규방(東閣門)44 안에 영원히 숨기기 위한 것이 아니었습니다. 1980년대 여성은 남성 지식인과의 정치적 인식을 고수하거나 자신의 주체위치의 분열과 주체 발현이라는 두 가지 어려움에 봉착했습니다. 사회문화 측면에서 남권의

---

44. 옮긴이 : '집으로 돌아온 목란은 동각문(東閣門)을 열고, 서각(西閣) 침대에 앉았다'는 구절에서 유래.

'남성의 역할을 연기한 여성'이야기─여성주체의 곤경

재구성에 침묵하거나 암묵적으로 묵인했습니다. 실제 여성 지식인은 남성 지식인과 본말이 전도된 냉전적 사고패턴을 공유했고 제한을 받았습니다. 때문에 중국여성해방의 현상과 사회주의 역사, 사회주의 체제 사이에 팽팽한 긴장감이 흐른다는 사실을 인정하지 못했습니다. 또한 여성 지식인은 차이를 전제로 성별 정체성의 재확인을 요구하는 사회 정치 경제기초가 마오쩌둥 시대의 사회 정치 경제 구조에 의존하고 있다는 사실을 받아들이기 어려웠습니다. 오히려 차라리 이렇게 말할 수 있겠습니다. 그녀들은 이러한 현실의 변화를 명확하게 인식하지 않고 오히려 이원론적 대립적 사유방식으로 지난날 국가나 체제의 성별입장과 표현을 수용했다고 말입니다.

1980년대 중국지식인들은 자유주의를 오독했고 서구 페미니즘 역사와 현실적 맥락에 무지했으며 그것을 착각했습니다. 상당히 많은 수의 여성 지식인들은 중국사회가 진보함으로써 더 많은 자유를 얻었다고 믿었습니다. 하지만 진보의 발걸음에 숨겨진 진실 즉 여성을 무시하거나 여성을 방축하는 과정이 이미 시작됐다는 걸 보지 못했습니다. 그것은 먼저 사회문화의 표현에서 드러났다가 사회정책과 여러 가지 사회실천을 바꾸게 했습니다. 따라서 똑같이 서구 사상적 자원이고 중국사회현실을 전적으로 가리키는 타산지석으로 들어온 서구(주로 프랑스와 미국의 백인 중산층계급의) 페미니즘 이론은 장기간 고립되고 소외되었습니다. 서구 페미니즘 이론은 중국 문화공간 속에서 표류되어져 시시각각 격변하는 사회현실에 무력해졌습니다.

1980년대와 1990년대 중국에서 여러 페미니즘 영화 실천이 있었지만 황수친(黃蜀芹) 감독의 영화 <인·귀·정(人鬼情)>45만이 성숙

<hr>

45. <인·귀·정(人鬼情, Human Demon Woman) >, 감독 : 황수친(黃蜀芹), 각본 : 황수친, 리쯔위(李子羽), 쑹바이쉰(宋曰勳), 촬영 : 샤리싱(夏力行), 지훙성(計鴻生), 출연 : 쉬서우리(徐守莉), 페이옌링(裴艷玲), 리바오톈(李保田), 컬러영화, 상하이 영화제작사(上海電影制片廠) 촬영 제작, 1987年. 영화는 1988년 제8회 중국영화 금계 최우수 각본상, 최우수 남자 배우상을 받았고, 같은 해 제5회 브라질리아 국제 영상물 페스티벌에

사진18 영화 <안·귀·정>

사진19 영화 <안·귀·정>

서 최우수 금까마귀상을 받았다. 1989년에 프랑스 11회 여성 감독 영화제에서 관객상
을 받았다.

'남성의 역활을 연기한 여성'이야기─여성주체의 곤경

된 페미니즘 시각을 보여주고 있습니다. 저는 <인·귀·정> - 한 여성의 곤경(<人鬼情>--一個女性的困境)>46에서 페미니즘 시각으로 영화 텍스트를 꼼꼼히 분석한 적이 있습니다. 이 영화는 여성 예술가 페이옌링(裴艶玲)의 파란만장한 삶을 통해 영화 다시 쓰기 과정에서 근대여성 혹은 해방된 여성의 '화목란식 상황'을 구체적이고 개성적으로 스크린 위에 표현했습니다. 영화는 무대에서 이상적인 남성 역할을 연기하는 여성을 통해, 현대여성과 사회주의 체제 하에서 여성적 삶의 연기를 구체적으로 보여주었습니다. 그런데 이번에 다시 꼼꼼히 읽으면서 다음 사실을 좀 더 강조하고 싶습니다. 여성이 연기하는 이상적인 남성/여성의 구원자로서의 역할을 통해 이중의 부재(缺席)/존재(在場)로 인해 남권/부권의 환상이 해체되거나 무너졌다는 것을 말입니다. 또한 이 영화가 또 하나의 지성자(至誠者)47 - 최소한 본질주의적 남성 성별 서사를 내재화한 여성 - 의 경계 넘어서기라는 것을 알 수 있었습니다. 영화 속 여주인공 추이(秋藝)는 남성 '역할을 연기함'으로써 부권/남권 문화의 자아 서사는 거울 속 환상에 지나지 않다는 것을 분명히 했습니다. 그런데 등장인물과 영화의 시나리오 작가/감독 모두가, 남성에 의해 명명되고 구원되길 기다리는 순수한 여성 역시 문화의 허구 속에 있는 환상이었다는 사실은 자각하지 못했습니다. 그녀들 자신의 행동과 글쓰기는 이미 경계 넘기를 통해 이런 문화사실을 명확하게 묘사하고 있습니다. <인·귀·정>에서 여성 주체가 강요당한 남성역할 연기를 진실하고 깊이 있게 묘사함으로써 여성주체가 부재한 곤경을 보여주었습니다. 어떻게 보면 이러

---

46. 옮긴이: <인·귀·정> - 한 여성의 곤경(<人鬼情>--一個女性的困境)>, 《무중풍경(霧中風景)》, 北京大學出版社, 1999年.

47. 옮긴이: 《中庸》에 따르면 지성(至誠)은 하늘이 부여해준 도리로, 이에 따라 지성자(至誠者)를 풀이할 때 하늘의 도리를 성실하게 따르는 자를 이름. 이런 의미에서 지성자의 경계 넘기는 생물학적 본질주의적 성별 경계를 넘어서서 남성을 내면화한 여주인공의 삶을 의미함.

한 글쓰기 자체가 최소한 여성주체의 주체성을 선명하고 유력하게 표현한 것이라 하겠습니다. 하지만 여성 글쓰기와 페미니즘 표현의 언저리에서 세기말 중국사회가 다시 격동을 겪게 되면서 중국사회 성별문제를 고민하고 진술하는 기본 변수가 대대적으로 변화하게 됩니다.

'남성의 역할을 연기한 여성'이야기—여성주체의 곤경

내부 추방?

앞부분에서 중국 영화에 민족주체의 곤경과 자아/타자를 표현할 때 초조함이 두드러지게 나타난다는 사실을 언급했습니다. 사실 이런 상황은 중국영화 뿐만 아니라 근대 중국의 역사와 문화에서도 항상 존재합니다.

제3세계 국가가 겪은 후발 근대화 과정은 실제론 유럽과 미국(서구)을 모범으로 한 자아개조 과정이었습니다. 서구화와 민족화가 격렬하게 충돌하며 전개되었다기보다는 근대화 과정의 두 가지 실천방식으로 전개됐습니다. 이 양자는 근대 민족국가 주체의 자아/타자 구조를 만드는데 필수적이었습니다. 근대 중국 역사에서 자주 나타나는 애국민주운동과 민중에 의한 두 가지 저항이 바로 그 예입니다. 서구화/근대화는 분명 자본주의의 세계화 구조 속에서 살아남기 위한 유일한 선택이었습니다. 동시에 이들 지역의 경제는 자본의 다른 단계의 침투를 받으며[1] 격렬한 문화 투쟁 속에서 서구 자본주의 문화 논리를 내재화했습니다. 그리고 자신의 역사궤적, 사회구조, 문화구성 면에서 서구와의 차이점을 강조하며, 서구의 전면적인 헤게모니 구조에 대한 자각적인 비판과 반항에서부터 제3세계의 여러 가지 민족주

---

1. 張京媛 譯, 프리드릭 제임슨(Frederic Jameson) , <다국적 자본주의 시대의 제3세계문학(處於跨國資本主義時代的第三世界文學)>, 張旭東 主編 《후기 자본주의의 문화논리 : 제임슨 비평이론 논문선(晚期資本主義的文化邏輯 : 詹明信批評理論論文選)》, 三聯書店, 1997年, 521쪽 인용.

의와 자신의 오리엔탈리즘까지 광범위한 이론과 실천의 스펙트럼을 구성했습니다.

　오리엔탈리즘/동방학(東方學)은 서구 국가가 자기 주체를 진술하는 거울로 스스로 결핍을 보충하고 그 주체 구조의 타자를 방축/배치했습니다. 이렇게 볼 때 제3세계 국가의 근대화 과정에는 옥시덴탈리즘(西方學)2 사회문화 실천이 존재하긴 합니다. 그렇다고 해도 이것을 옥시덴탈리즘이라고 말하기는 어렵습니다. 왜냐하면 동쪽으로 나아가는 서양의 학문이 사실상 후발 근대화 국가의 근대 지식계보 자체가 되었기 때문입니다. 서양의 오리엔탈리즘과 동양의 옥시덴탈리즘 사이에 대칭구조는 거의 존재하지 않으며 자극/반응, 억압/저항 모델로 간단하게 표현할 수도 없습니다. 오리엔탈리즘과 옥시덴탈리즘을 대칭구조로 볼 수 없는 이유는 자본주의 세계화 구조 속에 권력의 격차가 분명히 존재하며, 전세계를 대상으로 자본주의의 폭력적 과정과 이로 인해 구축된 타자의 내재적 필요성을 함께 논할 수 없기 때문입니다. 자본주의의 폭력적 과정은 중국 근대사에서는 서구 제국주의의 함대와 대포의 공격으로 표현되었습니다. 그 표상만 가지고 말한다면, 서양의 오리엔탈리즘은 자신에 대한 타자로서 만들어졌고, 동양의 옥시덴탈리즘은 타자로서 자신을 드러냈습니다. 제3세계 민족문화는 근대화의 시작과 함께 자신을 구축하기 시작한 이래로 심각한 '내부 추방' 과정을 거쳤습니다. 즉 타자의 거울을 자신의 눈으로 삼음으로써 민족적인 자아—근대적 자아는 자연히 타자로 인식되고 지칭되었습니다. 근대 중국문화를 예로 들어 보겠습니다. 우리는

---

2. 천샤오메이 (陳小眉, Xiaomei Chen) , 《옥시덴탈리즘: 포스트 마오쩌둥 시대 저항담론 이론(Occidentalism: A Theory of Counter-Discourse in Post-Mao China)》, Rowman & Littlefield (Non NBN); 2nd edition, January 2003, 및 저자의 중문 《西方主義: 後毛澤東時代的抗衡話語理論》 재판 서문.
　옮긴이: 천샤오메이는 이 책에서 옥시덴탈리즘(Occidentalism)이라는 개념을 기초로 마오쩌둥 이후 중국에서 나타난 서양 문화에 대한 태도를 분석함. 국내 번역서로 《옥시덴탈리즘》 (정진배·김정아 옮김, 도서출판 강, 2001)이 있다.

'타자'이야기—주체, 정체성과 성별

루쉰의 눈을 통해 마비되고 침묵하는 국민의 영혼과 '사람을 먹는 잔치'였던 전(前) 근대 중국의 역사를 알게 되었습니다. 또한 바진(巴金)의 눈을 통해 감옥 같은 전근대 중국의 혈연가정을 보았습니다. 물론 필연적으로 전통의 근대화 혹은 제3세계의 민족주의 명제 자체에 후발 근대화 국가 민족 주체의 자아/타자 구조를 이미 명확하게 드러냈고, 그 사회적 실천에 있어서도 타자의 논리에 따라 자신의 역사를 해석하거나 타자의 이미지를 복제하며 자신의 자아상상과 위치를 세웠습니다.

그런데 제3세계 국가에 보편적으로 일어난 근대화 역사과정과 거기에 드러난 자아/타자의 현실과 문화의 논리만으로는, 당대(當代) 중국, 특히 1980년대 이후 중국의 사회문화 현상을 단순하게 해석할 수 없습니다. 특히 주의 깊게 살펴봐야 할 요소는 냉전 역사, 냉전과 포스트 냉전의 세계구조 및 이러한 역사와 구조 속에서 중국의 위치입니다. 냉전시대, 혁명 중국의 역사는 동시에 다른 형태의Alternative 근대화 역사였습니다. 중국은 마오쩌둥 시대에 강대한 사회주의 중앙집권의 통제 하에 민족공업화를 실현했습니다. 당시 이데올로기와 문화의 구축은 다른 형태의 옥시덴탈리즘 실천과정을 보여주었습니다. 중국사회주의 실천이 분명 서구/유럽의 역사적 어원 즉 맑시즘을 가지고 있으면서도, 레닌Nikolai Lenin, 스탈린Joseph V.Stalin, 마오쩌둥의 오리엔탈 고쳐 쓰기 과정을 거쳤기 때문입니다. 세계혁명이나 '전세계 무산계급이여, 단결하라' 같이 공산주의/사회주의가 표방하는 국제주의 기치는, 국제적 시야와 세계상을 극단적으로 내재화했습니다. 다른 측면에서, 중국의 국경선, 해안선을 따라 그려진 냉전분계선과 중소논전으로 인한 중소관계의 결렬은 근대민족국가 중국 배후에 또 하나의 적대적인 경계선을 만들었습니다. 여기서 중소논전의 이데올로기 배후에 있던, 사회주의 진영내부에 숨겨지거나 드러난 국민국가의 국익추구는 잠시 논외로 하겠습니다.

국제환경의 고립과 악화에 대응하여, 중국은 소위 '세계민족의 숲에서 자립하자', '독립자주, 자력갱생'이라는 구호 아래, 배외적, 방어적인 정치, 경제, 외교정책을 채택했습니다. 이는 분명 사회주의 슬로건이나 근대 국가 민족주의의 표현이었습니다. 점차 강화되는 중앙집권정치와 함께 강력한 주체 이미지가 생겨났습니다. 떨치고 일어선 동방의 거인/호시탐탐 우리를 노리는 제국주의 강도, 우월한 사회주의 제도/만신창이가 된 자본주의 체제와 부패하고 몰락한 문화와 생활방식, 노동인민이 주인공인 신중국/아비규환의 생지옥 속에서 몸부림치는 세계인민의 고난 등의 묘사가 그것입니다. 중국에 공산주의, 국제주의와 세계혁명의 담론이 결합되어, 세계혁명의 중심, 세계인민 혁명의 발상지, 붉은 심장이라고 하는 중국 중심의 이미지로 전환되었습니다. 따라서 이 이미지들은 근대민족국가를 주체로 한 중국, 전 세계적 자본주의의 담론에 저항하는 중국을 구성하는 동시에, 국가민족주의의 중요하고 유효한 주요 성분이 되었으며, 중국내 정치의 폭력적 요소와 사회주의 체제내부의 억압기제를 은폐하는 효과적인 방식이 되었습니다.

덩샤오핑(鄧小平) 시대의 도래는 새로운 역사전변의 과정이었습니다. 이미 균열로 가득한 사회주의 이데올로기와 결렬하고, 새로운 이데올로기를 구축했습니다. 근대화/서구화는 다시 사회전형, 새로운 민중동원(아니면 반동원?)과 정치저항의 슬로건이 되었습니다. 당시 중국 사회주의 역사에 대한 비판과 부정, 그리고 다시 자본주의화 과정이 공산당 정권(최소한 명목상 공산당 정권)의 통제 아래 사회주의 체제 내부에서 시작되었습니다. 따라서 마오쩌둥시대 사회주의 역사에 대한 비판 및 그것을 괴물화하는 과정, 그리고 신이데올로기 실천의 가장 중요한 요소로서 사회주의와 자본주의 체제의 우열 논쟁

(당시 표현으로는 '자본주의인가' 아니면 '사회주의인가'(姓社還是姓 資) 논쟁)은 문화적 환유(文化轉喩)3 형식을 채택해야 했습니다. 이 런 이유로 서구 모델 근대화는 보수적이고 우매한 중국 모델에 비해 더욱 흥미롭고 타당한 선택이 되었습니다.

1980년대 격변기 중국문화는 기본적으로 환유형 문화였습니다. '역사 고발', '역사문화의 반성', '역사비판', '역사 다시쓰기'처럼 '역사' 라는 문구가 자주 등장했습니다. 그것은 마치 5·4 시기 커다란 반향 을 일으킨 것처럼, 또한 역사의 시간이 기묘하게 편집된 것처럼, 전 통/전(前)근대 중국문화에 대한 비판이 새로운 근대화 과정으로 바 로 연결되었습니다. 하지만 처음엔 현실정치에 대한 비판으로서 의 미를 가졌습니다. 당시 '봉건전제', '동방전제주의', '중국역사의 초안 정 구조', '역사순환'의 표현과 비판은, 먼저 마오쩌둥 시대 사회주의 체제를 대신했습니다. 현재의 시점에서 역사를 회고해보면, 이것은 체 제 내부의 새로운 정치적 의도, 지식인 집단의 비장한 정치적 반발과 자아 이미지이며, 하위 주체subaltern에 의한 자발적인 사회민주적 요구 사이에 전개된 다원적인 충돌과 공모의 정치문화 실천이었습니다. 엄밀 한 의미에서 '언어학의 전환linguistics turn 혹은 turn of linguistics'4은 중 국인문, 사회과학 내부에서 발생하지 않았습니다. 하지만, 당시 사람 들은 글을 쓰고 독해하고, 문화를 생산하고 수용하는 과정에서 '모든 역사는 바로 현대사다'5라고 하는 게임의 법칙을 체득했습니다.

---

3. 옮긴이: 전유(metonymy)는 일종의 수사로서 지시대상을 빗댄 표현법. 본문에서는 같은 의미의 환유(換喩)라고 번역함.

4. The Linguistic Turn : Essays in Philosophical Method, ed. Richard Rorty (Chicago: The University of Chicago Press, 1967). 1960년대 중기 유럽 인문학에 발생한 거대한 변화를 설명하는 것으로, 소쉬르의 《일반 언어학 강의》를 선두로 언어학은 인문학 연 구의 근간이 되었으며 구조주의, 후기 구조주의를 창립했다.

5. 傳任敢 譯, [이탈리아] 철학가 크로체 (Bensdetto Croce : 1866–1952) , 《역사학의 이론 과 실제(歷史學的理論與實際)》 (History : it's theory and Practice) , 商務印書館, 北 京, 1982年

이러한 환유형 문화는 1980년대 중국에서 효과적인 정치실천의 길이 되었으며, 현실정치의 중압과 충돌을 대면하지 않고 돌아가는 방법이 되었습니다. 하지만 동시에 백년 이상에 걸친 중국의 근대화 역사를 필연적으로 전복했습니다. 또한 현대 중국의 사회주의 역사가 중국의 근대화 역사의 일부라는 사실을 은폐하는 동시에 1970년대 말부터 1980년대 전체에 걸쳐 지식인이 차용한 옥시덴탈리즘적인 문화자원에 의해 근현대 중국문화, 사회주의 중국 문화를 내부적으로 구조화한 기본적인 사실도 은폐했습니다. 이것은 또 하나의 '내부 추방' 과정이었습니다. 근대화(혹은 다른 유형의 근대화) 역사의 사회주의 시대의 기억으로서 수많은 역사적 유산과 채무, 일상생활과 개인의 기억은 동방의 우매함 혹은 '동방 전제주의'의 가면을 뒤집어 쓴 타자적 존재였습니다. 사회주의 이데올로기를 전복하려는 강렬한 요구 아래, 기존 이데올로기 속에서 악마와 적으로 간주됐던 서구세계가, 전도된 냉전논리 속에 가장 보편주의를 가진 모범적 모델로 점차 주목받았습니다. 그 결과 서구세계는 문명에 걸맞는 유일한 대상이 되었으며, 제국주의와 식민주의의 야만적인 역사사실은 거짓말이 되어버린 사회이데올로기와 함께 문화의 망각의 동굴 속에 매장되었습니다. 그리고 마오쩌둥시대 사회주의 역사 가면을 쓴 전통문화는 서양 문명과 상대적으로 대치되는 우매함이 되었고, 사회주의 역사기억은 한차례 더욱 깊은 죽음의 어둠 속으로 침잠되어갔습니다.

글쓰기의 성별 / 정치

이러한 다중의 '자아 추방'에 의해 자아/타자가 착각되고 중첩되며 흩어졌습니다. 이 때문에 신주류 글쓰기는 성별/젠더의 글쓰기 방식을 다시 차용해 이데올로기의 합법성과 유효한 표현을 만들었습니다.

남성의 주체 형상이 역사의 수난자로서, 또한 역사의 영웅으로서 점차 주류 서사에서 뚜렷하게 등장했습니다. 예를 들어 셰진(謝晉)의 영화 <천운산 전기(天雲山傳奇)> 결말부분에서 등장한 새로운 무덤 속에 매장된 여인은 중국 당대사의 재난 및 당대사 자체를 드러낸 것입니다. 젊고 활기 넘치는 여성이 남성 주인공 곁에 죽은(혹은 역사의 제물로 바쳐진) 여성의 빈자리를 대신함으로써 남성주체의 위치를 증명하고 도드라지게 했습니다. 남성주체 옆자리에 방축되었거나 혼인질서 바깥으로 스스로를 방축한 여성이 대변혁이 지난 후 참회하고 반성하는 역사의 채무를 짊어졌습니다.

사진20 영화 <천운산 전기>

당시 신주류 영화는 도치된 성/정치의 서사방식을 통해 합법화의 논술을 제공하는 사회적 기능을 다시 담당했습니다. 1950년대부터

1970년대에 걸쳐 중국영화는 계급론을 전제로 성별차이를 삭제하고 욕망을 추방했습니다. 하지만 잠재적인 성/욕망의 서사를 빌어 이야기를 전개시키다가, 마지막에 사회정치 서사와 통합하는 방식으로 승화하거나 전환했습니다. 당시 셰진으로 대표되는 신주류 이야기 속에서 당대사의 재난 서사가 영화 서사의 원동력과 참조점이 되었지만, 사회정치비판은 결국 성별 서사 속에서 형체도 없이 사라져 버렸습니다.

영화가 성별 차이를 내재적으로 필요로 하고 그 위에 세워진 예술 양식은 이러한 문화적 징후를 한층 명확하게 드러냈습니다. 당시 엘리트 지식인의 담론에 유력하게 개입했던 중국 뉴시네마는 성별 차이의 주체 표현을 상당히 애매하게 드러냈습니다. 1970, 80년대 교체기 중국 뉴시네마가 공농병 글쓰기 규범 사이에서 출현했을 때, 성별 차이는 남성의 글쓰기 책략이라기보다 '존재하지만 부재함(在場的缺席)'의 형태로 나타났습니다. 저자가 앞장에서 보는 것과 볼 수 없었던 것에 대해 논한 것 같이, 당시 영화의 성별 글쓰기에서 성별 표상이 (성)욕망을 구현했다기보다는 그녀/그가 역사의 폭력에 의해 약탈된 후 욕망 대상으로서 의미를 드러냈습니다. 이로써 성별 표상은 영원히 위로하기 어려운 주체의 결핍과 트라우마의 모습으로 나타났습니다. 중국 뉴시네마 영화 작가들은 청춘의 모습과 애정을 단념한 이야기, 영원히 중단된 개인의 성장과정으로 표현했습니다.6 그 중 상당히 흥미롭게도 남성감독과 여성감독의 작품에서 서사 패턴과 기조, 주체 표현상 어떠한 차별도 없었으며 주인공의 성별 신분만 바뀌었을 뿐입니다.7 여기에서 사회주의 정신유산에 대한 답습을 우연

---

6. 다이진화, <기울어진 탑 : 4세대 영화 다시 읽기(斜塔 : 重讀第四代)>, 《무중풍경: 1978-1998 중국영화문화(霧中風景 : 1978-1998中國電影文化)》, 北京大學出版社, 2000年

7. 예를 들면 당시 4세대 감독의 성공작들이 그러하다. 남성 감독의 <골목길(小街)>, <여의(如意)>, <성남구사(城南舊事)> 외에 여성 감독의 작품으로 <사구(沙鷗)>, <어린 시절

하게 드러내어 여성의 글쓰기가 남성과 같이 주체로서의 자각을 충분히 가지고 있었다면, 아이러니하게도 그 표현은 역사에 대한 송별과 매장인 동시에 내부에서 여성의 주체적 위치를 빈자리로 만들었다고 해야겠습니다.

실제로 1970년대 말부터 1980년대 초에 전개된 사상해방운동은, 중국지식인 집단의 자아 이미지와 주체의식을 내부에서 힘 있게 호명하며 전개되었습니다. 이러한 자아 이미지와 주체의식은 문혁 후기 방대한 집권체제의 끊임없는 내부 폭발에서 이미 분명히 드러났습니다. 이 새로운 자아와 주체 이미지에서 정치 폭력과 집권체제는 절대적 의미의 타자가 되었습니다. 이러한 체제 하에서 이유 없이 억울하게 죽은 자와 폭정에 맞서 항거한 정의로운 영웅은 자아 이미지의 기본원형이 되었습니다. 이러한 주체/'자기 대 타자'구조 속의 타자(정치폭력과 집권체제에서 사회주의적 혹은 좌파적이라는 수식어가 붙었던)의 형성은 바로 냉전 구조의 연장이자 반전이었습니다. 즉 중국 내에서의 정치 저항 콘텍스트에서 중국 지식계는 냉전체제에서 적/서방 진영이라고 하는 정치적 입장, 역사와 현실표현 및 정치사상을 자각적으로 수용하며 깊이 있게 내면화했습니다. 따라서 그 시기 유사 영화 글쓰기에서 주인공 자아의 타자는 이성(異性)이 욕망하는 객체가 아니라 (사회주의적) 역사 폭력 자체였습니다. 정치/역사폭력은 서사자 자아의 타자로 드러났고, 유사 표현에서는 정치/역사 폭력 글쓰기가 주체 구조의 내재적 구성부분이 되었습니다. 다시 말해 중국 사회가 다시 급격한 변화를 맞이할 때, 개인의 이름으로 다시 부상한 사회주체는, 대항할 힘이 없는 개인(자아) 대 정치폭력(타자)이

친구(童年的朋友)>, <청춘제(青春祭)>등이 있다. 주인공의 성별 신분의 차이에도 불구하고 영화의 주제와 서사 스타일은 매우 흡사했다. 이들 영화에서는 시종 '탈 수 있는 건 모조리 불탔다. 큰 돌멩이 하나 남았을 뿐이다'(<사구(沙鷗)>) , '각자 여의주를 가지고 있다고 해도 시종 뜻대로 될 수 없었다'(<여의(如意)>) ,'모든 것이 날 떠나버렸다'(<성남구사(城南舊事)>) 등의 애수가 반복되고 있다.

라는 대립구조 속에 세워졌습니다. 이 시기부터 정치나 역사 폭력은 문화적 의미에서 떠오르기 시작한 개인이 자신을 정의내릴 때 중요하며 유일한 참조체계가 되었습니다. 비성별화된 자신은 역사의 약탈과 거세할 힘을 가진 정치폭력 - 타자와 맞대면하고서 '역사의 인질'이 되었을 뿐입니다.

1980년대 초기 베이징의 '문화권'에서는 인도출신 시인 타고르 Rabindranath Tagore의 시 구절이 유행했습니다. '감사합니다, 하느님. 제가 권력의 바퀴가 아니라 바퀴 아래 깔려있는 살아있는 사람 중의 하나라는 사실에.'[8] 서사자는 가혹한 역사 속이 아니라 그 바깥 목격자의 위치에서 서 있음을 상당히 직관적으로 표현했습니다. 예를 들면 영화 <골목길>이 시작될 때 음악학교에서는 격렬하면서도 황당무계한 계파간의 투쟁이 전개됩니다. 남자 주인공은 울타리에 걸터앉아 이 광경을 무심하게 바라보았지만 영화 마지막 부분에서는 익명의 폭도들에 의해 온몸이 구타당하고 두 눈도 실명됩니다. 따라서 남자 주인공은 정치역사 폭력의 무고한 희생자였습니다. 당시 정치적 잠재의식에서 비롯된 서사전략은 핏덩어리 기억 속에서 순결한 개인을 깨끗이 씻어내고 역사에 억류된 인질을 구해내는 것이었습니다. 또한 그것으로 중국 여성 지식인, 예술가와 남성 지식인 집단이 정치폭력에 대항하는 의미에서 사상동맹의 기초를 맺었으며, 당대 중국문화의 풍경 속에서 체제(정치폭력의 구체적인 존재)에 저항하는 정치적인 비정함이나 비정한 상상이 나타났다고 해석할 수 있겠습니다. 그런데 4세대 감독들의 데뷔작, 성공작 중에서 정치/역사폭력 이야기에서 약탈자/타자는 항상 익명으로 처리되어, 눈사태(<사구(沙鷗)>), 토사 유실(<청춘제(靑春祭)>)이나 갑작스런 치명적 질환(<여의(如意)>,

---

8. 鄭振鐸 譯, 《타고르 시선: 신월집, 비조집(泰戈爾詩選: 新月集 飛鳥集)》, 湖南人民出版社, 長沙, 1981年.

'타자'이야기-주체, 정체성과 성별

<성남구사(城南舊事)>으로 표현되거나 낯선 역사 속 익명의 무의식 살인집단(<골목길>, <여의>)의 모습으로 드러났습니다. 역사폭력의 약탈자/타자는 1970년대와 1980년 교체기의 긴박한 정치적 상황 속에서 익명으로 피신해 있다가 역사의 인질로 성공적으로 정화되었습니다. 동시에 이러한 구조 내부에서는 학대하고/학대받는 구조를 전환하기가 어려웠습니다. 주인공은 절대적으로 학대받는 역할이었기 때문에 자유의지를 전제로 하는 주체/개인을 확립할 수 없었습니다. 이외에 자신을 비추는 타자—정치/역사 폭력의 익명화는 직접적으로 주체 구조의 결손을 드러냈습니다. 이러한 결손은 성별 차이 표현을 다시 내부적으로 불러와서 보충했지만 이런 서사구조에서 성 혹은 욕망의 서사에 적합한 위치를 찾는 것이 힘들었습니다. 이런 까닭에 상당히 역설적이게도 사회주의 역사의 폭력적 요소와 트라우마 기억이 주체 구조의 결손을 만들었다기보다는 서사자 자신을 포용하고 형성했던 역사를 절대적 이질적인 타자로서 방축하고 그 내부에 구조적 결손을 만들었습니다. 그리고 주체 욕망의 글쓰기로 성별차이를 다시 진술했다기보다는 성별 차이로 그 주체의 결손을 보충하려는 문화적 곤경이 욕망의 이야기를 애타게 갈구했다는데 상당한 아이러니가 있습니다.

저는 이미 '물 없는 토지, 짝 없는 남성'이라는 표현으로, 역사문화에 대한 반사(反思) 운동 중 창작된 전형적인 문학과 영화의 모티브를 개괄한 적이 있습니다. 이렇게 동방문명의 사멸을 의미하는 알레고리는, 물론 죽음에서 부활한다는 거시적 사회구도 안에 있습니다. 의심의 여지없이 유사 서술은 중국역사와 문화 바깥에 서 있는 타자의 시점에서 구축되었습니다. 1980년대 중국사회 콘텍스트에서 타자는 두 가지 명확한 기의를 가졌습니다. 하나는 다른 문명—고대 희랍, 로마의 서구 문명이고, 또 하나는 더욱 완비되고 진보된 제도—자

사진21 영화 <성남구사>

본주의였습니다. 물론 이들 기의는 상상의 기표(想像的能指)라는 특징을 뚜렷하게 갖고 있습니다. 왜냐하면 당시 전통 중국/동방문화에 대한 비판이 바로 익명의 사회주의 제도와 그 역사에 대한 비판이었으며 다른alternative 문명/서구 문명이 본래 자본주의 제도를 지칭했기 때문입니다. 그런데 분장한 자본주의 제도에 대한 선망은 사회주의 혁명을 거친 중국사회 특히 중국민중이 분명하게 재선택한 것이라기보다는 사회현실에 대한 비판적 필요성에서 생겨난 앞뒤가 전도된 냉전논리를 보여주는 것이었습니다. 지난날 권위적인 서사에서 '사회주의만이 중국을 구제할 수 있다'고 했다면 지금은 자본주의가 만능이라는 논리로 도치시켰습니다.

　이러한 문화사실을 집중적, 직관적으로 전달했던 것은 허구적 문학과 영화가 아니라 1980년대 가장 중요한 정치문화 텍스트 중의 하

'타자'이야기—주체, 정체성과 성별

나였던 대형 다큐멘터리(당시 정치시사물(政論片)로 지칭) <하상(河殤)>이었습니다. 이것은 당시 유행했던 인문지리학(지리결정론이라고도 함)의 개념을 빌어, 외래적, 쪽빛/해양 문명 시각에서 중국문화를 조감했습니다. 이러한 시각에서 볼 때 황토지/대륙 문명은 초안정적 역사구조를 생산, 복제하고 쉼 없이 순환되는 역사 비극을 연출했으며, 쪽빛 문명과 충돌할 시점에 내부에서는 이미 필연적으로 자멸할 요소를 가지고 있었습니다. 지금의 시각에서 보면 <하상>이 포함하는 문제와 그것이 (우연하게도) 중국사회의 변천과 신주류 이데올로기 구축과정에서 매우 큰 비중의 역할을 했다고 보입니다. 그렇지만 유사 표현 속에 담겨진 정치 항의의 진정성과 저항의 열정을 부인하는 입장에 대해서는 단호히 거부합니다. 이 작품의 주요 창작자는 1992년에 다음과 같이 고백했습니다. "<하상>은 중국의 전통문화와 사회주의 현실을 일맥상통한 불가분의 통일체로 보고 대상을 비판했다. 이와 동시에 작자 자신도 이러한 비판대상과 혈연적으로 서로 연관되어 있으며 나뉠 수 없는 공동의 주체로 보았다."[9] 설사 이 작품이 당시 상상 속의 쪽빛 문명(타자임에도 불구하고 미래중국으로 뜨겁게 열망한)의 한편에 서서 혈연적으로 서로 연관되어 있으며 나누어질 수 없음을 충분히 자각하지 못했다고 하더라도 그 속에 솟구쳤던 열정만큼은 진실했습니다.

바로 이러한 열정과 정치저항의 이미지 위에 세워진 주체 구조가 1980년대 후기 문화에서 남성문화 영웅 즉 독립적이며 고고한 중국 지식인 형상을 성공적으로 만들어냈습니다. 물론 이러한 형상에 남성주체(혹은 남성 주체와 동일시하거나 그 역할을 하는 여성 지식인)의 자기연민의 감정을 투사했으며 상상되고 호명된 이상주체의 내재적 모순을 폭로했지만 말입니다. 그런데 그의 독립 인격이 반드시 정

---

9. 遠志明, <河殤>拾遺, www.chinasoul.com/wk/dd-tk/right.htm

치폭력과의 저항을 통해서만 실천되고 증명 받게 된다면, 결국 그는 정치폭력을 만들거나 실시하는 체제의 일부가 되어야만 독립할 수 있습니다. 이 또한 1980년대 중국의 문화사실 중의 하나였습니다. 독립 인격을 호명한 '주체론'이 1980년대 중반 중국내 뜨거운 사회이슈 중의 하나가 되었을 때, 중국 문화계에 알뛰세르Louis Althusser의 <이데올로기와 이데올로기로서의 국가기구Ideology and Ideological State Apparatuses : Notes Toward an Investigation>가 번역 소개되고 전해졌습니다. 바로 이러한 점은 20세기 중국 특유의 '시공간이 뒤섞이는' 문화를 보여주는 흥미로운 예가 될 것입니다.

1980년대 신주류 문화논리의 중요한 구조적 균열로서 호명되고 실천된 남성 사회주체는 쪽빛 문명이라고 하는 타자 속 중국/자아의 위치에 자신을 설정했습니다. 1980년대 전반의 문화에서 타자는 상상 속의 구름에 몸을 숨기고 자신의 새로운 폭력/거세력의 특징을 충분히 드러내지 않았습니다. 하지만 타자는 상상 속 시각의 발신자로서 주시되고 부결된 전통문화/사회주의의 중국을 보이는 위치에 놓았습니다. 이러한 문화적 특징을 지닌 4세대 영화에 여성형상이 두드러지게 등장했습니다. 여성형상을 통해 역사 폭력의 피해자 및 역사 진보가 요구한 희생자인 동시에 보이는 중국10을 잠재적으로 연기했습니다. 바꿔 말해 그녀들은 남성 글쓰기의 욕망객체로 드러나게 되는 동시에 보이는/객체적 위치의 중국, 여성 가면을 쓴 남성 역사주체 역할을 연기했습니다. 상당히 흥미롭게도 (성)욕망의 글쓰기가 호명되고 구축되어져 중국영화 속에 등장했을 때, 최초로 드러난 욕망주체가 여성 형상이었습니다. 여성 주체의 (성)욕망이 억압된 이야기는 역사와 정치폭력에 의해 거세된 짝이 없는 남성 이야기로 묘사되

---

10. 유사 전형적인 작품으로 <향음(鄕音)>, <양가집 규수(良家婦女)>, <정녀(貞女)>, <샹아가씨 샤오샤오(湘女蕭蕭)>, <향혼녀(香魂女)>가 있다.

거나 가면이 씌워진 모습으로 간접적으로 표현되었습니다.

홍미로운 예로 셰페이(謝飛)가 1986년에 창작한 문제작 <샹아가씨 샤오샤오(湘女蕭蕭)>를 들 수 있습니다. 영화의 끝부분에서 카메라의 포커스는 샤오샤오를 떠나 막 성인이 된 어린 남편에게 맞추어집니다. 샤오샤오가 아닌 어린 남편은 중국역사에서 반복적으로 되풀이되는 비극적인 장면 속에서 절망적으로 탈주하고자 합니다. 카메라의 정지화면에 의해 망연자실해 있는 사람은 샤오샤오가 아니라 바로 그녀의 어린 남편이었습니다. 이 장면은 프랑스 영화감독 트뤼포Francois Truffaut의 명화 <400번의 구타The 400 Blows>(1959)의 유명한 결말과 명확한 상호텍스트 관계를 가집니다. 이 장면은 의도하지 않았지만 유사 영화의 성별/정치서사의 진의를 드러냅니다. 즉 남성에 의한 정치, 역사서술의 가면으로서 여성비극, 이중 또는 다중의 주객체 관계에 의해 남성주체는 역사와 현실 사이에서 고정된 위치를 찾지 못하고 떠돌며 유럽 '선행자'의 공간위치를 절취(竊取)하였습니다.

역사회고의 시각에서 보면 1970, 80년대 교체기에 출현하기 시작한 중국 뉴시네마는 간혹 생각지도 않게 당시 중국문화의 공통적인 증후를 드러냈습니다. 새로운 이야기를 말하기 보다는 새로운 언어, 여기에서 다루는 주제로 말하면 타자의 언어를 사용하려고 했습니다. 여기에서 말하는 새로운 언어 혹은 타자의 언어는 최소한 깊이 있는 사회인식 혹은 묵계 속에 냉전구조에서 적이나 타자, 서구 예술영화의 계보를 의미합니다. 어떤 의미에서 1970, 1980년대 사회정치명제를 직접적으로 실천한 문학예술로 상흔(傷痕) 문학 영화11, 정치반성 글쓰기 혹은 옛 이야기를 새롭게 개작한 것들을 들 수 있습니다. 상흔문학에서 정치 서술과 평가는 달라졌지만 이야기 방식은 공

---

11. 옮긴이 : 상흔문학은 문혁 중에 받은 상처를 서술, 고발한 문학을 일컬음.

성별중국

농병(工農兵) 문예의 마지막 흐름을 드러냈고 엘리트 지식인 집단의 등장과 동시에 효과적인 정치실천 중의 하나로서 새로운 언어/타인의 언어에 대한 갈증을 직간접적으로 드러냈습니다. 새로운 언어가 있어야만 다른 논리를 드러낼 수 있고 다른 이야기를 할 수 있다는 것에 대해 상당한 공감과 묵인이 있었습니다. 따라서 4세대 감독은 '영화언어의 근대화'를 창작의 방향으로 삼고 루이스 바쟁Louis Bazin의 '리얼리즘미학'12을 창작 기치로 내걸었습니다. 그러나 4세대 감독의 창작실천은 당시 중국의 사회문화 실천면에서 새로운 타자의 언어를 갈구했지만 냉전구조에 국한된 역사적 시각에 사로잡혀 있었습니다. 그들의 영화실천이 바쟁의 '완전한 영화 신화'13를 실천했다기보다는 1960년대 해빙시대 소련 영화의 행보를 천천히 따라갔을 뿐입니다. 세계로 향해 걸어가는 중국 뉴시네마가 제3세계 국제영화제에서 국제적인 상을 받았던 것이 그 작은 예가 되겠습니다.14

다른 실천Alternative practises

중국 뉴시네마 혹은 5세대(감독)가 이룬 기적은 1983년에서 1987년까지로 한정됩니다.15 1980년대 초기 5세대의 충격적인 등

---

12. 李陀, 張暖忻, <영화언어의 근대화를 논함(論電影語言的現代化)>, 《영화예술(電影藝術)》, 1979年 第3期. 1970, 80년대 교체기에 중국 영화학자는 프랑스 영화이론가 바쟁의 이론을 '리얼리즘 미학(紀實美學)'으로 지칭함.

13. 崔君衍 譯, [프랑스]앙드레·바쟁(安德烈·巴贊), <'완전한 영화'의 신화("完整電影" 的神話)>, 《영화는 무엇인가?(電影是什么, What is Cinema)》, 中國電影出版社, 1987年. 옮긴이 : '완전한 영화'는 현실을 완전히 재현한 영화를 의미함.

14. 4세대 영화가 국제영화제에서 최초로 상을 받은 영화는 우이궁(吳貽弓) 감독의 《성남구사(城南舊事)》로, 1982년 필리핀 마닐라 국제영화제 최우수 각본상을 받았다.

15. 저자는 1983년 촬영을 끝냈지만 영화심사기구와의 몇 차례 갈등 속에서 1985년에서야 수정판으로 상영된 영화 <하나와 여덟(一個和八個)>을 협의의 중국 뉴시네마(中國新電影)와 5세대의 등장으로 본다. 1978년 <아이들의 왕(孩子王)>, <붉은 수수밭(紅高粱)> 이후 <붉은 수수밭>이 베를린(당시 서베를린) 국제영화제에서 황금곰상을 탄 것을 계기로 종결되었다.(<끊어진 다리 : 아들 세대의 예술(斷橋 : 子一代的藝術)>, 《무

장은 중국영화사에서 뛰어난 영화예술의 높이를 보여줬다고 하겠습
니다. 또한 5세대가 자기 연민에 빠지지 않고 자기반성적인 주체성찰
과 다중의 내부적 추방에 직면한 주체의 표현과 곤경을 말하는 용기
를 보여줬다는 점에서 중국 뉴시네마는 1980년대 전체 문화와 다른
특출한 성과를 보여주었습니다.

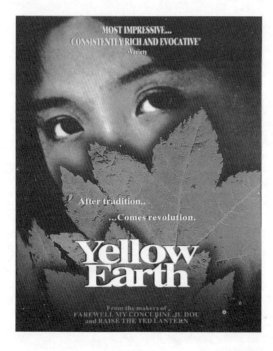

사진22 영화 <황토지>

천카이거(陳凱歌, 1952~)의 대표작 <황토지(黃土地)>는 단연
독보적입니다. 영화는 현대/전통의 이분법적 대립을 이미 넘어섰습니
다. 중국영화사의 계보면에서 볼 때 첫째, <황토지>는 4세대 감독 스
스로 목표로 삼았지만 성공하지 못했던 '영화언어의 근대화'16를 향

중풍경(霧中風景 : 1978-1998中國電影文化)》, 北京大學出版社, 2000年)

16. 李陀, 張暖忻, <영화언어의 근대화를 논함(論電影語言的現代化)>, 《영화예술(電影藝
術)》, 1979年 第3期.

한 첫 걸음이며 자각적인 민족영화를 보여준 영화적 실천이었다고 하겠습니다.17 영화 속에서 전통중국문화는 (근대화/서구화) 영화언어가 이야기하거나 성찰하는 대상뿐만이 아니라 영화언어에 내재적인 구성요소였습니다. '5세대의 영화언어 혁명'18은 민족영화 기록으로서 중국영화사의 단절을 만들었으며 최종적으로 다른 종류의 문화 내부적 추방을 만들었습니다. 하지만 적어도 5세대의 출발은 도망칠 수 없을 것 같은 문화의 내부적 추방을 거부하는 것처럼 보였습니다. 둘째, 이 영화가 문화적 의미에서 더욱 중요한 것은 매우 풍부하고 긴장감 넘치는 영상과 다중 서술로 통합하기 어려운 역사 혹은 민족 주체구조, 담론 구조를 정면에서 구현했다는 점입니다. 이 시기 가장 대표적인 서사/의미의 모델과 마찬가지로, 카메라나 영화 내레이터의 위치는 중국을 상징하는 황토지에서 대대로 살아온 자들에 대한 외부인 즉 섬북(陝北) 고원 깊숙한 곳까지 들어온 공산당 군인 구칭(顧靑)의 자리였습니다. 전통 중국문화가 공산당 혹은 사회주의 역사로 삼던 당시 신주류 서술과 달리, 영화는 그것을 시선/응시의 상호관계 속에 놓았습니다. 마찬가지로 전통문화 반성운동에서 유력한 표현 중의 하나였던 <황토지>는 제3세계 민족알레고리식 영화 표현을 선구적으로 창조했습니다.

구칭(영화 속 작가들/카메라이기도 함)의 눈 속에 비쳐진 전통 중국의 생존과 역사는 공간화한 역사, 자연생명의 순환 속에 변화하지 않고 되풀이되는 역사로 그려졌습니다. 1980년대 중국의 총체적인 사회 콘텍스트에 의해 구칭은 더 이상 결정적 효과를 가지지 않으며, 내레이터의 위치는 영화의 서사/아이덴티티가 점유한 유일한 위치도

---

17. 천카이거(陳凱歌), 장이머우(張藝謀), <황토지> 감독, 촬영 해설(<黃土地> 導演 撮影闡釋)>, 《北京電影學院學報》, 1985年 第2期.

18. 戴錦華, <역사의 아들:5세대 영화를 다시 읽음(歷史之子 : 再讀 "第五代")>, 《무중풍경(霧中風景 : 1978-1998中國電影文化)》, 北京大學出版社, 2000年.

'타자'이야기-주체, 정체성과 성별

아니었습니다. 구칭과 황토지 사이의 관계는 절대적인 의미의 시선/응시라기보다는 복잡한 주체의 사이성(主體間性)을 드러낸 것이라고 해야겠습니다. 영화의 서사/영상구조 속에서 황토지의 삶과는 상대적으로 구칭은 창백한 외부인/타자, 무력한 계몽/구원의 약속을 하는 존재였을 뿐입니다. 이와 달리 추이차오(翠巧)의 아버지는 황토지처럼 메마르고 갈라졌지만 대지와 같은 포용력과 인내력으로 중국 역사 주체의 위치를 점유했습니다.[19] 추이차오의 아버지는 황토지에서 권위자로서 추이차오의 비극을 직접적으로 만들었습니다. 추이차오는 <여아가(女兒歌)>에서 "6월에도 황하의 얼음은 녹지 않네. 억지로 나를 결혼시키려는 우리 아버지"라는 노래를 불렀습니다. 추이차오의 아버지는 섬북지방 민가 산곡(酸曲)으로 지은 구칭을 위한 송별가에서 자기 딸의 운명에 미안하지만 어쩌지 못하는 아버지의 정을 표현했습니다.

구칭은 황토지에서 힘들게 살아가는 생존논리를 받아들일 뿐만 아니라 봄에 씨를 뿌리고 가을에 수확하는 자연의 순환 속으로 들어가 버렸습니다.[20] 그는 역사의 생존 자체를 변화시킬 힘도 없었으며 생존의 역사 속에 진정으로 들어갈 힘도, 다른 방식으로 역사 속에 들어갈 수도 없었습니다. 이것이 바로 내레이터가 당대의 중국역사문화의 비판자로서 자신을 동일시한 위치였습니다. 동시에 이 위치는 1980년대 역사문화반성운동 및 그 문화비판자로서의 역할을 반성하는 자리이기도 했습니다. 그는 루쉰이 말한 역사 속 '무물의 진'이라

---

19. 1980년대 중국 사회문화 콘텍스트에서 추이차오 아버지의 시각형상과 당시 유명한 유화작품 뤄종리(羅中立)의 <아버지(父親)> (1980年) 는 뚜렷한 상호텍스트성을 가진다. 영화도 단순한 배척이나 심판이 아닌, 유사 상호텍스트 맥락에서 다른 문화와의 아이덴티티를 분명하게 보여준다.

20. 물론 이 장면은 <황토지>에서 유명하고 흥미로운 장면이다. 소를 끌고, 쟁기질을 하고 씨를 뿌리는 행렬을 통해, 동방의 맛 혹은 고대인의 삶을 매력적인 화면으로 만들었다. 이 화면의 4/3 되는 지점에 지평선을 설정하였는데, 특히 하늘이 좁게 보임으로써 역사의 반성 혹은 비판 주제를 전달하고 있다.

는 무력함에 다시 직면했으며, 고난의 역사 속에서도 굳세게 생존하는 주체형상을 다시 가리켰습니다. 구칭이 영화에서 외부인/타자의 시점을 보여주었다면, 소녀 추이차오는 영화의 서사구조 속에서 황토지에 같이 놓여지는 서사 관점을 보여주었습니다. 추이차오는 차이성을 지닌 형상으로서 자신에게 정해진 미래를 살펴보고, 그 결과 희망에 찬 눈빛으로 외부인에 의해 자신이 구원되기를 갈망했습니다. 그런데 놀랍게도 영화는 4세대 영화에서 보고자 했지만 보이지 않았던 시각주제를 연장하고 자기반성을 합니다. 구칭은 추이차오가 자신이 그토록 찾고 있는, 온 동네를 통틀어 민가를 가장 잘 부르는 여성이라는 사실을 식별하거나 알아낼 수 없었습니다. 또한 그는 간부와 민중의 이중 규범 아래서 추이차오를 금기와 비욕망의 대상으로 보았으며, 그 결과 추이차오가 그를 향해 부르는 열정적인 노래와 욕망을 감지하거나 알아차리지 못했습니다. 이런 까닭에 추이차오가 심혈을 다해 부르는 <여아가>가 깊은 밤 물레 옆에서 흘러 나와도 구칭에게는 들리지 않습니다. 추이차오는 자신의 숙명을 절망적이지만 담담하게 받아들이며 황토지를 떠날 때 마음 속 이야기를 노래합니다. 구칭은 그제야 그녀를 갈구하는 눈빛을 보내지만 고원의 골짜기가 추이차오의 모습을 이미 삼켜버린 후였습니다. 그는 추이차오를 식별하지도 구원하지도 못했습니다. 그의 형상을 통해 역사주체의 무력감과 남성주체의 내재적 결핍을 드러냈습니다.

이는 1980년대 공통의 정치문화주제를 완곡하게 드러낸 것으로, 공산당이 약속한 정치구원의 무력감을 표현한 것입니다. 동시에 외래적인 구원이 중국역사와 현실 생존에서는 무력하다는 것을 무의식 중에 선고하고 있습니다. 영화에서 역사 혹은 주체가 한차례 서로 교차했다가 다시 멀어져 갔습니다. 영화는 보는 시점을 미래의 준주체인 한한(憨憨)이라는 남자아이에게로 옮겼습니다. 영화의 마지막에서 구칭은 기울어진 지평선에서 꼿꼿이 서서 걸어오는데, 기울어진 지평선과 꼿꼿이 서 있는 모습에서 정치역사에 관한 진술과 호명과 허가를 표현했습니다. 한한은 세 차례 반복되는 화면에서 기우제를 지내는 사람들 곁에서 나와 구칭에게로 달려가는데, 한한의 눈빛은 갈망으로 가득 찼고 지평선은 다시 수평을 잡아가며 드넓게 펼쳐진 청명한 하늘을 보여줍니다. 이제 구칭은 구원의 약속, 중국문제의 정치적 해결방안을 가진 사람이 더 이상 아니었습니다. 빈 화면 속에 추이차오가 부르는 혁명가가 울려 퍼지고, 카메라는 조용히 아래로 이동하며 메마른 황토지를 화면 가득 담았습니다. 카메라는 계몽주의 주제를 재현하듯, 보는 주체를 구칭에게서 한한에게로 옮겨갔고 민족역사 구원의 희망은 다시 미래, (남자)아이에게로 이동했습니다. 마지막 높이 올라가는 노랫소리와 반대로 아래로 내려가는 카메라는 1980년대 중국문화가 특별하게 가졌던 용기가, 구칭으로 대표되는 정치해결방안과 마찬가지로 헛된 희망과 같음을 선고하는 듯이 보입니다.

1984년 중국사회 콘텍스트 속에서 <황토지>는 주로 굴절된 정치비판의 모습으로 수용되었습니다. 현재의 시점에서 돌아볼 때 <황토지>는 중국영화사에서 예술상 기적일 뿐만 아니라 역사와 현실의 복잡한 다중의 곤경을 단순화시키지 않았다는 성과를 가집니다. 구칭의 위치에 다중의 알레고리가 설정된 것은, 영화가 역사문화반성(歷史文化反思)식의 글쓰기에서 공산당, 사회주의의 역사적 의의와 한계를 똑바로 보고, 그 역사를 제작자들 주체구조의 내재적 요소로 담담하게 받아들였음을 의미합니다. 추이차오에 대한 글쓰기에는 남성의 비애와 욕망을 가득 담고 있으며 여성주체의 시각, 운명을 짊어지겠다는 책임감과 자기구원의 의지를 드러냈습니다. 또한 이것은 변화하는 문화 속에서 성장한 것으로, 천카이거 본인이 1990년대 작품에서 표출한 남성욕망의 확장과 자기연민이 영화 서사를 손상시키지 않았으며, 자각한 남성 서사가 여성 주체 표출을 수용할 수 있다는 것을 의미합니다. 따라서 영화는 역사의 주체(추이차오 아버지), 미래의 희망이자 헛된 희망(한한), 역사에 대한 저항과 희생(추이차오), 역사를 변화시키려고 하지만 무력한 시도(구칭)를 병렬해 놓았으나, 서로 통합하기 어려운 남성 주체 정체성의 자기지시가 되었습니다. 타자의 이야기는 동시에 자신의 이야기입니다. 희망의 허망함을 선언하고 주체 내 종횡으로 생긴 균열과 정면으로 맞서는 용기는 1980년대 초기 중국사회 속 기대와 희망으로 충만한 현실의 전망에서 생겨난 것이며, 당시 중국사회와 문화 속에 여전히 존재했던 다원적인 미래에 대한 선택의 가능성에서 비롯된 것입니다.

유럽의 오리지널 자본주의의 직선적 역사와 비교하면, 20세기 중국은 고도로 농축된 역사과정을 끊임없이 경험했습니다. 1980년대 초기 중국 현실은 긍정적인 전망을 보였지만 급격하게 추진된 변천과정 속에서 그 미래는 점차 어두워져 갔습니다. 제가 보기에 이것은 첫째, 1990년대까지 지속된 정치 곤경과 한계에서 온 것입니다. 무늬만 공산당인 현 정권은 필사적으로 서사를 애타게 찾고 있었습니다. 즉 통치의 합법성을 위협하지 않는 전제 하에서 자신들이 추진하고 있는 자본주의화 과정에 효과적인 신주류 이데올로기를 보호하고, 그것을 부단히 전개하면서도 자신의 통제 하에 둘 수 있는 서사를 갈구했습니다. 둘째, 개혁개방, 근대화라고 일컬어지는 역사 과정에서 정치 민주화의 테마를 중국사회생활로 가지고 올 때, 공산당 정권과 1980년대 돌출한 엘리트 지식인 집단 사이에 화해적이었던 공모관계가 깨지고 균열이 다시 발생했습니다. 마오쩌둥 시대 담론에서 매우 높은 지위를 차지했던 민중의 사회 민주에 대한 소박한 요구가 높아지자 조용히 출현한 자본주의 과정 사이에 커다란 긴장관계가 발생했습니다. 셋째, 사회문화 실천과 영화생산 방면에서 구름 사이로 드러난 전지전능한 구원자인 쪽빛 문명/자본주의 세계가 현실적인 논리와 공격적인 방식으로 중국사회 현실 속으로 들어오기 시작했습니다. 물론 그때까지는 대규모 자본이 유입되지 않았지만 말입니다. 1987년 전후로 중국문화는 시장화라는 첫 번째 충격을 겪게 되었습니다. 따라서 이데올로기 통제를 강화하자, 새로운 사상의 긴장감과 내부적 위기 속에서 새로운 문화통합의 필요성이 다시 생겨났습니다.

그와 달리 주류영화 <부용진(芙蓉鎭)>은 성별질서의 새로운 조정과 가정윤리를 분명하게 강조하며 현실의 정치 문화적 곤경을 일시적이지만 효과적인 상상으로 해결하고자 했습니다. 5세대 영화의 다른 대표작 <붉은 수수밭>에서는 자유분방한 민족 신화 방식의 표현으로 현대 중국 문화 내부에서 줄기차게 호명한 남성 민족영웅의 역할을 무대에 등장시켰습니다. 이 영화로 당대 중국의 가장 중요한 영화감독 장이머우(張藝謀)는 유럽예술에서 중국영화의 등장을 확실하게 알렸습니다. 이제 유럽 A급 영화제, 베를린영화제의 지명에 의해 중국영화 5세대 영화의 위치가 확립되었고 동시에 5세대 영화가 지녔던 영화언어 혁명과 문화비판/반성의 특정한 역할을 종결시키고 변경했습니다.

<붉은 수수밭>은 남성성이 넘치는 남성 자신의 이야기입니다. 여성형상은 카메라와 남성 등장인물이 일체화된 욕망의 시선 속에서 정확하게 드러났습니다. 반역자는 여성을 성공적으로 점유하며, 아버지가 된 것으로 주체의 위치를 합법적으로 추인했습니다. 이야기는 하나에서 둘로 나눠지는데, 20세기 중국사에 있어서 고유의 타자, 침략자 일본과 싸워 이기고, 다소 익살스런 정치권위 상징에 대한 재복종, 피로 낭자한 세상에 우뚝 선 부자의 영웅 이미지를 통해 상상적인 민족주체/영웅의 로망을 구축했습니다. 하지만 그것은 타자의 이

야기였습니다. 이 영화는 애초부터 국제영화제를 염두에 두고 만들어진 것으로 타자/서구 관중을 만족시키기 위해 남성주체/민족영웅의 신화에 현대 사회, 현대 생활의 타자성otherness을 부여했습니다. 냉전시대의 종결에 따라 타자성 서사의 성별논리가 다시 수정되었지만 말입니다.

유럽 국제영화제의 역할

1989년 6·4 사건은 순식간에 중국을 세계 시야의 중심에 다시 올려놓았습니다. 이 역사적 사건은 우연찮게 냉전시대 종결을 추진했으며, 중국사회 정치생활 내부 및 중국을 둘러싼 국제정세 속에 한층 강화된 냉전 상황을 가져 왔습니다. 중국 내부에서는 정치 위기를 극복하기 위해 다시 사상통제를 강화하여 1980년대 가졌던 미래에 대한 열린 전망과 다원적인 선택을 거의 완전히 봉쇄했습니다.

외견상 기세등등했지만 초라했던 체제 주선율 영화가 개봉된 영화관 대부분이 텅텅 비었음에도 생산규모와 수량면에서 당대 중국 스크린을 다시 석권했습니다. 주선율 영화 외에 대만의 멜로드라마와 홍콩의 무술영화가 상영되어 대인기를 끌었습니다. 예전에도 지적한 것과 같이 당시 영화로 중국 사회변혁을 시도하려고 했던 중국의 영화인들은 사느냐, 죽느냐To be or not to be라고 하는 햄릿식의 선택에 직면하게 되었습니다. 생존한다는 것, 즉 계속해서 영화를 찍는 기회를 얻는 것은 저항자의 입장과 모습을 철저하게 버리고 체제의 견해나 권력담론과 동일시하며 주선율 영화의 제작자가 되는 것을 의미했습니다. 혹은 영화시장의 수용에 굴복하고, 문화비판의 기능을 버리고 일상생활의 이데올로기와 화해하는 것을 의미했습니다. 그렇지 않으면 창작활동을 그만두어야 했습니다.

선택의 여지가 없었던 상황 속에서 한 가닥 삶의 희망이 갑자기 생겨났습니다. 해외예술영화의 제작자와 투자자가 중국대륙의 생기 발랄한 젊은이들에 주목하기 시작한 것입니다. 이 행운의 방식을 통해, 중국 영화 예술가들은 정치적인 압박과 시장의 어려운 상황에서 벗어나 창작을 계속할 수 있게 되었습니다. 하지만, 중국 영화인들은 이들 해외 영화자금이 그들의 기대와 달리 예술 후원자의 선물이나 선의의 투자가 아니라 현명한 투자의 방식에 지나지 않았다는 사실을 미처 깨닫지 못했습니다. 단지 차이가 있다면, 투자자가 기대했던 시장이 구미, 주로 유럽의 예술영화시장이었다는 것입니다. 1987년 이전 서구에서 거의 알려지지 않았던 중국영화가 유럽의 예술시장으로 가는 길은 결코 평탄하지 않았지만 서구 국제영화예술제는 유럽 예술시장으로 가는 유일한 통로였습니다. 유럽의 3대 영화제, 칸, 베니스, 베를린에서의 수상은 권위적인 통행증임에 틀림없었습니다. 해외투자─세계영화제에서 수상 획득은 중국대륙의 예술영화가 구원되기 위해 반드시 통과해야 하는 좁은 문이었습니다. 이로써 국제영화제의 역할이 중국영화 내부의 시야 속으로 갑자기 들어오게 되었습니다.

1987년에 출품된 〈붉은 수수밭〉과 〈아이들의 왕(孩子王)〉은 일찍이 유럽의 A급 영화제에 화려하게 입성했지만 전혀 다른 평가를 받았습니다. 이들 영화는 중국내 사회, 정치, 시장의 곤경을 돌파하기 위해 반드시 참조하고 독해해야 하는 계시록이 되었습니다. 이 계시록은 사람들에게 중국영화가 세계로 나아가기 위해 무엇이 필요한지 가르쳐 주었습니다. 그건 바로 타자성과 신기함이었습니다. 구미세계는 자기문화의 복제품과 현대문명에 관한 동방의 유치한 표현보다는 서방문화의 논리와 상식 속에서 독해될 수 있고 서방문화에서 충분히 수용될 수 있는 것을 필요로 했습니다. 그들이 요구한 영화는 본

토성을 충분히 갖추고 향토중국의 기이한 경관을 가지고 있어야 하지만, 그 논리와 동일시가 본토 위에 세워져서는 안 되었습니다. 다시 말해서 구미문화의 결점을 보완해줄 수 있는 것이어야 했습니다. 이 계시록의 의의는 제3세계 지식인/예술가가 도망갈 수 없는 문화적 숙명을 나타낸 것이라 하겠습니다. 제3세계 지식인/예술가가 세계로 향하는 좁은 문을 성공적으로 통과하기 위해서는 서구 예술영화제 심사위원회의 심사와 선택의 안목을 반드시 숙지해야 합니다. 그들은 반드시 서구 영화제 심사위원들의 표준과 척도에 동일시되어야 하며, 동방에 대한 서방의 기대에도 부합해야 하고, 오독과 강요를 전제로 한 서구인의 마음 속 동방 경관과도 일치해야 했습니다. 이러한 동일시는 새로운 내부적 추방의 과정이었습니다. 타자의 눈을 통해 자신의 문화기억을 방축하며 바라보는 객관대상으로 만들어야 하며, 그 구조를 타자의 담론과 표현의 아름다움 속에 동결시켜야 했습니다. 이렇게 하여 그들은 스스로를 타자의 이야기로 만들어 명예를 얻게 되었으며, 이 과정에서 얻게 된 문화주체의 위치는 유럽 문화의 거울성21에 투사했습니다.

당시 문화의 규정 혹은 게임의 규칙은 그 뿐만이 아니었습니다. 오리엔탈리즘 / 자기 오리엔탈리즘 / 포스트콜로니즘의 문화적 상황은 1990년대 국제문화 정세 속에서 점차 명확해졌습니다. 하지만 그렇다고 해서 그것들이 중국 영화 예술가(영화 예술가만이 아니라)가 직면한 국제 문화 상황의 전체는 아니었습니다. 제가 이미 지적한 바와 같이, 1990년대 중국과 관련된 국제문화사건은 포스트 콜로니얼 상황이라기보다는 '포스트 냉전시대의 냉전논리'였다고 말할 수 있겠습니다. 중국예술가에 대한 인증이나 명명은 여전히 서구의 오리엔탈리즘 패턴을 참조했습니다. 하지만 그것은 중국에서 정치박해를 받는

---

21. 옮긴이 : 다이진화는 1990년대 중국문화를 '거울성(鏡城)'으로 표현함.

'타자'이야기—주체, 정체성과 성별

예술가를 구원하거나 지지하기 위한 일종의 항의행동이었습니다. 중국정부가 탄압하고 국제영화제에서 명명되는 것, 혹은 그 순서가 바뀌든, 그것은 1990년대 중국과 세계/구미문화 사이를 관통하여 무척 황당한 의미의 유희 내용과 대화 형식이 되었습니다. 타자의 눈을 내재화하고, 자신의 서술구조를 타자의 이야기로 삼는다는 것은 문화상징 체계 속 여성 역할의 수용을 의미했습니다. 포스트 냉전시대의 냉전논리 속에서 중국영화예술가라는 이름의 획득은 분명 문화영웅/남성주체의 역사적 지위를 획득했다는 것을 의미합니다. 장이머우는 구미세계의 두 가지 기대심리를 얻고 최종적으로 국제적인 슈퍼스타 감독이 되었습니다.

사진17 영화 <붉은 수수밭>

그런데 여기에서 반드시 언급해야 할 것이 있습니다. 1990년대 초기 중국 사회의 엄준한 현실과 비극적인 6·4 사건이 가져다 준 커다란 충격과 절절한 고통에 관한 것입니다. 시장화 진전에 의해 민족 영화산업과 예술영화 제작이 압박을 받게 됨에 따라, 중국 영화인의 마음속에 〈아이들의 왕〉, 〈붉은 수수밭〉이 가지는 계시록적 의미는 더욱 커졌습니다.

유럽 예술영화제에서 중국영화의 역할은 포스트 냉전의 냉전 논리에서처럼 유럽 영화제와 중국정부가 서로 거울을 비추는 관계 속에서 상당한 편차를 가지며 왜곡되고 변형되었습니다. 어떤 의미에서 세계 영화문화 속에서 유럽 영화제의 역할이 유럽 중심주의 문화논리에서 나온 것이 아니라할지라도, 적어도 서구 내부의 문화 현실 속에서 저항문화의 창시자로서 위치를 가집니다. 첫째, 유럽영화제는 미국 할리우드 영화의 전세계적 패권에 정면으로 대항하고 있습니다 (포스트 냉전이라는 전세계적 구조 속에서 유럽과 북미 사이의 문화적 대립은 더욱 복잡한 국제정치적 의미를 가지고 있지만 말입니다). 둘째, 최소한 표면적으로는 비교적 폐쇄적인 서구의 시야 속으로 다원적인 세계영화문화를 가지고 왔습니다. 셋째, 유럽 문화사에서 유럽 영화제가 최소한 1960년대 이후 유럽문화와 문화정치 실천 속에서 일관되게 사회비판 전통을 유지했으며, 1980년대 신자유주의가 세계적으로 승리를 거두기 이전까지 이러한 사회비판 전통이 필연적으로 일정정도 유럽 내부의 좌익과 맥락을 같이 했습니다.

지금까지 유럽문화 내부에서는 유럽영화제가 일정정도 유사한 사회적 역할을 수행해 왔습니다. 하지만 여기에서 유사 상식을 일부러 언급하는 목적은 포스트 냉전 중국의 문화현실과 연계되었고 중국영화에 대해 두 가지 기준을 가지고 있었기 때문이었습니다. 이들 영화제에서 중국영화를 평가할 때 우선적으로 고려하는 것은 영화의 예술과 문화 자체가 가지는 자질이 아니라(물론 그들의 이러한 자질 평가 기준의 설정 자체가 검토대상이겠지만 말입니다), 영화작품과 제작자와 중국 체제와의 관계입니다. 유럽 국제영화제는 영화제의 유럽 내부의 논리와 정반대로 끊임없이 냉전의 승리자(포스트 냉전시대의 세계 패권자이기도 한)를 동맹, 강화하고 포스트 냉전시대 전세계적 패권을 강화하고 있습니다. 분명 그들과 중국정부 사이에는 협조관계와 제휴가 있습니다. 유럽 국제영화제는 중국정부에서 금지되어진 작품(심사를 거치지 않은)을 선택하고, 더욱이 체제 밖에서 제작된 중국영화를 국제영화제 경쟁에서 수상시킵니다. 중국 정부의 허가를 거치지 않고 국제영화제에서 입상한 작품이 중국에서 상영금지를 당하면, 상영금지를 받은 중국영화인은 특별히 중시되고, 더욱 커다란 영향력을 발휘하게 되는 등 서로간의 연관성은 이렇게 강화됩니다. 물론 이러한 포스트 냉전시대의 냉전 게임은 1990년대 초 등장한 6세대 영화(혹은 중국지하영화 혹은 중국 독립제작영화 운동이라고도 칭해짐) 속에서 더욱 명확하게 표현되었습니다. 5세대, 정확하게 말해, 장이머우, 천카이거 영화, 혹은 장이머우, 천카이거의 모델 속에서 포스트 냉전의 오리엔탈리즘의 승리가 더욱 두드러졌다고 할 수 있습니다. 이러한 오리엔탈리즘의 문화논리는 상징적인 의미에서 성별논리의 실천으로 나타났습니다.

먼저 장이머우는 <국두(菊豆)>, <홍등(大紅燈籠高高掛)>에서 '철방에 갇힌 여성'22의 패턴을 확립했습니다. 철방은 루쉰이 전통중국 사회와 문화에 대해 비판한 데에서 유래된 개념입니다. 1980년대 유사 서사에서는 감금되고 욕망이 억눌린 여성의 이야기로 더욱 강화되었습니다. 이 서사는 1980년대 역사문화 반성운동의 특정한 비판

---

22. 戴錦華, <갈라진 골짜기: 포스트 89 예술영화의 영광과 몰락(裂谷: 後89藝術電影中的 輝煌與陷落)>, 《무중풍경(霧中風景: 1978-1998中國電影文化)》, 北京大學出版社, 2000年.

적 글쓰기 중의 하나가 되었습니다. 장이머우는 두 가지 영화 서사 모델을 통합하는 동시에 성공적으로 두 가지 시선에서 인지되고 해독할 수 있는 가능성을 얻었습니다. 중국 사회문화 내부에서 유사 서사는 6·4사건의 폭력으로 중단한 역사적 반성/정치비판을 계승함과 동시에 장이머우에게 정치 항의, 반항의 문화영웅적 의미를 부여했습니다. 동시에 중국역사, 문물 공간 혹은 선별한 중국 문화의례에 욕망의 시선을 담은 동방의 아름다움을 더해, 구미가 기대하는 시선에서 정의와 타자성이 가득한 대상으로 보이게 만들었습니다.

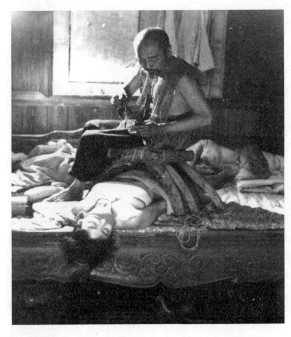

사진24 영화 <국두>

<홍등>은 그 뛰어난 사례가 되었습니다. 필수적인 중국식 공간과 기묘한 중국 의식 외에 동방의 처첩 이야기에서 남성 주재자의 모습을 제거했습니다. 수많은 처첩의 생사 영욕권을 움켜쥐고 있는 천 나으리는 뒷모습 혹은 옆모습, 화면 밖 소리로 드러났습니다. 따라서

'타자'이야기—주체, 정체성과 성별

카메라가 만들어내는 욕망의 시선은 텍스트 내 남성 누구에게도 귀속되지 못하고 허공에 매달린 빈자리가 되었습니다. 이 빈자리는 서구의 시선, 서구 남성의 눈을 기다렸습니다. 성별과 종족 질서의 치환 규칙에 의해서, 장이머우는 그가 설정한 서구 남성의 역할과 동일시를 통해 주체위치를 획득했습니다. 이러한 서구의 거울 속에 비쳐진 주체는 여성 형상 배후에 더해지거나 은폐되었습니다. 그녀는 동방과 동방의 아름다움에 대한 서구 남성의 기대와 서구 남성 관중의 욕망의 눈에 정확하게 부합해야 했습니다. 따라서 중국의 비극적 역사이야기는 이 시선과 눈에 의해 사람을 매혹시키는 '평면 나라'23, 즉 동방에 관한 긴 두루마리 그림이거나 아름답게 수놓아진 병풍으로 봉해졌습니다.

사진25 영화 <홍등>

---

23. 옮긴이: '평면 나라'는 영국 작가 애드윈 애봇(Edwin Abbott, 1838-1926)의 책이름에서 유래한 것으로 영국 빅토리아 시대 계급제도 사회를 신랄하게 비판한 책.

그런데 다른 시선에서 보자면 <홍등>은 다시 중국 영화기구의 심사를 통과하지 않고 출품되어졌습니다. 장이머우는 검은 양복을 입고, 은백색 치파오를 입은 궁리와 어깨를 나란히 하고 미국 오스카 시상식에서 서구 세계로부터 정치영웅/남성주체라는 찬사와 인증을 받았습니다. 장이머우는 계속 승승장구하며 유럽 주류무대에 진출하여 유럽 고전가극 <투란도트>를 연출했습니다. 그는 최종적으로 베이징 태묘(太廟)에서 거대한 공연을 했는데, 서구/동방, 주체/객체가 어우러진 다중 변주곡의 극치를 보여주었습니다.

장이머우의 평탄한 길과는 대조적으로 중국 예술영화를 대표하는 천카이거는 동일한 국제문화 상황 속에서 몸부림치다가 중국엔 타협했습니다. 새로운 서사 모델은 톈쫭쫭(田壯壯)의 <푸른 연(藍風箏)>을 시작으로 <인생(活着)>을 거쳐 강화되었는데, 저는 이것을 '현당대 중국정치사 무대 앞에서 공연되는 드라마'[24]라고 부릅니다. 이 서사 모델은 천카이거의 <패왕별희(霸王別姬)>에서 정점에 달했습니다. 천카이거는 타협과 방향상실을 보여준 이 영화로 마침내 칸 국제영화제에서 그랑프리를 거머쥐었습니다. 작품에 묘사된 알레고리 같은 중국경극문화 내부의 남장, 성별오인, 동성애는 천카이거가 의식한 국제정세 사이의 종족/성별 유희를 나타낸 것입니다. 천카이거는 마지막으로 이러한 동방예술가의 숙명을 기꺼이 받아들이며, 남장 혹은 '거울 속 여인'[25]의 이야기를 가지고 자신의 남성 주체 정체성을 고수하려고 했습니다. 하지만 그의 무기력한 저항으로 남성 나르시즘

24. 戴錦華, <갈라진 골짜기: 포스트 89 예술영화의 영광과 몰락(裂谷 : 後89藝術電影中的 輝煌與陷落)>, 《무중풍경(霧中風景 : 1978-1998中國電影文化)》, 北京大學出版社, 2000年.

25. 옮긴이 : 거울 속 여인은 무대와 거울 속에서만 비로소 생명력을 가지는 존재로, 거울 이미지의 여인을 의미함. 戴錦華, <패왕별희> 역사 영화와 거울 속 여인(<霸王別姬> 歷史的影片與鏡中女)>, 《무중풍경(霧中風景 : 中國電影文化1978-1998年)》, 北京大學 出版社, 2000年

적 표현과 심각한 문화의 방향 상실만이 달성되었을 뿐이었습니다.

중국이 세계화 과정에 전면적으로 더욱 깊이 개입함에 따라 성별/종족의 논리와 게임의 법칙은 점차 중국 외부 즉 중국을 겨냥한 국제정세에서부터 중국내부의 주류 이데올로기의 조화로운 요소로 전화되었습니다. 이로써 세기교체기 중국문화 현실 내부에 자아와 타자의 새로운 글쓰기가 중국 스크린에 등장했습니다.

4장

이야기 속 이야기

- 포스트 사회주의 시대 성별과 계급

계급과 성별 사이

1992년 이후 중국사회에서 가장 두드러진 현상은 급격하고 가혹하게 진행된 빈부격차입니다. 빈부격차 과정은 중국사회의 계급현실을 신속하게 재구축했습니다. 잔혹한 현실에 씁쓸한 아이러니를 느낍니다. 1989년 정치민주화를 요구하고 사회평등을 다시 주장했던 6·4 사건이 비극적으로 끝맺음 되면서, 중국사회의 각종 정치민주화 계획이 사실상 중단되었습니다. 출구를 찾지 못한 일부 중국사회 정치역량은 시장화, 세계화를 추진했는데, 이는 사실상 사유화, 자본주의화로 20세기에 자주 보았던 역사의 음모라고 하겠습니다. 권력과 돈의 불평등한 거래와 분배를 비판했던 사회운동이 이처럼 간단히 불평등과 불공정을 전제로 한 사회재산 재분배의 길로 걸어갔습니다.

1992년 말, 덩샤오핑은 남순강화(南巡講話)[1]에서 경제체제 개혁의 숨겨진 흐름을 다시 지상으로 끌어올렸습니다. 중국은 6·4 천안문 사건에 깊은 상처를 입고, 정치체제 개혁 내지 중국사회 문제의 정치해결에 절망하다가, 하룻밤 사이 물욕과 배금주의의 거센 풍랑에 잠겼습니다. 1993년 전체 중국사회는 '전체 민중의 장사(全民經商)'

---

1. 옮긴이: 1992년 덩샤오핑이 남방의 여러 도시를 시찰하며 발표했던 개혁개방을 촉진하는 담화.

열기와 '벼락부자(暴富)'의 단꿈에 빠졌습니다. 꿈같이 달콤하기도 하고 악몽처럼 끔찍했던 시기 소비주의 조명 아래 중국사회 물질 부족 현실이 확대됨으로써 중국 민중은 새로운 심리적 좌절과 상처와 고통을 겪어야 했습니다. 대규모 부의 사회적 재분배 과정에서 중국 사회주의 체제의 권력구조 내부는 자본주의로의 본격 가동을 추진했으며 국가자산을 상당히 노골적으로 기업자본이나 개인 자산으로 전환했습니다. 또한 권력과 돈으로 거래하거나(부정부패) 다국적 자본의 새로운 매판(買辦) 대리인 방식으로 중국사회 내 새로운 부new rich와 적빈 계층을 급속하게 형성했습니다.

자본주의화 전개에 필연적인 구성요소였던 '중대형 국유 기업의 전환(國有大中型企業轉軌)' 과정은 1949년 이래 전례 없는 실업 충격을 안겨주었습니다. 1980년대 이래 신자유주의 경제정책은 전세계적으로 보편적인 현실로 전개되었고, 포스트 사회주의 중국에게 커다란 시련을 주었습니다. 마오쩌둥 시대 도시 경제는 저임금 공업자본주의 제도 아래 모두 취업을 하고 있던 경제구조로, 실업에 관한 사회복리와 보장제도는 유명무실하거나 거의 제로상태에 가까웠습니다. 국가정치경제체제의 사회주의 단위제(單位制)는 잠재적으로 사생활, 핵심가정 내지 중국 혈연가정으로 포괄되는 사회단위2였습니다. 그런데 이것이 붕괴되자 중국 민중에게 절체절명의 위기를 가져

---

2. 소위 사회주의 '단위제(單位制)'라고 하는 것은, 이전의 국영(80년대 말부터 90년대 초에 걸쳐 '국유'로 개칭됨) 대형, 중형기업, 사업조직이 단순히 사회의 생산 혹은 관리기구로서 뿐만 아니라, 규모에 상관없이 전체 사회구조의 단위로서도 기능했다. 국영기구는 규모의 차이가 있었지만 직원의 숙소와 주택, 부설병원, 초등, 중고등학교를 건설할 책임이 있었다. 또한 기업, 사업, 단위의 관리층은 당정, 인사, 생산 부문 외에 노동조합, 부녀연합과 청년조직을 설치하지 않으면 안 되었다. 단위에 소속된 직원은 최저임금 하에 단위와 노예관계에 가까운 관계를 맺었지만, 그들/그녀들은 동시에 절대적 의미에서 종신고용과 단위가 제공한 생사병로에 관련된 복지와 보장을 향유했다. 동시에 단위는 도의적으로 직원의 결혼, 노인의 부양, 자녀의 교육과 취직을 도와줄 책임을 가졌다. 60년대에는 사회주의의 완전취업구조는 이미 사회적 압력이 되었고, 자식이 아버지의 직업을 계승하기도 하고 혈연관계의 네트워크로 취직하는 현상이 일어나 보다 광범위한 범위에서 단위제의 규모와 권한이 확대되었다.

성별중국

다 주었으며, 단위제를 통하는 것 외에 사회 네트워크에서 도움을 받을 수 있는 방법이 없었습니다. 모두 잘 아시겠지만 실업의 여파가 수천만 가구에 미쳤는데, 이 거대한 실업인구를 정부의 응급조치 재취업 공정(再就業工程)으로 소화하거나 해결하기에는 역부족이었습니다. 중국 관제여론과 일부 지식인들의 언급을 빌려 표현하면, 이것 역시 실업 충격에 휩싸인 '중국적 특색'의 현실을 보여준 예라 하겠습니다. 장기간 사회주의 단위제 아래에 놓여있던 중국도시주민은 단위제의 사회통제력과 억압에 염증을 느꼈거나 불만을 가졌지만 여전히 그들에게 생로병사의 의지처였습니다. 그런 까닭에 하루아침에 이러한 체제가 사라지자 도시 거주자들은 아무런 심리적 준비나 자구책을 마련하지도 못했습니다. 설사 중국민중이 충분한 심리적 여건과 준비를 가지고 있었다고 하더라도 사회 역시 효과적인 보장체계와 현실적인 해결책을 제공한 적이 없었다는 것을 유사 서사는 은폐했습니다.

사회주의 체제에서 도시와 농촌은 엄격한 호적제도 아래 이원구조를 확립하였으며 우리에게 다른 모습을 보여주었습니다. 1980년대 농촌경제개혁의 성공에 의해 중국 농민이 개혁개방 정책의 수혜자가 된 적도 있었지만, 점차 가중된 여러 농촌세금과 경비로 부담은 더욱 커졌습니다. 농산품의 저렴한 가격은 농업 생산 의욕을 경감시켰고 거대한 농촌인구에 비해 농촌토지자원은 극도의 결핍상태에 놓였습니다. 한편 세계화 과정과 세계무역기구WTO의 가입으로 중국 농촌의 산업구조는 커다란 충격에 빠졌으며 대량의 중국농민은 새로운 도시화 과정에 투입되기 시작했습니다. 이러한 상황은 농촌에서의 삶을 더욱 어렵게 만들었고 농업을 급격히 쇠락시켜 잠재적인 실업현실을 초래했습니다. 중국에서 새로운 지역이 개발되고 초대형 도시군이 등장하고 급격하게 확장됨에 따라, 농민공을 주체로 하는 '내부

'이야기' 속 이야기—포스트 사회주의 시대 성별과 계급

이민행렬(內部移民潮)'이 본격적으로 시작되었습니다. 이것은 제3세계 국가 근대화 과정에서 흔히 보이는 불가피한 상황이었습니다. 하지만 사회주의 체제를 유지시켰던 도시 농촌의 이원적 호적제 아래서 농민공은 더욱 힘겹고 고통스러운 운명과 맞닥뜨려야 했습니다. 또한 체제와 연계된 도시 실업자군인 샤강 노동자들과 비교할 때, 중국 대지를 유랑하는 농민공은 중국 대도시에서 원시 무산계급의 양상을 보여주었습니다.

1990년대 중반 심각한 빈부 양극화의 사회현실로 다시 일촉즉발의 사회적 불균형상태가 발생했지만 오랫동안 사회는 사회적 익명의 상태, 문화적 실어증 상태에 놓였습니다. 잔혹하고 고통스런 현실이 사회 문화의 무거운 침묵 속에 더 이상 은신할 수 없게 되었는데, 이러한 현실이 중국 사회문화구조 내부에서 표면으로 떠올랐다는 것 자체가 상당히 의미심장합니다. 중국사회의 급격한 빈부격차 과정은 다층적으로 전개되었습니다. '내부식민(內部殖民)의 과정'[3]이라고 할 수 있는 정치권력과 금전자본에 직접적인 전환이 이루어졌습니다. 내부 식민 과정은 베이징, 상하이를 중심으로 계속 확장되는 초대형 도시와 주장(珠江) 삼각지 밀집 도시군을 중심으로 중국 내륙의 자원을 찾아내고 점유하고 있습니다. 또한 '내부 이민행렬'은 원래 도시와 농촌의 이원구조를 기초로 도시 지역의 비약적인 경제발전과 중국내 다국적 자본의 거대한 가공 공장에 매우 저렴하지만 아무런 법률과 제도적 보장도 없는 노동력을 제공했습니다. 이러한 빈부격차 과정은 다른 경로와 방식을 통해 도시와 농촌에 사는 여성 집단을 먼저 희생양으로 삼았습니다. 도시의 중대형 국유기업 여성 노동자가 우선적으로 실업 대상이 되었습니다. 설사 실업이라는 불행에서 도망친다고

---

3. 戴錦華, <"외지 청년"의 이야기와 대도시, 내부식민("外省靑年" 的故事與大都市 內部移民)>, 비엔나에서 개최된 <세계화와 문화> 국제학술토론회에서 발표한 논문, 2000년.

해도 여성 노동자의 법정 퇴직연한이 45세로 하향 조정되는 현실에 직면했습니다.4 한편 농촌에서는 법정 의무 연령에도 미치지 못하는 아동여성을 포함한 천만 명에 육박하는 농촌 소녀들이 중국 연해 각지 외자 혹은 합자 가공 공장으로 들어가 가장 저렴한 노동력을 공급했습니다. 또한 이들 지역에서 원시 자본주의 단계의 전형적인 모습이 출현했는데 그건 바로 공장 여성 노동자와 매매춘 노동자 사이에 불규칙적인 양방향 이동이었습니다. 이와 함께 노동자의 샤강, 간부의 샤강이라고 하는 실업 물결과 농민의 외지 이동행렬/내부 이민 행렬의 충격 아래 중국사회 내부에서는 연령을 무시하는 풍조가 공공연하고 적나라하게 나타났습니다.

1993년 갑자기 분출된 민중의 장사 열기와 배금주의 풍조는 일년도 안 되어 거품처럼 빠르게 사그라졌습니다. 하지만 1997년 인터넷의 중국 상륙으로 중국 대도시 청년들이 다시 부를 찾는 시대가 도래했습니다. 형형색색의 거대한 비누거품 같은 인터넷도 '燒.com'5 속에서 빠르게 일장춘몽이 되었는데 뜻밖에도 1990년대 중국사회문화에 다른 신드롬이 나타났습니다. 1993년, 1994년에 빠르게 일어났다 급격하게 환멸을 가져다 준 원시자본주의의 약속과 환상이었습니다. 성실과 지혜로 부를 이루고 공정한 경쟁으로 무에서 유를 창조한다는 환상이 인터넷과 빌 게이츠Bill Gates 소프트제국의 신화와 함께 다시 도래했습니다. 물론 현대과학 지식을 점유해야 한다는 전제가 있었습니다. 인터넷이 가져다 준 꿈도 빠르게 생겨났다 소멸되었지만 이 새로운 단어는 중국대중문화 속에서 사람을 미혹시켰고 지

---

4. 중국정부가 장기간 제창한 만혼 만육 정책(晚婚晚育政策, 늦게 결혼하고 늦게 아이를 낳는 정책)과 연관되어있는데, 45세라면 이미 결혼한 여성은 노인을 봉양하고 어린아이를 키우고 있으며 한 가정의 책임을 짊어지고 있다. 다소 인상되었지만 여전히 저임금이다. 따라서 한 가정의 생계를 위해 최소한의 필요한 수입을 갖기 위해서는 맞벌이를 해야 한다.

5. 옮긴이 : 중국의 IT 거품에 대해 쓴 책명. 趙旭,《燒.com》, 光明日報出版社, 2001년.

'이야기' 속 이야기-포스트 사회주의 시대 성별과 계급

식자본가(知本家, 知識資本家)를 등장시켰습니다. 지식자본가는 지식 (형이하학적으로 고학력, 특히 경제실용주의의 거시적인 맥락에서 직접적으로 부를 창조할 수 있는 학문을 배경으로 한)이 제한된 범위 안에서 자본으로 전환되고, 지식을 소유한 자가 사회적 부의 재분배 과정에 편입되는 요소가 될 수 있다는 것을 새롭게 보여주었습니다.

20세기말 부의 재분배, 극심한 사회빈부 격차 과정은 정치특권과 금전거래, 지역격차, 도시와 농촌의 격차 확대, 성별과 연령에 의한 차별, 지식/자본의 다양한 측면에서 동시적으로 발생했습니다. 이것은 중국사회내부에서 다시 계급차이가 재구축되고 주류 이데올로기 내부에서 계급합법성을 다시 쓰는 과정이었습니다. 제가 주목하는 것은 중국의 시각문화 특히 텔레비전/영화라고 하는 강력한 대중문화 미디어에서 심각한 빈부격차 현상을 다룰 때 계급과 성별 및 그 담론을 서로 빌려 은폐하는 전략을 취했다는 점입니다. 이것은 분명 1990년대 중국사회에서 중요한 체제 담론과 사회수사 방식 중의 하나였습니다. 사회적 위기 상황 속에서 성별 특히 여성이라는 가면을 통해 사회문제와 곤경을 상상 속에서 해소한 서사 방식은 옛날부터 세계문화에서도 이루어진 방식입니다. 세기 교체기의 중국은 다음과 같은 특수성을 지닙니다. 첫째, 계급과 성별 서술의 상호 은폐와 냉전역사의 복잡한 갈등을 가지고 있습니다. 둘째, 그것이 이들 원시/야만 자본주의 색채를 지닌 사회현실과 '워싱턴 컨센서스Washington Consensus'6를 기초로 한 세계화의 거시적인 그림과 후기 공업사회, 소비주의 이데올로기와 함께 얽혀 있습니다.

1990년대 중국사회현실 특히 계급과 성별서술에 관한 논의가 있을 때마다 저는 마오쩌둥 시대/사회주의 중국의 역사가 중국역사와

---

6. 옮긴이 : 1989년 워싱턴회의에서 규제완화, 민영화, 재정재건, 무역자유화 등 세계무역경제질서와 관련하여 채택한 내용. 이는 미국의 신자유주의 경제체제를 대외확산하기 위한 경제전략을 의미하는데, 신자유주의와 거의 동의어로 사용됨.

미래에 대한 전망 사이에 가로 놓인 거대한 정신유산과 채무이며, 부재하는 존재(缺席之在場) 혹은 존재하는 부재(在場之缺席) 역할을 시종 수행하고 있다는 점을 강조했습니다. 1980-90년대 중국사회에 관한 여러 가지 담론과 문제에 대한 해석은 마오쩌둥 시대의 부정적인 면을 참조한 역사 위에 이루어졌습니다. 이러한 참조가 언급된 적은 없지만 명백한 사실입니다. <서론>에서 밝힌 바와 같이 1980년대 이래 중국 정권의 통치와 신주류 이데올로기 사이에 존재하는 최대 문제와 곤경은 정당과 정권의 연속에도 불구하고 사회체제와 이데올로기 사이에 존재하는 단절입니다. 세기말 중국 신이데올로기가 내적으로 직면한 문제는 계급철폐와 사회착취 근절 및 갖가지 불평등과 불공정을 타파하는 사회주의 이데올로기 내에서 계급사회의 합법성을 계속 주장해야 한다는 것입니다. 경제적 실용주의와 소비주의 사회수사 방식을 채택하고 부분적으로 발전주의 청사진에서 제시한 미래에 대한 약속7을 효과적으로 차용했다고 하더라도 더욱 극심해지는 빈부격차의 현실과 사회주의 이데올로기가 가진 심각하고 격렬한 갈등을 어쩔 수 없이 필연적으로 맞대면해야 했습니다. 동시에 사회주의 이데올로기의 중심인 계급론이 다시 쓰이고 은폐되었는데, 이렇게 하지 않으면 계급분화 과정 속에서 희생된 하층 민중이 자신들의 정신자원과 반항의 무기로 직접적으로 사용할 수 있을지도 모르는 일이었기 때문입니다. 1980년대 중국은 엘리트 지식인에 의해 '혁명과의 결별(告別革命)'을 선택하였고 사회적 합의라기보다는 문화 헤게모니에 의해 중국적 특색의 신자유주의를 성공적으로 끌어왔습니다. 하층 민중들은(원래 국유기업 직공, 탈농업 과정에서 고향과 농촌을 떠나온 대량의 농민) 가혹한 착취와 소외되고 주변화되는 자신들의 현실과 맞대면하여 지난날 익숙한 사회주의 담론을 빌어 자

---

7. '일부 사람을 먼저 부유하게 하자'고 한 이후, 중국사회에 중산계급 주체의 사회 출현.

신의 이익을 위해 싸울 가능성이 있었습니다.

이런 까닭에 세기말 중국 체제 이데올로기는 빈부격차의 심각한 현실에 합법적인 서사를 제공하려고 했지만 지난날 사회주의 이데올로기도 존중하고 통합해야 하는 불가능한 상황에 처하게 되었습니다. 때문에 1990년대 중국문화에서는 빈부 격차에 관한 표현이 숨겨진 글쓰기(隱形書寫)가 되어 여러 가지 특정한 사회수사방식을 빌려와야 했습니다. 그런데 기이한 것은 1990년대 중반 중국 사회에 갑자기 빈부격차라는 그림자가 드리워지기 시작했다는 점입니다. 관제여론은 우선적으로 지난날 계급논술을 차용하여, 이른바 <현실주의가 말을 타고 돌아온다(現實主義騎馬歸來)>, <함께 나누었던 어려운 시절(分享艱難)>8이라고 하는 문학작품에서 노동자 계급에게 자신의 국가와 함께 어려움을 나누도록 다시 호명했습니다. 과거 노동자 계급은 마오쩌둥 시대 남성에게 본래 부여한 역사와 사회의 주체, '국가의 주인'이었습니다. 개인의 이익을 희생하여 전체를 돌아보던 옛 서사는 노동자계급 집단에게 새로운 사회의 운명과 사회적 지위를 받아들일 것을 요구했습니다. 이런 까닭에 남성적인 노동자 계급 형상이 블랙유머처럼 새로운 사회 멜로드라마 속에 넘쳐났고, 역사의 송별의식을 하듯 남성이 여성을 대신하여 무대에서 눈물을 흘리면서 울었습니다.

'함께 나누었던 어려운 시절' 시리즈에서 비교적 영향력이 컸던 대표작은 탄거(談歌)의 <대공장(大廠)>9을 개편한 영화 <사나이는 고개를 돌리지 않는다(好漢不回頭)>10입니다. 이 영화는 신이데올로기

---

8. 劉醒龍, <함께 나누었던 어려운 시절(分享艱難)>, 《上海文學》, 1996年 第1期, 이 개념은 원래 소설명에서 비롯된 것이었으나, 이후 정부 문화부가 주관한 신 주선율 문학, 영화, TV 방송물을 가리킴.

9. 談歌, <대공장(大廠)>, 《人民文學》, 1996年 第1期

10. 영화 <사나이는 고개를 돌리지 않는다(好漢不回頭)>, 각본 : 쑨이안(孫毅安), 감독 : 장한제(張漢傑), 출연 : 천바오궈(陳保國), 창장(常江), 쉬청린(徐成林). 서안 영화제작사(西

담론에 따라 결론을 내리고 있습니다. 군중을 통솔하여 샤강 거부투쟁을 벌였던 늙은 노동자가, 개인을 희생해 공장을 구하자는 공장장의 눈물어린 호소를 수용하여 샤강의 운명을 받아들이며 당당하게 공장을 떠나갑니다. 이 장면에서 사회주의 영화의 경전적인 수법, 밑에서 올려다보는 방식으로 남성 노동자 집단을 화면 가득 담았습니다. 그들은 머리를 들고 가슴을 당당하게 내밀며 보무당당하게 공장을 나서 다시 돌아올 수 없는 길로 들어서는데, 이후 그들이 어떤 운명을 겪게 될지에 대해선 다시 거론할 필요가 없겠지요.

그 시기 스타 감독 장이머우는 2000년에 신작 <행복한 시간(幸福時光)>11에서 흥미로운 사실을 보여주었습니다. 이 영화는 유명 작가 모옌(莫言)의 단편소설 <사부가 갈수록 재미가 있다(師傅越來越幽默)>를 개편한 것입니다. 소설은 세기말 중국 엘리트 문화에서 우연히 나온 예외적인 작품으로 과거 노동모범 출신으로 샤강한 노동자의 힘겨운 삶을 블랙유머로 다루었습니다. 그러나 이 영화 속에서 노동자의 샤강이나 국유 중대형 기업의 곤경이 필수불가결한 배경임에도 철저하게 배제되었습니다. 원작과 달리 옛 노동자를 곤경에 빠뜨린 것은 샤강으로 인한 생존적인 어려움이 아니라 악랄하고 탐욕스런 뚱뚱한 여성의 슬픈 욕망 때문이었습니다. 뚱뚱한 나쁜 계모는 의붓딸을 버리려고 했는데 이 의붓딸은 아무런 도움도 받을 수 없는 착한 맹인 소녀였습니다. 그녀는 관객의 공감과 연민을 얻지 못했지만 비참한 코미디에서 보이는 절대적 대상이었습니다. 영화의 결말에서 무의식중에 오고 간 대화 뒤에 드러날 수 있는 사회문제도 의식적으로 제거했습니다. 대형 불도저가 오랫동안 버려진 공장 건물을

岸電影制片廠), 1996年 12月심사에 통과한 후 2001년 전후로 중국 주요도시에서 개봉.
11. 영화 <행복한 시간(幸福時光)>, 각본 : 구이쯔(鬼子), 감독 : 장이머우(張藝謀), 출연 : 자오번산(趙本山), 등제(董潔). 신화면 영화사(新畵面影視公司), 광시 영화사(廣西電影制片廠) 연합 촬영 제작. 2000年 촬영 완성 후 통과를 거쳐 2001년 중국 각 대도시에서 개봉.

해체하고 그 지역에 다국적 기업의 건물을 짓는다고 하자 노동자가 반문합니다. "이렇게 우리 공장을 팔아버린다고?" 그러자 남자 주인공은 "교외에 새 건물을 지을 거야" 라고 대답할 뿐입니다.

그런데 관제여론의 화해적 방식으로서 주류 미디어나 대중문화가 광범위하게 사용하는 수사 방식은 사회문제에 여성이라는 가면을 씌우는 것입니다. 예를 들어 샤강 여성(下崗女性)은 사회보장 시스템의 지원이 없는 실업대군의 대명사이고, 타지에서 온 여성 노동자(外來妹)는 실업여성 노동자 수에 비해 훨씬 더 많은 농민공을 분명히 말하고 있습니다. 상당히 광범위한 사회적 문제가 어떤 성별 집단의 특수한 현실이나 부차적인 문제와 소수자의 문제로 국한되었습니다. 이러한 사회적 수사는 희생자로 선정된 여성집단이 맞부딪쳐야 하는 사회적 곤경과 어려움을 드러낸 것이라기보다는 일시적으로 유효한 언급에 불과한 것이었습니다.

사회적 수사로서 여성 서사

1990년대 중국사회의 핵심적인 사회적 수사로 '샤강'이 있습니다. 이것은 사회전환(社會轉型) 혹은 중대형 국유기업 개조의 자본주의화 과정에서 출현한 것으로, 의미가 분명한 실업이라는 기존의 용어를 대체했습니다. 이것은 자진해서 이데올로기 단절을 메우고 현실을 드러내면서도 은폐하는 사회진술 방식입니다. 샤강은 중국 사회를 뒤흔든 현실이었지만 미디어에서 다루어지지 않았으며 침묵을 강요받았습니다. 그러다가 1995년을 전후로 미디어의 주목을 받기 시작했지만 당시 미디어는 샤강 노동자가 아니라 샤강 여성 노동자를 장황하게 다루었을 뿐입니다. 날로 심각해지는 사회현실을 부분적으로 표현하면서도 전체적으로 은폐하는 수사방식이었습니다. 앞에서 언급한 바와 같이 중대형 국유기업 전환과정에서 실업의 흐름은 여성 집단을 우선적으로 겨냥하였습니다. 그런데 샤강한 여성 노동자 이슈는 성별 차별의 현실을 드러내기 위한 것이라기보다 성별 주제를 부각시킴으로써 전환기 중국에서 벌어지고 있는 가혹한 계급 재구성 과정을 은폐했습니다. 이보다 훨씬 전에 있었던 다궁메이(打工妹)의 다양한 이야기는 농민공 문제를 은폐하는 가면이자 대명사였습니다. 상당히 흥미로운 사실은 다궁메이와 관련한 유사 서사 작품에 정부 선전부가 적극적으로 개입한 것입니다. 정부 선전부는 1984년에 빠르게 출현한 농촌 출신 여성 노동자의 이야기 <황산에서 온 여성 노동자(黃山來的姑娘)>에서 1990년대 초기 절찬리에 방영된 화제작 <타지에서 온 여성 노동자(外來妹)>에 이르는 모든 작품에 개입했으며, 유사한 제재의 영화, 텔레비전 작품에 정부 관련 문화 특별 포상을 주었습니다. 1980년대 다궁메이 형상은 중국개혁개방 과정의 좋은 표지로 사용되었고, 유사작품에서도 민공(民工)의 행렬과 내부이민 같이 정부가 충분히 통제하기 어려운 사회현상에 가이드 역할을 했습니다.

1992년 이후 중국문화에서 샤강 여성 노동자나 다궁메이 관련 이야기는 다시 리메이크되거나 무의식중에 국제화되어 <제인 에어Jane Eyre>와 <아신(阿信)> 서사를 답습했습니다. 1990년대 중기 중국 대중미디어는 사회현실을 보도할 때 두 가지 종류의 사회수사를 구체적으로 다루었습니다. 첫째 <아신> 이야기의 변주입니다. 샤강한 여성 노동자 문제와 관련된 논의나 보도에서 활동을 재개한 스타, 여사장의 창업과 같은 성공 이야기를 보도했습니다. 여기에서 샤강/실업은 당사자에게 새로운 기회를 주었고, 샤강의 도움으로 사회주의 체제의 속박에서 벗어나고, 역사의 타성에서 벗어나 자아실현을 성취했습니다. 둘째는 더욱 '오래된' 어원을 가지는 것으로 여성이 받는

'이야기' 속 이야기—포스트 사회주의 시대 성별과 계급

사회적 좌절을 인류 품성의 높이로까지 승화시켰습니다. 여기에서 샤강은 인간에 대한 인내, 특히 어머니 사랑에 대한 포용과 희생을 그렸습니다. 샤강한 여성 노동자에 대한 공익광고에서 한 중년 여성이 직업소개소에서 소개한 직업을 거부하다가 거리에서 즐겁게 놀고 있는 아이들을 보면서 자신의 아이를 떠올리고, 직업소개서로 돌아가 좀전에 거절했던 일자리를 다시 받아들입니다. 어떤 의미에서는 복잡하고 다원화되었지만 위에서 아래로 향하는 주류 이데올로기와 대중문화의 구축과정이었습니다. 그중에서 소수자 혹은 부차적인 문제를 지칭하던 성별은 의식했든 의식하지 않았든 간에 나날이 첨예화되는 사회갈등을 전이시키는데 효과적으로 사용되었습니다. 자본주의화 과정에서 사회위기를 여성 집단의 현실로 지나치게 전가하기에는 피할 수 없는 사회문제가 되자, 체제 이데올로기와 대중문화는 여성문제를 특정한 젠더 역할, 성별 분업에 관한 논의로 바꾸었습니다.

샤강 여성 노동자가 미디어에서 점차 소강상태를 보이자 패션잡지 특히 호화잡지에서는 전업주부(全職太太) 혹은 전업 어머니(專職媽媽)와 관련된 논의가 등장했습니다. 따라서 여성의 일할 권리와 생활 문제 등은 더 이상 나오지 않게 되고, 실업이나 취업은 이제 여성이 선택하는 사회역할과 생존방식의 문제가 되었습니다. 새로운 용어 전업주부는 이전에 습관적으로 사용되었고 사회주의 시대에 사용된 폄하의 뜻이 담긴 가정주부를 대체했습니다. 여기서 전업의 업(일)은 가정주부 역할이 가진 현대사회 내 분업의 의미를 드러냈지만, 구미 여권운동에서 과거 주장했던 단순한 사실을 은폐했습니다. 즉 가정주부의 사회역할이 현대사회 중산층 이상의 사회계층 속에서 사회분업의 노동의의를 지녔다고 하더라도 사회는 여성에게 어떠한 대가도 지불하지 않는다는 사실을 말입니다. 상당히 흥미롭게도 전업주부와 관련된 논의는 여성 노동자의 샤강문제를 여성 스스로 선택한 문제로 성공적으로 전이시켰습니다. 동시에 과거에는 미녀 직장 여성이었지만 지금은 호화로운 아파트 혹은 교외 별장에 사는 주부 이야기를 통해 천편일률적으로 전업주부를 다루었습니다. 성별 주제는 신이데올로기에서 중요한 계급서사 방식으로 다시 성공적으로 전환되었습니다. 거의 모든 전업주부에 대한 논의에서 그녀들은 도시의 신계층이며, '월급을 받지 못하더라도' '독립적인 인격을 잃지 않았기 때문에 '남성에 의해 사육되는 카나리아가 아니'라고 강조되었습니다. 그녀들은 '좋은 고등교육을 받았고 한 때 상당히 괜찮은 일과 수입을 가졌던' 여성들로, '전통의식 속의 가정주부'와 달랐습니다.12 그녀들을 다룬 보도와 인터뷰를 보면 이들 '행복한 여성'은 여유가 있지만 한가롭지 않았습니다. 매일 바쁘게 '미용실, 헬스클럽, 찻집, 테니스장을 출입하고, 발레, 다도, 도예를 배우고, 살롱과 파티에 참석하느라 바쁜 여주인'이었습니다. 이런 보도에서 '부인과 어머니도 직업으로서 성공적인 사업'이며, '그녀들은 본성에 따르는 자유로운 삶을 추구하며, 여인으로서 아름다움을 느끼는 동시에 삶의 완정함과 풍성함을 깊이 느낄 수 있다'고 했습니다. 또한 이것은 '몇 년 전 남성들이 부르짖었던 "여성, 집으로 돌아가라"는 호소와는 다른 여성의 자주적인 선택'이라는 점을 강조했습니다.13 유사 서사의 수사전략이 여성의 주체적인 선택을 드러낸 것이었다면, 다음 소개할 이야기는 의미심장합니다. '지금 전업주부 논의에서 할 수 있느냐 없느냐, 해야 하느냐 하지 말아야 하느냐 하는 것은 문제가 되지 않는다. 일부 먼저 부자가 된 사람의 부인이 일을 하지 않는 것은 기정사실이기 때문이다.'14 분명한 것은 여성이 이러한 자유선택을 하려면 '먼저 부자가

---

12. <전업주부 : 희비가 엇갈리는 직업(全職太太 : 喜憂摻半的 "職業")>, 《생활시보(生活時報)》, 2000年 2月13日

13. 胡香, <전업주부의 부침(全職太太潮起潮落)>, 《생활시보(生活時報)》, 2000年 2月13日

14. 肖燕立, <전업주부를 둘러싼 위성(全職太太的圍城)>, 《생활시보(生活時報)》, 2000年

'이야기' 속 이야기─포스트 사회주의 시대 성별과 계급

된' 남자가 전제되어야 합니다. 부인을 '공양하고' '집에서 놀고 있다는 것'이 성공한 남성을 나타내는 분명한 표지이며 새로운 남성 사회 주체의 출현과 사회적 지위를 증명해주는 것이기 때문입니다.

전업부부의 이미지가 지나치게 부유하고 사치스럽기 때문에 전업주부에 대한 보충으로 도시 소호족15에 대한 소식 특히 '파우다 칼라(粉領)'16가 보도되었습니다. '의연히 사직하다'와 관련된 보도에서, 집에서 근무하는 여성의 자주성와 여유자적함을 강조하고 있습니다. 이른바 '파우다 칼라'는 여성들이 집에서 편한 복장으로 일을 하기 때문에 일시에 풍미했던 '화이트 칼라'들이 정장을 입고 아침 9시부터 오후 5시까지 분주하게 뛰어다니는 삶과 대조를 이룹니다. 유사 보도는 파우다 칼라가 '집에서 근무'할 수 있기 때문에 '열쇠를 걸고 다니는 아이'를 볼 수 없다는 언급도 빼놓지 않았습니다.17

미디어 보도, 광고 이미지, 유행소설과 여러 연속극에서는 전업주부와 파우다 칼라를 세기말 중국에서 중요한 사회 수사 중의 하나로 다루며 여성 노동자의 샤강이라는 성별 논의를 새로운 계급/중산계급의 용어로 전이시켰습니다. 그렇지만 더욱 광범위한 사회영역에서 볼 때 이러한 수사에 의한 은폐와 담론 구축은 충분한 성공을 거두지 못했습니다. 전업주부 혹은 도시 유한마담이라는 매혹적인 이야기 옆에 실업 여성노동자의 눈물겨운 삶이 철저하게 가려졌습니다. 건강하고 다부진 실업 여성 노동자가 한 손으로 유모차를 끌고 다른 한 손으로는 무거운 냉음료차를 끌며 뜨거운 한여름 거리를 걸어가고 있는 뉴스 사진이 있습니다. 이 여성에게는 분명 힘겨운 생존과 어머니

2月13日

15. 이른바 SOHO는 영어로 Small Office, Home Office의 약칭. 직역하면 재택근무. 주로 자유기고가, 미술 설계사, 광고 카피라이터 등의 '자가 고용' 형태의 프리랜서 직을 지칭.

16. 옮긴이: 화이트 칼라에 대비하여 여성 재택근무자를 지칭한 표현.

17. 東雲, <'파우다 칼러'를 해독함(解讀 "粉領麗人")>, 《市場報》, 2001年 3月4日

라는 직책 사이에서 어떠한 양자택일의 가능성도 존재하지 않았을 것입니다. 전업주부의 선택은 단지 새로운 부유계층이 누릴 수 있는 혜택 중의 하나일 뿐이었습니다. 이처럼 냉혹한 사회문제가 은폐되면서도 드러나고 드러나면서도 은폐되어 당대 중국 대중문화 지형 속에서 복잡한 풍경을 보여주었습니다.

사진26 영화 <아름다운 엄마>

더욱 전형적인 예로 영화 <아름다운 엄마(漂亮媽媽)>를 들 수 있습니다. 이 영화는 2000년 중국내 흥행에 참패했지만 미디어의 뜨거운 보도로 대중들에게 잘 알려졌고, 국제적 영화스타 궁리가 실업 여성 노동자를 연기한다는 이유로 화제가 되었습니다. '페미니즘에 대해 생각하려고 하는' 남성 감독 쑨저우(孫周)는 이 영화에서 '여성의 아름답고 밝게 빛나는 웃음 속에 남성은 경험해보지 못했고 넘어설 수 없는 고충이 있'음을 나타내고자 했습니다. 여기에서 영화 서사와 보는 주체/객체 관계는 이미 말하지 않아도 분명합니다. 그렇지만 <아름다운 엄마>는 전형적인 실업 여성 노동자 이야기가 아니었습니

'이야기' 속 이야기—포스트 사회주의 시대 성별과 계급

다. 왜냐하면 영화 속 류리잉(劉麗英)/궁리는 체제전환의 대수술 과정에서 일할 기회를 상실하거나 박탈당한 여성이 아니었기 때문입니다. 영화에서 우리는 류리잉이 합작 기업의 노동자이며 관리직에 승진할 희망을 가지고 있다는 것을 알게 됩니다. 하지만 그녀는 아이에 대한 사랑 때문에, 장애가 있는 아이를 정상 사회 속에서 살아갈 수 있도록 하기 위해서 스스로 자원해서 샤강합니다. 자원했든 강요당했든 간에 그녀는 샤강한 여성 노동자의 힘겨운 상황에서 도망칠 수 없었습니다. 그런데 영화 속 여주인공이 고난을 받는 중요한 원인은 장애인의 어머니라는 사실 때문으로 그려집니다. 그 때문에 남편은 그녀와 이혼했고 생활은 어려워졌고 도움도 받지 못했으며 사회도 그녀를 냉정하게 대했습니다. 밑바닥 생활의 기본 전제인 가난이 일상 생활에서 항상 존재한 것으로 그려진 것이 아니라 특별한 필요(아이에게 필수적인 비싼 보청기) 때문에 드러났습니다. 이러한 다큐멘터리 톤의 영화는 샤강한 여성 특히 싱글 엄마의 가난한 삶과 현재 중국 장애가정의 여러 가지 고통을 드러냈으며, 특히 미디어가 기피했던 가사노동에 종사하는 여성이 겪게 되는 성추행 내지 성폭력의 비애도 표현했습니다. 하지만 영화가 모성애와 어머니의 희생을 강조함으로써 여성과 하층계급에게 희생을 강요했고 선택의 여지없이 희생되어져야 했습니다. 영화의 주제는 두 가지로 전이되었습니다. 샤강한 여성 노동자의 특별한 상황은 장애아의 어머니라는 신분과 경험으로 전이되어 모성애라는 보편적인 주제를 전달했습니다. 동시에 하층 여성, 사회 빈부격차, 계급의 재편 속에서 하층계급의 사회적 생존과 빈곤이라는 보편적인 사회문제가 장애아, 장애가정의 특수한 운명으로 전이되었습니다. 여성이 샤강을 스스로 선택한 것을 통해 모성애의 희생을 강조하는 동시에 여성 노동자의 샤강 현상 배후에 있는 사회 시스템과 사회책임을 생략하거나 사면했습니다. 전자가 아닌 후자가 하층 여성들에게 무거운 부담을 지우고 극심한 고통을 안겨 주었지만 말입니다. 예를 들어 <책상서랍 속의 동화(一個都不能少)>에서 웨이민즈(魏敏芝)의 성격과 고집은 50위엔(元)의 보수를 지키기 위해서 필사적일 수밖에 없는 가난에서 비롯되었다는 사실을 은폐시켰습니다. <설날, 집으로 돌아가다(過年回家)>에서 여러 가지 가족 간의 절망적인 충격이 5위엔으로 야기된 놀랄만한 비극이라는 사실을 감추었습니다. 결말 장면에서 전가족이 머리를 감싸고 통곡을 하며 '그깟 5위엔 때문에!' 라는 탄식 속에 희미하게 나타나긴 하지만 말입니다. 홀연히 떠나는 여성 교도관의 뒷모습에서 세상에 대한 진심이 어렴풋이 전해집니다. 영화는 사회명제를 훑고 지나갔지만, 거기서 드러난 것은 따뜻함으로 가득한 비참한 운명, 하층 생활의 생존으로 확인되는 위대한 인류정신이라고 하는 상투적인 표현에 불과합니다.

사진27 영화 <아름다운 엄마>

영화 <아름다운 엄마> 관련 보도에 주목하면 이와 연관되거나 은폐된 사회사실을 더욱 많이 살펴볼 수 있습니다. 첫째, 궁리는 영화에서 하층 여성이 아니라 위대한 어머니 역을 맡았기 때문에 사랑의 친선대사라는 특수한 영광을 얻었습니다. 중국 연예계 뉴스에서 그녀의 영광스러운 신분이 로레알 홍보 대사에 적합하지 못하다고 했지만 말입니다. 둘째, 영화 홍보를 위해 궁리와 영화 속 선천성 귀머거리 아들이 베이징에 왔을 때, 아이의 친어머니인 광저우(廣州) 엄마는 화면 밖 어두운 그늘 속에 있어야 했습니다. 셋째, 이 이야기의 원형인 빨간 모자를 쓴 여성 노동자와의 좌담 보도에서 엄마들의 감동스런 이야기가 나왔습니다. 이들의 이야기가 여러 차례 편집을 거쳤음에도 불구하고 아름다울 수 없는 현실 속 아름다운 엄마가 겪은 고생담이 생생하게 전달되었습니다. 그것은 위대한 모성애라기보다는 차라리 힘겨운 생존의 몸부림이었다고 해야겠습니다. 여기에 어떤 은폐가 이루어지고 있다는 것도 지적할 필요가 있겠습니다. 매일 베이징 거리에서 만나는 빨간 모자를 쓴 대량의 남성 노동자들의 생존과 현실이 여성과 모성애의 가면에 가려졌다는 것은 분명합니다. 따라서 붉은 모자를 쓴 사강 노동자 배후의 생존상황과 그들의 계급, 연령과 성별 차별의 현실은 우리가 볼 수 없는 어둠 속으로 더욱 깊이 들어갔습니다. 넷째, <아름다운 엄마>가 중국 영화시장에서 뜨겁게 소개되었을 때 중국의 각종 미디어와 인터넷은 할리우드에서 <아름다운 엄마>를 선정했다는 소식을 대대적으로 보도했습니다. 여기에서 <아름다운 엄마>의 진정한 의미를 환기시켜주는 것 같습니다. 영광스럽고 고귀하며 특권을 누리는 미녀 엄마와 모성애(?) 이야기는 영원히 매력적인 이야기로, 중국사회의 가혹한 현실과 무관하게 존재한다는 듯 하층 여성의 생존현실 위에 높게 걸렸습니다.

여기에서 지적해야 할 것은 주류 미디어가 차용한 사회수사방식이 실업/샤강 노동자의 문제에서 샤강 여성노동자나 여사장 창업의 기적과 전업주부 혹은 파우다 칼라로 변형되며, 계급서술에서 성별서술로, 다시 신흥계층(중산계급) 담론으로 변천되고 있다는 사실입니다. 전업주부 관련 논의에서도 눈에 보이는 성별서사를 가지고 눈에 보이지 않는 성별의 생존현실을 은폐하고 있습니다. 그다지 부유하거나 행복하지도 않은 전업주부들은 다른 것을 선택할 여지가 없으며 중국사회 계급분화 과정에서 더욱 무거운 부담을 두 어깨에 짊어져야 하는 노동 여성의 생존적 상황에 처해 있습니다. 뿐만 아니라 그 배후에는 여성집단의 더욱 커다란 희생을 강요하는 가혹한 현실이 버티고 있습니다.

격변하는 자본주의 과정 속에서 중국은 거대한 인구 및 부족한 토지자원과 천연자원의 문제에 직면해 있습니다. 사회실업문제는 주류 이데올로기가 표현한 것처럼 단지 체제 전환과정에서 생겨난 과도기적 현상만은 아닙니다. 사회는 2억 4천만의 절대 잉여노동력 인구에서, 여성을 사회취업 영역으로부터 총체적으로 축출하는 방식으로 잠재적인 사회해결 방안을 설정했습니다. 다음 기사에서도 명확하게 나타납니다. 광저우에서 여성의 가사노동 종사와 관련해 사회조사를 실시했습니다. 13.5% 여성이 전문적으로 가사노동에 종사하는 것에 찬성을 표시했고, 26.6%가 비교적 찬성한다에 응답을 했고, 59.9%가 반대했습니다. 남성이 여성보다 여성의 가사노동 복귀에 찬성한 사람이 많았고, 고소득자가 저소득자에 비해 찬성한 사람이 많았습니다. 그런데 관련 기사에서는 오히려 다음과 같은 결론을 내렸습니다. '여론조사에서 알 수 있듯이 광저우 출신의 40%가 전업주부' 혹은 '많은 여성이 전업주부를 희망한다'라는 제목의 기사를 실었습니다. 동시에 '사회가 발달함에 따라, 가정생활의 방식에 커다란 변화가 발생하고 있다'[18]고 지적하면서 2001년 중국정치협상(中國政治協商)

회의에서 한 남성 정협위원의 발언을 인용하였습니다. 그는 '기혼 여성 노동자, 특히 수입이 높지 않은 여성 노동자가 주도적으로 퇴사하여 집으로 돌아가 아이를 돌보고 가사일을 하도록 격려해야 한다', '집으로 돌아가 가사일을 하고, 집을 잘 관리하고, 아이를 잘 보살피는 것이 실재로 국가에 이롭고 민중에게 이롭고 타인과 자신에게도 좋은 일이다'라고 하였습니다.[19] 전국 인민대표회의 제4차 회의에서 <국민경제와 사회발전에 관한 제10차 5개년 계획의 요강 및 요강에 관한 보고 결의 초안(全國人大四次會議關於國民經濟和社會發展第五次十個五年計劃綱要及關於綱要報告的決議(草案))>[20]을 발표, '(여성을 위해) 단계적으로 취업제도를 마련한다'는 방안을 분명하게 제출했습니다.

21세기가 시작되면서 사회취업 문제와 관련된 논의에서 샤강이라는 수사로 대체되었거나 은폐했던 실업이 다시 출현했습니다. 실업이라는 말이 다시 출현했을 때 중요한 사실은 샤강이 실업의 면모를 은폐했다기보다는 실업의 부활에 의해 샤강이 전환기 중국의 특정한 사실을 보여줬다는 것입니다. 비록 사회취업/실업보장제도가 부재하

---

18. <많은 여성들이 '전업주부'를 원한다(不少婦女願做 "全職太太")>, 《廣州日報》, 1999年 8月4日. 기사는 광저우 사회정보 민의연구센터가 18세에서 56세 사이의 시민 528명을 대상으로 진행한 조사를 바탕으로 작성된 것이다. 인터넷에 기사가 게재될 때는 제목이 <민의조사에 따르면 40%의 광저우 시민은 '전업주부'에 찬성한다(民調顯示, 四成廣州人認同 "全職太太")>로 바뀌었다. 이와 동시에 양리홍(楊黎虹),황홍팅(方洪婷), 후양옌링(黃燕玲)이 서명한 <광저우 여성은 집으로 돌아가 주부가 되고 싶지 않다(廣州女不願回家做太太)>는 같은 종류의 조사에서 다른 결과를 도출했다. 400쌍의 부부와 연인이 참여한 조사에 따르면 약 70%에 달하는 여성이 퇴직할 때까지 일을 하고 싶다고 했고, 25%의 사람은 아이를 낳을 때까지, 5%는 가정 경제에 여유가 있을 때까지 일을 하고 싶다고 했다. 기자는 여기서 다른 결론을 도출하며 말했다. '전체적으로 광저우 여성은 오랫동안 일을 하고 싶어하며 '집으로 돌아가겠다'는 염원이 그다지 강하지 않았다.' (《양성만보(羊城晚報)》, 2001年3月15日)

19. 王鈞, 王躍春, 王瑾, <가정의 호명과 복귀(家政的呼喚與回歸)>, 《남방도시보(南方都市報)》, 2001年3月9日

20. 人民網 "兩會專題"
    http://zgrdxw.peopledaily.com.cn/gb/paper131/1/class013100015/index.htm

거나 불완전했다고 하더라도 샤강이나 실업이 당사자에게는 사실상 별다른 차이를 갖지 않았습니다. 샤강은 과도기적 제도로서 실업했지만 여전히 원래의 직장(단위)과 연계되었습니다. 일정한 기간 내 이론적으로는 원래의 직장에서 제공하는 경제적 보조와 사회복지를 누릴 수 있었으며, 기존의 기구나 직장에서도 이론적으로 '샤강된 노동자'를 재교육시키거나 재취업 기회를 제공할 의무가 있었습니다. '2003년 샤강제도를 취소한다'는 소식이 선포되었을 때, 실업은 샤강이라는 가면의 비호를 벗어던지고 본래 사회체제와 그 이데올로기의 보호와 연계에서 벗어나 적나라한 사회현실을 보여주었습니다. 사회 주제에 대한 성별 서술은 이제 더 이상 필수적인 수사가 아니었습니다.

'수사' 밖에서

계급의 부상, 성별질서가 재구축되는 현실에 대한 상호 은폐는 관제여론의 재구축이자 더욱 강력하게 점차 주류화 되어가는 엘리트 지식인 담론의 재구축이었습니다. 1970년대 말부터 1980년대 전반까지 문혁 시기 집권정치가 청산되고 구미 사회 문화이론이 번역 소개되면서 새로운 사상과 비판자원이 수용되고 발굴되었습니다. 정권과 엘리트 지식인 집단은 역사의 수많은 부침 속에서 갈등과 공모 관계를 반복하면서 모든 신들과 결별하고 중국적 특색의 신자유주의 이론을 중국사상계에 주입했습니다. '혁명과의 결별(告別革命)'은 정치사상 실천의 결과로서 계급서사와 계급 그 자체가 사회담론 속에서 점차 소실되었을 뿐만 아니라 토템과 금기totem and taboo가 되었습니다. 계급 그 자체의 퇴색과 사라짐은 이데올로기 저항의 필요에서 비롯되었으며 정치에서 확실한 효과를 가졌습니다. 1980년대 이후 중국사회의 급격한 변화에 따라 계급서사와 계급 그 자체에 대한 단호한 거부를 통해 신이데올로기가 서서히 애매하지만 분명하게 그 모습을 드러냈습니다. 마오쩌둥 시대의 역사기억과 그것에 대한 주류 다시쓰기와 연계하여, 계급 그 자체의 함의는 무한 확장되었습니다. 계급이라고 말하면 계급투쟁의 이론과 실천이 떠올려졌고 레닌주의 및 폭력혁명이나 무산계급의 전제정치가 연상되었습니다. 계급 그 자체는 마오쩌둥 시대 역사의 기억을 여는 비밀열쇠 같았습니다. 그러나 이 열쇠로 본 것은 부조리하고 가혹하며 가난하고 빈혈에 걸린 기억 속 화면이었습니다. 이것만으로도 엘리트 지식인이 20세기 마지막 20년간 계급서사 내지 계급 그 자체를 거부하고 방축할만한 충분한 이유가 되었습니다.

그렇지만 계급이라는 열쇠로 본 단일하고 어두운 역사의 화면이나 기억 속 풍경이 엘리트 지식인 집단의 문화구조와 이데올로기 요구에서 비롯된 것임은 반드시 지적되어야 합니다. 그것은 민중이 가졌던 1960년대 대기근과 문혁 시대의 고통스러운 기억을 대체하였고 계급 서사를 금기시하고 거부함으로써 사회적 공감대를 이루었습니다. 한편 1990년대 급격한 계급분화로 심각한 사회문제와 가혹한 현실이 발생했습니다. 계급에 대한 금기와 거부로 현실과 맞대면한 사람들은 의미심장한 침묵을 하거나 실어증 상태를 보였습니다. 따라서 관제여론과 엘리트 지식인은 이데올로기 단절과 곤경을 메워 보려고 했습니다. 이들이 만든 계급담론의 금기는 역사기억 속 민중의 상처와 새로운 헤게모니로 통합되는 현실과 함께 극심한 빈부격차가 초래한 사회적 긴장감과 압박감으로 사회폭력 정서, 폭력적 표현과 폭력사건을 끊임없이 표출하게 했습니다. 하지만 누구도 그것을 말하지 않는 사회가 되었습니다.[21]

---

21. 지면과 주제의 한계로, 빈부 분화 중 사상적 중압과 모순을 표현/은폐/전이하는 경로와 종족차원에서 그것을 전이시키고 있는 것에 대해서는 잠시 언급하지 않겠다. 사악한 외국자본과 공장, 상업, 심지어 강렬하고 맹목적인 민족주의 정서를 드러낸 것은 잠시

마오쩌둥 시대 수많은 역사 변혁은 '혁명과의 결별'에서 비롯된 역사와 현실적 의도 속에서 역사의 채무나 대가로 숨겨지거나 공개되었습니다. 여성해방의 역사도 그 중의 하나였습니다. 중국판 신자유주의가 사회 다원주의 강자의 철학으로 변천하자 약자 집단인 여성은 사회관심 영역에서 자연스럽게 방축되었습니다. 계급과 성별담론은 신주류의 엘리트 혹은 대중미디어의 제작자에 의해 역사폭력을 청산한 슬픈 상상 속에서 새로운 사회폭력의 사각지대가 되었습니다.

세기 교체기 계급과 성별이 서로 은폐한 사회현실은 새로운 국내외 정세 속에서 수면 위로 서서히 부상했습니다. 수백 명의 사회학자가 3년 동안 참여했던 프로젝트 <당대 중국사회계층 연구(當代中國社會階層硏究)>[22]가 정식으로 출판되었는데 중국사회계층을 10가지로 구분했습니다.[23] 사회에서 계층estate으로 계급class을 대체한 것을 허락하고 기꺼이 수용했다는 것 자체가 상당히 전형적이며 증후적인 현상이라고 말할 수 있겠습니다. 그 결과 다음 사실이 더욱 분명해졌습니다. 지난 날 국가의 주인공이었던 노동자, 농민, 특히 샤강한 노동자, 도시로 이주한 농민이 새로운 피라미드 구조의 하층이 되었습니다. 이 보고서를 통해 중국의 지니 계수Gini coefficient[24]가 국제 경계선을 초과했고, '1%의 인구가 중국의 40% 이상의 사회적 부를 점유하고 있다'는 상황을 알 수 있었습니다. 또한 재테크(財富)와 관련

접어두겠다.

22. 옮긴이: (국내 번역본) 유홍준 역, 루쉬에이(劉學藝) 편저, 《현대중국사회계층》, 그린, 2004년

23. 옮긴이: 이 책에 따르면, 중국 사회계층을 자원의 유형에 따라 국가사회관리자 계층, 지배인(經理) 계층, 사영기업주 계층, 전문기술자 계층, 사무직 계층, 자영업자 계층, 상업서비스업 계층, 산업노동자 계층, 농업노동자 계층, 도시 무직·실업·반실업 계층 등 10개 계층으로 구분함. 이 책의 편저자들은 계급이 생산수단의 점유에 따른 갈등과 대립적인 집단으로 심각한 사회갈등, 투쟁을 연상시키지만, 계층은 이러한 속성을 갖지 않는 것으로 사회자원, 경제자원, 문화자원의 소유상황에 따라 사회경제적 지위가 결정된다고 봄.

24. 옮긴이: 소득 분포의 불평등도를 측정하기 위한 계수.

된 장대한 논문과 각 계열별 부자 인명 리스트 옆에 농민공의 갖가지 비극과 흉악한 사회적 사건이 함께 실렸습니다. 가혹한 빈부격차의 현실은 여러 겹으로 씌워진 사회 서사의 배후에 더 이상 몸을 숨길 수 없었습니다. 여기서 먼저 지적해야 할 것은 빈부격차의 현실이 중국의 사회와 문화 사이에서 모습을 드러냄으로써 중국 경제의 급속한 성장으로 초래된 첨예한 사회적 모순을 더 이상 은폐할 수 없는 지경에까지 이르렀다는 사실입니다. 그런데 새로운 사회비판, 저항 담론의 출현 내지는 국가사회정책에 호소함으로써 도탄에 빠진 사회 하층의 비참한 상황을 구원하거나 완화하길 바라는 최소한의 노력도 존재했습니다. 물론 21세기 중국에서 출현한 공유 공간(公有空間, shared space)이 처음 사용된 것은 아니었습니다. 저는 《숨겨진 서사(隱形書寫)》에서 공유 공간 개념을 사용하여, 1990년대 중국사회와 문화의 복잡한 구조적 상황을 묘사했습니다. 명목상 공산당인 중국의 현정권은 새로운 이익집단의 재편과정 속에서 분열상태를 드러냈고 마오쩌둥 시대의 정신과 물질의 유산과 채무를 여러 가지로 차용하거나 그 모순을 더욱 심각하게 표현했습니다. 표면적으로는 서로 갈등을 빚었던 정부권력기구와 비장한 상상으로 가득한 저항적 지식인 집단, 그리고 중국에서 공공 영역(公共領域, pubic sphere)을 구축할 것으로 기대되었지만 점차 거대한 권력을 얻고 새로운 이익집단이 된 미디어는 각자의 이해관계 속에서 화해를 도모했습니다.

세기 교체기 중국에서 빈부격차가 빙산의 일각을 드러냈다는 것은 사회저항 담론이 새로운 의미에서 부상한 비판적 지식인 내지 사회저항의 공간과 가능성을 열어보인 것입니다. 동시에 이러한 상황은 중국 정권 통치의 합법성을 확립시키고 최종적으로 이데올로기가 처한 곤경에서 벗어나기 위한 중요한 조치들과 연계되었습니다. 먼저 장쩌민(江澤民)이 제출한 세 가지 대표(三個代表) 이론25과 뒤이은

민간 자본가의 공산당 가입 결의는 집권 정당의 성격을 사실상 바꾼
것이었습니다. '사유재산의 신성불가침'이 헌법에 명문화되지 못하였
지만 사유재산 보호는 공유재산과 함께 이미 동등한 수준으로 중시
되었습니다. 빈부격차가 조성한 심각한 사회모순이 관제여론에 의한
은폐를 철저하게 타파했다기보다는 관제여론의 허가와 연결하여 새
로운 이데올로기에서 계급현실을 통합하려고 시도했습니다. 물론 유
사현실이 확연히 드러나고 저항담론이 출현함에 따라 정권과 사회
안정에 더러 커다란 위협을 준 것도 명백한 사실이지만 말입니다.

사진28 영화 <여름날은 뜨겁고>

바로 그 무렵 여성감독 닝잉(寧瀛)의 신작 <여름날은 뜨겁고(夏

25. 옮긴이 : 2001년 7월 1일 장쩌민(江澤民) 중국 국가주석이 발표한 것으로, 중국 공산
     당이 특정계급의 이익을 대표해 오던 기존의 성격에서 벗어나, 대다수 중국 인민의 이
     익, 중국 선진문화의 진보 및 중국 선진 생산력 발전방향 등 세 가지를 대표한다고 역
     설함. 이를 통해 중국식 사회주의 시장경제를 가속화시키고자 함. 현재 중국 공산당의
     공식적인 지도사상.

'이야기' 속 이야기-포스트 사회주의 시대 성별과 계급

日暖洋洋)>26가 심의기구와 여러 차례 갈등을 겪은 후 중국 영화관에서 개봉되었습니다. 이 영화는 베이징이라고 하는 도시의 변천을 드러내고자 했지만, 우연하게도 현실 속에서 보이지 않게 되어버린 하층민 생활을 다양한 방식으로 드러냈습니다. 이로써 무의식중에 새로운 세기 중국의 계급과 성별의 새로운 현실이 표현되었습니다. 대량의 이동 숏과 결코 두드러지게 보이지 않는 점프 컷27을 써서 호기심 가득하지만 마비되고 비정한 도시 유랑자의 시선 속에 좌절로 충만한 도시 풍경을 조합했습니다. 택시기사는 도시를 천천히 다니며 미인을 사냥하다가 자신의 계급이라는 숙명을 마지막에 얻게 되었습니다. 여성 감독이 이것을 충분히 자각하지 않았다고 할지라도, 남성을 절대적 주인공으로 한 이 영화는 1990년대 중국 사회의 계급과 성별 역할의 변천과정을 압축시켜 묘사하고 있다고 하겠습니다. 영화에서 고급 택시를 모는 택시기사 더쯔(德子)는 부인과 이혼했음에도 상당히 만족스런 삶을 살고 있습니다. 그의 택시는 생계수단일 뿐만 아니라 도시를 누비며 여성을 사냥하는 도구입니다. 그에게는 농촌에서 올라온 여성 노동자나 유명 대학 여교수의 딸이나 모두 똑같은 상대일 뿐입니다. 이는 1990년대 초기부터 중기까지 중국 도시가 가진 특수한 풍경이었다고 하겠습니다. 당시 택시기사는 중국에서 유일하게 노동으로 돈을 벌 수 있는 자유직업으로 한 때 모두가 선망하던

---

26. 옮긴이 : <여름날은 뜨겁고(夏日暖洋洋)> , 감독:닝잉(寧瀛), 각본:닝따이(寧岱), 닝잉, 촬영: 가오페이(高飛), 출연: 위아이레이(余曖磊), 타오훙(陶紅), 쭤바이타오(左栢韜), 가이이(蓋奕), 베이징 화이형제 광고회사(北京華誼兄弟廣告有限公司), 베이징 행복촌 문화교류 주식회사(北京幸福村文化交流有限公司), 베이징 영화 제작사(北京電影製片廠), 2000년

27. 옮긴이 : 점프 컷(Jump Cut)은 장면안에서의 숏 연결을 말하는 것으로, 실제 연속적인 시간이 생략을 통해 연결이 끊긴 듯한 인상을 준다.(김학순 외 역, 스티븐 디 캐츠, 《영화연출론》, 시공사, 1998, 373쪽) 프랑스 고다르 감독이 <네 멋대로 해라>에서 처음 사용한 것으로 알려졌는데, 시공간의 자연스런 연결을 파괴하여 주요 내용을 부각시키고 관객에게 영화를 보는 행위를 인식하게 만드는 편집방식. 여기서 저자는 영화에서 내용을 부각시키는 점프 컷이 의도대로 관철되지 못했음을 풍자적으로 지적한 것.

직업이었습니다. 당시 자가용은 꿈도 꿀 수 없는 사치스러운 것이었기 때문에 택시운전사는 당시 사회에서 이익을 취하고 특권을 가졌습니다. 그를 둘러싼 계급현실은 여전히 지난날 정치 거짓말 속의 허구였기 때문에 계급은 배우자를 선택하거나 성적 유희를 즐기는데 필요한 전제조건이 아니었습니다. 그런데 가볍게 처리된 무거운 이야기의 세부적인 내용이 영화 서사의 기조를 바꾸었습니다. 더쯔와 세련된 여성의 기이한 만남은, 교수 딸이 더쯔에게 말주변 없고 촌스러운 다궁메이, 즉 대학에서 청소부로 일하는 여성을 소개하는 것으로 끝이 납니다. 세련된 여성이 보여준 교활한 쇼라기보다는 더쯔의 계급이 확인되는 순간이었다고 하겠습니다. 그는 세련된 여성과 즐거움을 나눌 수 있었지만 자신에게 맞는 계급의 반려자가 필요했습니다. 이 영화에서 확장된 남성 주인공 자아는 최초로 좌절을 겪게 됩니다. 일련의 잔혹하고 쓰라린 체험을 통해 그는 자신이 자란 도시에서 낯선 사람이었다는 자신의 사회적 지위를 철저하게 깨닫게 됩니다. 교수 딸이 더쯔가 한 번도 생각해보지 않았던 다궁메이를 맡기고, 그가 그녀를 부인으로 받아들여야 하는 순간, 그는 새로운 사회 속에서 새로운 계급의 지위와 숙명을 받아들여야 했습니다. 이것은 아마도 끝 없는 나락으로의 추락이 될 것이지만 말입니다.

영화는 수년간에 발생한 역사과정을 압축하였습니다. 사회의 급격한 변동은 마오쩌둥 시대 사회구조 내부에서 기존의 사회논리에 따라 발생했습니다. 따라서 영화 속 남자 주인공은 베이징의 도시 호적을 가지고 있었고 특정한 기술을 가지고 있었기 때문에 적어도 다궁메이에게 상대적인 우월함을 가지고 있었습니다. 하지만 중국사회의 구조와 논리가 급속히 변하는 가운데 돈이나 정치특권과 지식자본으로 재구성된 사회 계층/계급의 논리는 개인의 사회신분과 성별의 유희 규칙을 다시 썼습니다. 영화 속 더쯔의 사회적 지위가 당시에는

163
'이야기' 속 이야기—포스트 사회주의 시대 성별과 계급

아직 끝나지 않은 추락과정에 있었지만, 최소한 현재 단계에서는 다 궁메이와 비슷한 지위에 놓여있습니다. 영화는 코미디로 시작했다가 점차 시니컬하게 바뀌었습니다. 더쯔 이야기 배후에는 그와 잠시 동거했지만 비참하게 자살로 생을 마감해야 했던 다궁메이의 이야기가 있습니다. 그녀의 이야기는 하층민의 사회적 지위와 운명을 묵묵히 가리키고 있습니다. 그녀가 자살하게 된 원인은 폭력적인 지난날의 상처 때문이며, 더쯔에 의해 버려질 것에 대한 두려움과 절망 때문이었습니다. 또한 온가족이 실업을 당하고 생계가 막연해지자, 그녀에게 넘겨진 생계의 중압감 때문이었습니다. 그러나 누구도 그녀의 죽음을 알지 못했고 관심조차 갖지 않았습니다.

저항 담론의 곤경

세기 교체기 중국사회에서는 빈부격차가 한층 더 급격하게 진행되었으며 1980년대와 달리 냉전 역사와 연관된 사회 저항 담론이 나타나기 시작했습니다. 유사 저항 담론은 그 날카로운 끝을 중국사회의 극심한 빈부격차 현실과 자본주의화, 그리고 하층 민중이 당하는 현실적 착취와 사회적 고난에 겨누었습니다. 한편 1995년 세계 여성대회가 베이징에서 개최된 이래 중국에서는 페미니즘이 전면적으로 보급되었습니다. 페미니즘 이론과 사회적 비판이 제공한 공간에서도 여성의 사회, 문화적 지위는 지속적으로 하락하고, 각 사회영역에서 성차별에 대한 저항 담론이 더욱 노골적으로 등장했습니다. 그런데 갖가지 영역의 저항 담론 공간에서 계급과 성별 서사 사이의 상호 갈등과 상호 배척 내지 상호대립이 생겨났는데 그 원인은 다음과 같습니다.

첫째, 중국에서 새로운 저항 담론의 소지자인 남성 비판 지식인의 지식 구조와, 사회입장 내부에서 공공연하게 나타난 남권 중심의식이 진정한 비판과 반성도 거치지 않았기 때문입니다. 중국사회의 빈부격차가 심각해짐에 따라 사회평등과 정의의 문제가 다시 제기되자, 그들의 관심은 자연적 성별 현실보다 계급분화 현실에 집중되었습니다. 둘째, 그들은 빈부격차 및 계급의 재구성과 밀접한 관련을 가지는 성별질서 재편 과정 및 가혹한 현실을 홀시하거나 무시했습니다. 비판적 남성 지식인의 이러한 사회적 태도는 중국 페미니즘 이론과 실천에 대한 오해에서 비롯된 것입니다. <서론>에서 지적한 대로 1970년대 말부터 1980년대 초까지 페미니즘은 서방이론의 번역, 소개를 통해 중국에 들어왔습니다. 이에 따라 페미니즘과 그 문화비평 실천활동은 마오쩌둥 시대 여성해방이 은폐하고 억압한 사실을 규명하는 현실적 지향점도 가졌지만, 예기치 않게 여성 지식인 집단을 확인하는 문화 실천으로 국한되었습니다. 이에 중국의 페미니스트들은 너무도 자연스럽게 다시 서구 페미니즘 자원 속에서 백인 중산층 페미니즘의 역사와 이론적 맥락을 선택했습니다. 그 때문에 20여 년에 걸친 페미니스트들의 사회문화 실천은 도시 지식여성의 문화와 글쓰기의 맥락을 효과적으로 드러냈지만 1990년대 중후반 중국의 빈부격차 과정 속에서 하층 여성의 비극적인 운명과 사회적인 고난을 성찰하려는 어떠한 노력이나 개입도 시도하지 않았습니다. 세계여성대회의 도움과 원조를 빌어 생겨난 새로운 사회 저항 담론으로서 중국의 페미니즘이 젠더gender 이론의 소개 및 문화 실천에만 주력했기 때문이었습니다. 흥미롭게도, 1990년대 중국에서 전반적으로 일어난 페미니즘 열기는 환경보호운동 및 동성애 운동과 함께 중국내 사회정치실천에 대한 저항세력으로 이어졌고 이것은 동시에 중국 세계화과정을 보여주는 지표이자 풍경 중의 하나가 되었습니다. 베이징 여성대회의 개최는 중국 페미니스트와 국제여성 NGO조직 사이에 교류

'이야기' 속 이야기—포스트 사회주의 시대 성별과 계급

의 기회와 가능성을 주었으며, 객관적으로 중국 페미니즘 사회문화 실천은 문학, 문화 영역 속에서 사회과학의 영역으로 전환했습니다. 이 결과 농촌여성, 다궁메이, 소녀와 노년 여성문제가 페미니즘 혹은 젠더의 주제 속으로 다시 들어왔습니다.

무엇보다도 페미니즘 방향의 전환에 직간접적으로 영향을 끼친 것은 중국의 여성연구와 여성 관련 프로젝트에 투입된 국제적 대규모 기금의 자금 원조였습니다. 이 기금의 내원과 소유자가 미리 확정한 방향은 의도치 않게 중국의 여성문화와 사회실천규범을 서방의 주류나 서방 주체의 맥락을 따라가도록 만들었습니다. 뿐만 아니라 각종 하층민, 약자 여성 집단과 관련된 주제를 '여성과 발전', '여성의 빈곤층 원조', '녹색 생태' 등 사회행동방안과 주제 안에서 살펴보도록 했습니다. 물론 이러한 유사 여성집단의 사회실천이 일부 하층 여성의 생존상황을 일정정도 도와주거나 완화시켜준 것은 사실입니다. 하지만 국제적 대규모 기금은 의식하지 못한 사이에 중국여성 주제를 발전주의라는 전세계적 지형 속에 편입시켰으며, 냉전의 연장선에서 세계화 과정 속 중국의 제3세계적 지위를 부각했습니다.

이러한 저항 담론 실천 사이의 갈등은 세기 교체기에 가장 고조에 달했습니다. 가장 비근한 예로 2004년 4월에 공연한 소극장 연극 <체 게바라Che Guevara>28는 21세기 초 사상의 갈등을 보여준 일대 문화적 사건이었습니다. 어떤 의미에서 이 극은 개혁개방 이십년 만에 거의 처음으로 등장한 반체제 연극 심지어 체제의 생각과는 완전히 다른 혁명 연극이라고 하겠습니다. 이 연극은 체 게바라의 이름으로 다시 혁명을 제기했으며, 선명하고 강렬한(동시에 거칠고 간략하지만) 방식으로 오늘날 중국에서 빈부격차와 대립, 분배의 불공정함,

---

28. <체 게바라(Che Guevara)> 각본 : 황지쑤(黃紀蘇) 외 집체창작, 연출: 장광톈(張廣天). 극본은 《<切·格瓦拉>:反響與爭鳴》(劉智峰 主編, 北京:中國社會科學出版社, 2001년) 에 수록됨.

사회 내 불평등, 불공정 요인이 어째서 이렇게 노골적으로 확대되고 있는지를 말하고 있습니다. 연극의 예술성이나 역사적 반성 등의 요소는 차치하고서라도 이 소극장 연극은 오늘날 보기 힘든 계급의식과 현실비판으로 '정치는 옳다'는 것을 보여주었습니다. 동시에 혁명의 이름, 계급의 이름, 체 게바라의 이름으로 분명한 주제의식을 드러내면서도 갖가지 편견과 경시에 가득 찬 성별의식을 잠재적으로 드러냈습니다. 심지어 그것이 이 연극의 표상을 이루는 기본요소였습니다. 연극은 체게바라 초상을 무대 한쪽에 걸어놓은 채 긍정적인 인물군과 부정적인 인물군이 서로 논쟁을 하는 구조입니다. 그런데 긍정적인 인물 혁명가는 세 명의 남자 연기자가 맡았으며, 부정적인 인물, 통치자, 이익집단에 속한 인물은 네 명의 여성 연기자가 연기했습니다. 따라서 억압과 반항, 반혁명과 혁명, 사회편견과 사회정의가 무대 위에서는 남성과 여성 사이의 충돌과 대치로 표현됐습니다. 극에서 페미니즘은 분명 조롱거리가 되거나 비판받는 '무료한 유행'이 되었습니다. 이는 부정적인 인물들의 대사에서 다음과 같이 드러났습니다.

"이 망할 놈의 가난 때문에 돌아버리겠네! 가난을 두려워할 필요가 없어. 주식을 하거나 선물거래를 하거나 건물 장사를 하거나 인터넷을 즐길 수 있잖아. 또 여권주의, 여성주의, 여인주의, 여성의 주의도 가지고 놀면 되지! 또는 후기(後期) 모더니즘, 전기(前期) 모더니즘, 전후기(前後) 모더니즘, 후전기(後前) 모더니즘을 하던가! 그것도 안 되면 록을 하거나 실험을 하거나 전위를 하거나 건달문학을 하거나, 그것도 아니면 외국 친구들 앞에서 홀딱 벗고 달리던가! 세상에 재미있는 게 저렇게 널리고 깔렸는데, 뭐 할 게 없어서 혁명을 한다는 거야!!"[29]

---

29. 옮긴이: 《切·格瓦拉》 (Che Guevara) , 劉智峰 主編, 《 〈切·格瓦拉〉 : 反響與爭鳴》, 中國 社會科學出版社, 北京, 2001年, 54쪽.

'이야기' 속 이야기—포스트 사회주의 시대 성별과 계급

대중매체는 페미니즘에 대해 열띤 보도를 했지만 저를 포함한 내부 페미니스트들은 침묵할 수밖에 없었습니다. 여성의 '신체 글쓰기'로 유명한 여작가 웨이후이(衛慧)는 <상하이 베이비(上海寶貝)>에서 소비주의의 기치를 고양하며 물질에 대한 욕망과 종족 편견으로 가득 채워진 소설을 썼습니다. 그런데, 대중미디어와 인터넷상에서 남권주의의 지독하고 신랄한 공격을 받았습니다. 이후 그녀의 소설은 중국의 관련 문화부로부터 엄격한 발매금지 조치를 받았으며, 그 덕분에 서구세계에서는 새로운 포스트 냉전의 냉전 레퍼토리로 추가되었습니다. 이와 함께 자각적이고 정확하게 성별의식을 충분히 드러낸 영화와 텔레비전 작품은, 신주류 계급 논의를 효과적으로 복제했습니다. <라이브 쇼(生活秀)>는 2002년 상해국제영화제에서 세 가지 종목의 대상을 받고 많은 국제영화제에 참가한 영화로, 유명한 여성작가 츠리(池莉)의 동명 소설을 개편한 것입니다. 아름답고 독립적인 여성 주인공은 자기 집에 사는 다궁메이를 설득, 지방 관리의 지적 장애 아들에게 시집보냅니다. 그리고는 이로써 생기는 이익금을 자신의 독립자금으로 충당합니다. 이 작품 이전에 중국 관영 연속극 <추웨(秋月)>에서는 합작회사 여성 노조 간부 추웨의 성장과정이 상당히 섬세하게 묘사되었습니다. 그녀는 파업을 주동한 지도자의 절도행위를 구체적으로 폭로함으로써 성공적으로 노사 충돌을 완화시키고, 최종적으로 노동자와 독일 자본과 함께 어려움을 함께 극복합니다. 또한 수재가 난 공장에 노동자들이 차를 타고 달려가 시간 초과 노동을 자원해서 합니다. 이에 감동을 받고 뜨거운 눈물이 그렁그렁 맺힌 자본가 측 대표가 노동자들에게 제품의 이익금을 보너스로 줍니다.

제가 보기에, 빈부격차 혹은 계급의 재편과 성별질서의 재구축은 중국사회에서 가장 두드러지고 잔혹하게 전개되는 현실입니다. 또한 이것들이 서로 복잡하고 심각하게 얽혀서 서로 떼어내기도 힘든 상황입니다. 그런데 이러한 현실에 대한 비판 혹은 저항 담론은 이론적 자원과 사회 실천에서 심각한 곤란에 직면했습니다. 기존의 계급과 성별 담론 자체가 대부분 역사적 어원에서 거대 서사grand narrative30이거나 과도기적으로 통합되는 특징을 가지고 있기 때문입니다. 우리가 다시 하층 사회의 착취에 시선을 돌리고 그동안 보지 못했던 하층 민중의 고난에 다가가려고 할 때, 계급의 이름으로 사회묘사를 실천하며 희생자를 선택하게 될 때, 희생자의 본질적 성별 요소를 제거하거나 성별질서를 재구성할 때 계급적 현실을 합리화하는 이데올로기 의미를 간과할 수 있습니다. 마찬가지로 기존의 페미니즘 자원을 빌어 중국 사회의 격변 속에서 재건되는 남권 질서, 여성집단의 지속적인 주변화 과정, 그리고 진보의 대가와 희생양으로서 선택되는 현실을 보여주려고 했지만 기존의 페미니즘으로는 역부족이었습니다. 오히려 도시와 농촌의 대립과 계급분화 현실로 조성된 다양한 여성 집단의 운명을 필연적으로 은폐하거나 거부할 수 있으며, 냉전의 역사와 포스트 냉전 시대로 이어지는 잔향을 묵살해 버리게 됩니다. 세계화된 세계와 중국 정세를 마주할 때 이 둘 사이의 모순을 '맑시즘과 페미니즘의 불행한 결혼'31으로 간단히 개괄하거나 초월할 수도 없으며, 광의의 포스트모던 이론으로도 해소하거나 해결할 수 없습니다.

물론 계급, 성별 명제가 당대 중국이 직면한 사회문제를 모두 설명할 수는 없습니다. 여러 가지 기묘한 형태로 등장한 종족, 민족 문

---

30. 옮긴이: 거대서사는 한 가지 이념으로 모든 것을 하나의 범주 안에 넣으려고 한다는 의미에서 사용된 개념. 리오타르에 따르면 현대사회 특히 포스트모던 사회에서는 거대 서사만으로 현실을 해석할 수 없는 상황에 이르게 되었으며, 거대서사의 종언이 바로 포스트모던의 조건이라고 봄.

31. 하이디·하르트만(Heidi Hartmann), <맑시즘과 페미니즘의 불행한 결혼 : 진보를 향한 결합(馬克思主義和女性主義不快樂的婚姻 : 導向更進步的結合)> (Unhappy marriage of Maxism and Feminism: Toward more progressive Union) , 顧燕翎, 鄭至慧 主編, 《女性主義經典 : 18世紀歐洲啓蒙, 20世紀本土反思》, 女書文化視野有限公司, 臺北, 1999年

'이야기' 속 이야기─포스트 사회주의 시대 성별과 계급

제의 표출, 그리고 계급분화, 성별 다시 쓰기 과정에서 따르는 연령 차별 등은 모두 1990년대 중국의 복잡한 사회현실을 보여주고 있습니다. 지난날 사회주체였던 국영 기업의 노동자와 직원 및 도시 거주민의 대다수가 사회변화과정에서 이미 주변화되고, 하층의 끝없는 나락으로 전락해 갔습니다. 하층 여성이나 농민(특히 빈곤지역의 농촌), 노인(특히 여성 노인), 장애인, 소수민족 등등의 사회 약자 집단은 유형·무형의 방식으로 박탈당하고 방축되는 가운데 점차 볼 수 없는 어둠 속으로 떨어져 버렸습니다. 이것은 본문에서 다루지 못한 주제였습니다만, 여기서 계급과 성별 명제를 부각시킨 것은 박탈되거나 희생되어진 대상이 다수이고 주요한 사회, 문화적 증후로서 사회, 담론, 문화 실천적 의미를 지니기 때문입니다. 또한 강자/약자, 중심/주변 사이에 복잡하게 교차하는 상대적 관계로서, 또는 분명하면서도 애매한 방식으로 오늘날 현실과 마오쩌둥 시대 역사의 다중적 단절과 연결을 보여주고 있으며 현재 중국의 거대한 '역사적 유산과 채무'를 드러내기 때문입니다. 제게 계급과 성별은 논의의 시작점이며 이러한 유산과 채무를 청산, 차용 혹은 전환을 시도하는 중요한 길이자 방식입니다. 또한 그것은 체제 이데올로기, 형성중인 문화산업과 대중문화, 그리고 대중문화가 참여하고 만드는 신이데올로기 형태에 대한 다차원적인 비판적 사고와 사회비판을 의미합니다. 동시에 맑시즘 내부에 있는 여러 가지 비판적 사상에 대한 반성과 성찰이며, 중국 페미니즘의 사회실천과 곤경에 대한 자기반성과 비판입니다.

그러나 계급과 성별 주제의 상호 갈등과 은폐는 중국적 특색과 문화적 곤경을 갖고 있습니다. 또한 포스트 냉전 시대, 소위 비판적 지식인 혹은 저항 담론의 소지자 혹은 실천가가 공통적으로 직면한 곤경과 도전입니다. 전세계 자본주의 현실 앞에서 거의 모든 비판 이론의 자원은 냉전 시대 역사기억의 오물을 뒤집어썼고 자본주의와 상대적으로 다른 실천공간이 거의 완전히 사라지거나 무효를 선언하게 되었습니다. 이로써 다음과 같은 의문이 꼬리에 꼬리를 물고 이어집니다. 이제 비판적 입장이라는 것은 존재할 수 없는 것인가? 계급/성별/종족, 이 세 가지 것은 저항문화와 실천공간에서 유효하게 전개될 수 있는가? 계급, 성별, 평등, 민주, 자주 등의 주제가 어떠한 전제와 현실적 실천 속에서 사회비판입장으로 새로 전개될 수 있는가 아니면 차용될 수 있는가? 하층민, 약자 집단, 주변화된 사회집단, 하위주체subaltern가 계급이라고 하는 단어와 합리적으로 교체될 수 있는가? 물론 이것들 이전에 전제되어야 할 비판은 여전히 가능한가?

21세기 초 중국 독립영화운동은 포스트 냉전의 냉전 논리 속에 다시 편입되었습니다. 이들은 인터넷 공간 및 디지털 영상 기술의 소개와 보급을 통해 6세대로 한정된 남성의 자기연민적인 청춘 잔혹서사 테두리를 벗어나기 시작했습니다. 이제 카메라는 말없이 침묵 속에 빠져들었던 중국 하층 사회에 주목하기 시작했습니다. 자장커(賈樟柯)의 영화 <소무(小武)>32를 시작으로, 연이어 나온 독립 다큐멘터리 영화 <봉황성으로의 귀로(回到鳳凰城)>33, <철로가(鐵路沿線)>34, <안양의 영아(安陽嬰兒)>35 등에서 중국사회의 다른 측면을 보여주었으며, '영화는 정치인가 아닌가'하는 사회논의를 다시 일으켰습니다. 처음으로 중국사회에서 서로 멀게 느껴졌던 주변인 집단 두 부류가 영상 공간에서 만나기 시작했습니다. 이제껏 중국 독립영화운동은 영화에서 묘사한 하층 세계와 완전히 다른 인터넷, 국제영

---

32. 옮긴이: <소무(小武)> 감독, 각본:지아장커(賈樟柯), 촬영:위리웨이(余力爲), 출연: 하오홍젠(郝鴻建), 왕홍웨이(王宏偉), 쭈어바이타오(左白韜), 후퉁 제작사(胡同制作公司(香港)), 1997년.

33. 옮긴이: <봉황성으로의 귀로(回到鳳凰城)> 감독:리훙(李紅), 1994년.

34. 옮긴이: <철로가(鐵路沿線)> 감독:두하이빈(杜海濱), 2001년.

35. 옮긴이: <안양의 영아(安陽嬰兒)> 감독, 각본:왕차오(王超). 출연:쑨구이린(孫桂林), 웨썬이(岳森誼), 주지에(祝捷), 2001년.

'이야기' 속 이야기—포스트 사회주의 시대 성별과 계급

화제, 대도시의 바, 카페, 혹은 대학에서 제한적으로 상영되어 왔습니다. 하지만 새로운 문화와 사회실천의 가능성을 보여주고 있습니다. 물론 매우 한계가 있고 금방 나타났다 사라질 가능성도 있지만 말입니다. 전세계적으로 신자유주의가 승리를 이루고 있고, 중국에서 새로운 강자들이 연합하여 사회 통합을 하는 상황 속에서도 독립영화가 보여주는 가능성은 상당히 귀중한 것이라 하겠습니다.

포스트 냉전의 현실, 중국사회가 처한 현실은 새로운 사회 상상력의 공간을 부르고 있다고 생각합니다. 다른 가능성, 다른 세계를 상상합시다.

5장

'남성'이야기
- 포스트 냉전시대 권력과 역사서사에서 성별과 정체성

<진시황 시해(刺秦)> 이야기의 변주

1995년에서 2002년까지 7년 사이 중국문화계에서는 매우 기이한 사건이 일어났습니다. 남성 감독 세 명이 진시황(秦始皇)[1] 암살을 다룬 영화를 잇달아 제작한 것입니다. 주샤오원(朱曉文)의 <진송(秦頌)>, 천카이거(陳凱歌)의 <형가, 진시황을 시해하다(荊軻刺秦王)>와 장이머우(張藝謀)의 <영웅(英雄)>이 바로 그것입니다.[2] 세 영화

---

1. 옮긴이 : 진왕이 중국을 통일한 이후 처음으로 황제가 되었다는 이유로 진시황으로 칭함. 따라서 통일 이전의 진나라 왕은 진왕이라 부르고 천하 통일 이후의 진왕은 진시황이라 불려야 합당하지만, 진시황이 우리에게 익숙한 이름이라 본문에서는 진시황으로 일괄적으로 지칭함.

2. <진송(秦頌, 영문제목 The Emperor's Shadow)>, 감독 : 주샤오원(朱曉文), 시나리오 : 루웨이(蘆葦), 촬영 : 뤼겅신(呂更新), 주연 : 장원(姜文), 거유(葛優), 쉬칭(許晴), 시안(西安) 영화제작소, 홍콩 대양(大洋) 영화주식회사, 1995년 제작
<형가, 진시황을 살해하다(荊軻刺秦王, 영문제목 The Assassin)>, 감독 : 천카이거(陳凱歌), 시나리오 : 천카이거(陳凱歌), 왕페이궁(王培公), 촬영 : 자오페이(趙非), 주연 : 장펑이(張豊毅), 리쉐젠(李雪健), 궁리(鞏俐), 베이징(北京) 영화제작소, 일본 신랑조(新浪潮) 주식회사, 1998년 제작
<영웅(英雄, 영문제목 Hero)>, 감독 : 장이머우(張藝謀), 시나리오 : 리펑(李馮), 촬영 : 두커펑(杜可風, Christopher Doyle), 작곡 : 탄둔(譚盾), 주연 : 리롄제(李連傑, Jet Li).량차오웨이(梁朝偉, Tony Leung Chiu Wai). 장만위(張曼玉, Maggie Cheung), 천다오밍(陳道明), 전쯔단(甄子丹, Donnie Yen). 장쯔이(章子怡), 홍콩 은도기구(銀都機構) 주식회사, 2002년 제작

는 모두 블록버스터급으로 거액의 해외 자금을 가지고 국제 주류영
화시장에 편입하려는 강렬한 욕구를 가지고 있었습니다.

사진30 영화 <영웅> 속의 무명

아주 흥미로운 사실은, 천카이거의 <형가, 진시황을 시해하다>가
인민대회당(人民大會堂)이라는 공산당 정권의 최고 권력으로 상징되
는 공간에서 처음으로 시사회를 개최하는 선례를 남겼다는 것입니다.
4년이 채 못 되어 장이머우는 인민대회당에서 영화 <영웅> 제작 발
표회 및 시사회를 거행하여 중국 각지에서 상연되는 시사회의 기점
이 되었습니다. 보도에 따르면, 발표회 주위에 대형 영화 포스터가
걸렸고, 새 레드카펫 옆으로 검은색 갑옷을 입은 '진나라' 병사 2백

명이 서 있었다고 합니다. 이들은 베이징체육대학(北京體育學院)에서 선발된 신장 1.79 미터에서 1.82 미터 사이의 남학생으로, 모두 국가의장대에 어울리는 건장한 모습이었습니다. 이들은 붉은 색 머리끈으로 상투를 동여맨 채 손에 육중한 방패와 긴 창을 들고 있었으며, 엄숙하고 침착한 표정으로 일사분란하게 산시(陝西) 지방 말투로 '훵, 훵, 훵, 따훵, 따훵, 따훵!(風, 風, 風, 大風, 大風, 大風!)'3이라고 외쳤다고 합니다. 이와 함께 인민대회당내에는 '중국영화, 화이팅! <영웅>의 오스카 진출을 응원하자'라고 하는 대형 플래카드가 걸렸습니다.4 설명을 덧붙이자면 인민대회당은 공산당 전국대표대회(共産黨全國代表大會), 중국인민대표대회(中國人民代表大會), 중국인민정치협상회의(中國人民政治協商會議)가 개최되는 장소입니다. 그런데 천카이거가 이곳에서 영화 시사회를 처음 개최했다는 것은 정치권력의 은총을 받았다기보다는 돈의 논리가 정치 논리도 바꿀 수 있음을 보여준 예라 하겠습니다. 이처럼 특정한 옛날 정치공간이나 정치권력을 상징하던 곳이 높은 사용료를 내기만 하면 영화 시사회의 장소로도 사용될 수 있었습니다. 인민대회당에서의 시사회는 지난날 상징자본을 함께 나눈다는 것 외에 물 뿌리듯 돈을 쓴 행동이라는 건 명백한 사실입니다. 보도에 따르면 천카이거는 <형가, 진시황을 시해하다> 시사회를 천안문(天安門) 광장에서 하려고도 했으나, 천안문 광장이 지니는 너무 '위험한 기억' 때문에 그 차선책으로 인민대회당으로 정했다고 합니다.

---

3. 楓紫(서명), <종합서술: 누가 진정한 '영웅'인가?(綜術: 誰是眞正的 "英雄"?)>, 《新浪》, 2002年12月15日 http://ent.sina.com.cn

4. 기자 楊勁松, <영웅>의 개봉: 국내외 미디어 영화 관람기(<英雄>首映: 中外媒體全面觀感)>, 《京華時報》, 2002年 12月16日

사진31 영화<형가, 진시황을 시해하다> 시사회 초대장

　　물론 중요한 역사적 인물의 이야기가 영화로 제작되는 것 자체가 그다지 중요한 일은 아닙니다. 하지만 진시황 암살 이야기가 몇 년 사이에 5세대 영화감독들에 의해 잇따라 제작되었다는 사실이 매우 흥미롭습니다. 이들 영화가 제작될 때마다 매스컴의 뜨거운 이슈가 되었고, 연예계 뉴스를 넘어서 사회뉴스의 함의까지도 부여받았습니다. 이 때문에 '5세대 감독이 차례로 진시황을 암살'하는 것이 일종의 '진시황 시해 콤플렉스' 혹은 '진시황 콤플렉스'를 나타내는 것은 아닌지 비꼬듯 묻는 기사도 있었습니다.5

---

5. 若有所思(서명), <미리부터 고양된 암살 사건-<영웅>은 성공할 수 있을까?(事先張揚的謀殺案-〈英雄〉會成功嗎?)>, 《新浪网 (sina.com) 》, 2002年 2月22日 / 老齊(서명),

성별중국

사진32 영화 <진송>중의 진시황

거듭 강조하자면 1980년대부터 21세기 초까지 발생한 거의 모든 중요한 문화현상은 어떤 방식으로든 마오쩌둥(毛澤東)시대 혹은 냉전시대의 역사, 현재 중국사회 그리고 정치적 격변과 연관되어 있습니다. 여기에서는 옛 것을 빌어 현재를 풍자하던 중국문화의 전통, 항전시기 국민당 통치지구에서의 역사극 열기, 마오쩌둥 시대 정치투쟁의 해석, 비판적 책략으로서 역사를 빌어 해석했던 일련의 계보에 대해서는 잠시 접어두겠습니다. 진시황 영정(嬴政)6/진시황에 관한 역사쓰기와 역사 평가 자체는 중국 당대사에서 두드러진 정치문화 사건 중의 하나로 정치와 직접적인 연관을 가집니다.7 진시황은 당대

<형가, 진시황을 시해하다>의 진실과 <영웅>의 허황됨 <荊軻刺秦王> 的眞實與 <英雄> 的虛幻)>, 《新浪網》, 2003年4月28日, http://ent.sina.com.cn

6. 옮긴이 : 영정(嬴政)은 진시황 이름.

7. 1949년 이래 마오쩌둥은 공개적으로 진시황을 반복하여 재평가하였다. 그중에서 가장 유명한 것은 1958년 마오쩌둥이 중국공산당 제8회 당대회 이차회의(中共八代二次會議)에서 언급한 구절이다. "나는 민주인사들과 논의한 적이 있다. 그들은 우리를 진시황이라고 매도했는데, 그것은 틀렸다. 우리는 진시황보다 백배 뛰어나기 때문이다. 우리는 진시황이고 독재자라는 비난을 인정한다. 하지만 애석하게도 그들은 우리가 보충할 수 있다는 것을 충분히 말하지 못했다."
1964년 6월, 마오쩌둥은 다음과 같은 말을 하였다. "진시황은 최초로 중국을 통일시킨

중국을 번안(飜案)한 인물입니다. '문혁의 최후 단계'-1973년에서 1975년 사이 최고 정점을 이뤘던 문혁의 최후 시기에 마오쩌둥은 시 <'봉건론'을 읽고 - 곽말약에게(讀'封建論'-贈郭老)>를 짓습니다. 그 중 '그대는 진시황을 조금만 나무라시게(勸君少罵秦始皇)' 라고 하는 문구에 따라 '법가를 평가하고 유가를 비판'하는 대중운동을 전개했습니다. 마오쩌둥은 그 특유의 정치문화적 태도로 한때 진시황의 모습에 자신을 억지로 오버랩 시켰는데, 이러한 역사적 기억이 지금의 중국문화 사이에도 떠돌고 있습니다.8 '진시황 시해 콤플렉스'가 모종의 확대된 정치 저항 콤플렉스 혹은 입장 선택으로 해석된 것은 5세대 감독이 원래 정치·문화 저항의 형상으로 중국과 국제영화/정치무대에 등극했기 때문입니다. 그런데 우리는 세 편의 진시황 시해 이야기 모두 진시황을 절대적 의미의 승리자로 만들었다는 사실을 어렵지 않게 알 수 있습니다. 물론 진시황이 그를 시해하려는 자객 앞에서도 목숨을 보존하였다는 역사적 사실과 고대 제왕의 이미지와 행위논리가 상당 정도 영화 서술자의 공감을 얻었기 때문에 진시황은 승리자의 모습으로 그려졌습니다. 그런데 5세대 감독이 진시황을 7년간 잇달아 시해한 영화 행위를 통해, 최종적으로 절대 권력에 대한 숭배를 그리고 있다는 점은 곰곰이 따져봐야 할 것입니다. 부조리

인물이었다. 정치적으로 중국을 통일하였을 뿐만 아니라 중국의 문자, 중국의 각종 제도, 예를 들어 도형량을 통일시켰다. 일부 제도는 지금까지도 사용되고 있다. 중국 역사에 있어서 그를 능가할 군주는 아무도 없다."
같은 해 8월, 그는 후앙허(黃河)의 수리시설을 언급하면서 다시 다음과 같이 언급하였다. "제나라 환공이 제후를 규합하여 다섯 가지 항목을 체결하였지만, 수리시설만은 해결을 보지 못해 통행하지 못했다. 진시황이 중국을 통일하고서야 통행할 수 있었다. 진시황은 훌륭한 황제로, 분서갱유를 했다고 하지만 사실상 460명을 매장하였을 뿐이고 이들은 모두 맹자 일파였다고 한다." 같은 해 10월 광대한 중국공산당은 당의 8기 12중전회 폐막회 강화에서 곽말약이 <십비판서>에서 진시황을 낮게 평가한 것을 지적하여 비판하였다. 1973년 말년의 마오쩌둥은 다시 <'봉건론'을 읽고 - 곽말약에게(讀'封建論'-贈郭(沫若)老)>에서 '그대는 진시황을 조금만 나무라시게. 분서갱유도 다시 생각해봐야 한다네(勸君少罵秦始皇,焚坑事業待商量)'라고 썼다.

8. 魏明倫, <그대는 진시황 시해를 좀 줄이게(勸君少刺秦始皇)>, 《성도상보(成都商報)》, 2003年 1月9日

하고 아이러니한 점은 이러한 영화서사가 자객을 통해서만 그려지고 있다는 점입니다. 절대적으로 정치적 경계를 넘어선 자와 저항자에 대한 글쓰기와 동일시가 결국에는 그것을 부정하는 방식으로 그려졌습니다. 장이머우 본인도 '권력을 위협했던 자객을 권력을 수호하는 자로 전이시켰다'고 했습니다.9 어떤 의미에서 보면 이러한 '진시황 시해 콤플렉스'는 5세대 초기에 등장한 '부자 질서' 알레고리의 재현이라고 하겠습니다.10 초기 글쓰기 방식과 달리 반역의 아들은 아버지라고 하는 정치권위 이미지에 공감과 경의를 나타낸 후 뒤돌아보지 않고 떠나갑니다. 설령 자기 앞에 모종의 역사와 정신의 황무지를 바라보게 될지라도 말입니다. 권위적인 아버지, 반역의 아들, 자객 형상 중에 어느 것을 선택하던 간에, 이러한 동일시의 전이는 이미 초기 사회 맥락과 서사 방식에서 유리되었거나 벗어났습니다.

사진33 영화 <진송>중의 진시황과 고점리

9. 孫倩 정리, <"암살"은 영웅을 구한다("謀"求英雄)>, 《소식시보(信息時報)》, 2002年12月16日

10. 戴錦華, <끊어진 다리: 아들 세대의 예술(斷橋: 子一代的藝術)> (1990年), 《무중풍경: 중국영화문화1978-1998(霧中風景: 中國電影文化1978-1998年)》, 北京大學出版社, 2000年.

〈진송〉에서 〈영웅〉에 이르기까지 서술자가 역사나 현실 알레고리의 두 가지 이야기와 동일시를 시도하려고 했습니다. 예를 들면 〈영웅〉의 결말에 세 가지 공간이 그려졌습니다. 카메라는 전체 장면을 파노라마로 찍으면서 황토 고원의 언덕에서 서로 부둥켜안고 죽어가는 잔검(殘劍)과 비설(飛雪)을 보여준 후, 로우앵글로 궁전 위의 진시황의 모습을 찍다가 다시 궁전 문으로 빽빽이 날아가는 화살 속에서 무명이 서 있었거나 비워진 인형 사이를 빠르게 비춥니다. 이러한 장면 연출에서 영웅/역사주체 서사가 표현되었는데, 혁명 서사의 내재적인 반발과 어려움이 아니라 권력논리 내부의 통합을 보여주었습니다. 심지어 반역의 아들이 충성을 하거나 돌아오는 것이 아니라, 저항하는 쌍방이 역사와 권력의 논리 속에서 함께 깨닫게 되는 그 순간 이루어지는 묵계와 공감을 나타냅니다. 영화 속의 역사는 소역사가 아닌 대역사이며, 영화 속의 권력관계도 미시권력이 아닌 절대 권력이었습니다. 따라서 이러한 영화서사는 중국의 특정한 정치 문화적 상황 속에서 사람들이 두려워하거나 분노한 '마오쩌둥의 유령은 사라지지 않았다'는 것과는 상반됩니다. '진시황 시해 콤플렉스'는 정확히 말해 '진시황 콤플렉스' 사이를 쉴 새 없이 떠돌다가 우연찮게 다른 역사, 문화의 맥락에서 권력의 논리를 드러낸 것입니다. 〈영웅〉의 한 단락을 통해서도 현재 중국의 역사적 유령인 마오쩌둥 시대가 현재 중국의 주류논리 속에서 멀리 떠나가고 있음을 충분히 보여주고 있습니다. 유령이 다시 등장했다고 하더라도 적어도 지금 우리에게 그다지 위협적인 존재가 될 수 없기 때문입니다.
　어떤 의미에서 '진시황 시해' 이야기와 연관된 역사는 현재 세 편의 영화에 국한되지 않고, 세기 교체기 중국 문화상황의 한 측면을 보여주었습니다. 사실상 그것은 1980년대, 1990년대, 냉전과 포스트 냉전을 넘어서는 문화 서사의 일환이었습니다. '진시황 시해 시리즈'의 첫 편인 주샤오원의 <진송>은 1988년에 처음 구상되어 최초로 국제 거대 자금이 투입되는 역사 블록버스터 영화로 제작될 계획이 었으나 1989년 6·4 사건의 발생으로 촬영계획이 1995년까지 미루어지게 되었습니다. 이후 1988년 고점리가 진시황을 시해하는 이야기로 다시 사람들의 이목을 끌었는데, 처음에는 제목이 <혈축(血筑)>이었습니다.11 1995년 영화 촬영이 시작될 즈음에 영화 제목은 <진송>으로 바뀌면서 거의 개작하는 수준으로 6년 만에 촬영계획이 전개되어 1980년대 후기와는 확연히 다른 국제적인 노선을 가지게 되었습니다. 이런 까닭에 <진송>의 영문 제목은 <황제의 그림자The Emperor's shadow>였습니다. 이것은 창작 혹은 영화의 생산 과정에서 흔히 보이는 영화 제목 변경이라기보다는, 그 자체가 이미 일종의 알레고리로 모종의 사회문화적 증후를 상당히 분명하게 포착했다고 하겠습니다. 영화제목의 변경과 함께 영화 속 주체와 인식의 방향에도 변화가 생겼습니다. 즉 '혈축'에서 '진송'으로, '진시황 시해 콤플렉스'가 '진시황 콤플렉스'로 전환되었습니다. 역사에서 반역자/실패자의 어두운 핏빛은 이미 권력상징/성공자의 찬란한 빛에 가려졌습니다. 1989년과 1995년 두 시점을 참고하여 현실정치 알레고리, 혹은 이데올로기 비평 식으로 영화를 해석한다면, 20세기 최후 십년간 중국 사회에서 반역자/지식인에 관한 상상/자아상상 및 그 서사의 변경된 궤적을 살펴볼 수 있습니다. 먼저 형이학적인 각도에서 보면 감독은 국제적 지명도가 있는 장원(姜文)에게 진시황 역을 맡겼습니다. 장원은 새로운 민족영웅 이야기와 중화민족정신 알레고리를 널리 알린 장이머우의 영화 <붉은 수수밭>에 출연한 적이 있습니다. 또한 고점리 역은 장이머우 감독의 영화 <인생>으로 국제영화제에서 영화 황

---

11. 역사서에 기재된 내용에 따르면, 두 눈이 멀게 된 악사 고점리가 납을 부어 악기를 만들었는데, 그것을 무기로 만들어 진왕을 피습했다고 한다. 이런 까닭에 '혈축(血筑)'이라고 하였다.

제가 된 중국 대중문화 스타 거유가 맡았습니다. 이것은 시각 이미지와 영화의 상호 텍스트 관계에서 역사서사/재서사의 기조를 확정지었습니다. 〈붉은 수수밭〉이 국제영화제에서는 용감한 '중국' 민족의 이미지를 자유분방하게 표현했지만, 중국 내에서는 5세대의 종결 혹은 전환을 나타내는 표식이 되었습니다. 반역의 아들 이야기는 복종함to subject으로써 이름을 부여받은 주체의 이미지로 전환되었고, 중국사회 내부에 존재하는 새로운 정치권력에 호응하는 통합과정이 전개되기 시작했습니다. 〈인생〉에서는 마오쩌둥 시대의 악몽 같은 세월이 표현된 한편, 의도하지 않았지만 문혁 서사에 의해 은폐된 문혁시대의 일상생활이 드러났습니다. 또한 중국내 문화적 맥락 속에서 6·4 천안문 사건의 좌절, 이미 급진적으로 추진된 자본주의화 과정과 함께 형성된 새로운 냉소주의의 일상생활 이데올로기를 호명했습니다. 영화 구상 초기에 선택한 '고점리, 진시황을 시해하다'는 내용은 그다지 널리 알려진 이야기가 아니었습니다. 현재 중학 어문교재에 〈형가, 진시황을 시해하다〉가 수록된 것에서도 알 수 있듯이 역사기록 속 형가는 자객(지금 시각에서 보면 직업킬러)일 뿐이며, 고점리는 원래 악사였습니다. 1980년대 문화논리 속에서 지식인은 자의반 타의반 계몽이성의 소지자이며 시대가 만든 문화영웅으로 서술됐고, 작가와 예술가는 이들에게 영웅적인 집단 이미지를 부여했습니다. 그런데 흥미로운 것은 1995년판 〈진송〉에서 찬조 출연한 형가가 흰옷을 입은 문인이었다는 사실입니다. 그가 진시황을 시해하는 행동은 자신과 남을 더욱 기만하는 행위로 표현되었습니다. 거유가 연기한 고점리가 등장한 이래 고점리는 단지 악사로만 그려졌습니다. 좋게 말해 음악에 미친 사람(樂痴)이었지 사실은 부패한 유학자였습니다. 진나라 대군이 국경까지 밀어닥친 상황에서도 그는 거문고를 제작하거나 음악을 연습할 뿐이었습니다. 심지어 그는 '통일이 되면

좋아, 음악에서도 율을 통일할 수 있고 거문고도 정형화될 수 있을테니…'라며 통일을 지지하였습니다. 그렇지만 개인적인 이익이 막상 손해를 보거나 위협을 당하자 진시황의 깊은 정과 은총을 남용한 소인처럼 계속 우는 인물로 형상화되었습니다. 반면에 장원이 연기한 진시황은 영민하며 과감성이 있고 형식에 구애받지 않는 인물로, 기존 역사 논리를 깨는 현명한 군주로 그려졌습니다. 이런 까닭에 영화의 영문 제목도 황제의 음영 혹은 황제의 그림자였습니다. 반역자 이미지가 다소 약했던 것은 권력구조를 투영했거나 억지서술을 했기 때문입니다. 그들은 통치에 필수적이며 내부적으로 그것을 배제해야 함에도, 영화 전체 줄거리의 중심이 되도록 무리하게 설정하였습니다. 진시황이 고점리에 대해 품는 동성애와 같은 초월적인 우정 위에 진시황의 그늘을 세웠습니다. 설사 통치논리에 음악으로 사람의 마음을 통일시키고 다스린다는 의미를 부여한다고 하더라도 설득력이 떨어지는 이야기였습니다.

사진34 영화 <형가, 진시황을 시해하다>중의 형가

세 편의 영화는 약속하지 않았지만 거의 똑같이 서로 영향을 주고 받았습니다. 주샤오원의 <진송>과 천카이거의 <형가, 진시황을 시해하다>는 텍스트에 내재한 자기모순에서 벗어나기 위해 진시황이 어린 시절 타국에서 인질이 되었던 이야기를 배경으로 다루었습니다. 진시황의 어린 시절 이야기는 <진송>에서 진시황과 고점리, <형가, 진시황을 시해하다>에서 진시황과 연나라 태자 단(丹), 특히 조희(趙姬) 사이의 깊은 정을 정신분석학적으로 접근시켰습니다. 따라서 주샤오원의 영화에 묘사된 진시황은 진나라가 여섯 나라를 소탕하고도 만족하지 못한 채, 고점리가 자신을 큰형님이라고 불러주기를 끝없이 갈구합니다. 그가 연나라를 멸망시킨 행위도 고점리를 손에 넣기 위해서 '닭을 죽이고 계란을 취한' 행동이었습니다. 천카이거의 영화에서 진시황은 강해보이지만 나약합니다. 그는 그 자신에게 옹졸하게 도전한 연나라 태자 단에게 차분한 목소리로 말합니다. '짐은 널 죽이지 않겠다. 넌 내 형제이니라.'12

주샤오원의 <진송>과 달리, <형가, 진시황을 시해하다>는 <아이들의 왕> 이후에 나온 천카이거 작품입니다. 이 영화는 1980년대, 1990년대 급격하게 변모하는 중국사회의 문화 정체성, 권력이론의 서사에 내재적 모순과 여러 가지 환영 속에서 방향을 잃고 말았습니다. 작품의 내용과 영상 구조에서 보면, 천카이거는 1980년대식 문화와 사회입장을 고수하고, 정치폭력에 저항하는 자객 형가의 모습에서 자신의 정체성을 세우고자 했습니다. 미국에서 상영하면서 영화제목이 <The Emperor and The Assassin(황제와 자객)>이라는 좀 더 친절한 제목으로 바뀌었지만, 이 영화의 영어 제목은 <The Assassin(자

---

12. <형가, 진시황을 시해하다> 첫 번째 버전의 영화가 인민대회당에서 시사회를 개최되었는데, 영정, 조희, 태자 단 등 어린 시절에 나눈 우정이 표현되었다. 하지만 천카이거는 매스컴, 영화평의 비난과 조소를 받으며 영화에 대대적인 수정을 가하였다. 대폭 수정된 영화에서는 진시황과 연나라 단의 어린 시절은 이미 사라지고, 의미가 불분명한 형제 이야기만 남게 되었다.

객)>이었습니다. 장황하고 자기모순으로 가득한 영화에서 형가는 매우 애매하고 창백하게 묘사되었으며, 진시황은 탁월하기는커녕 변태스럽고 치졸한 모습으로 그려졌습니다. 영화 시사회에서 엄청난 악평을 받고 천카이거가 다시 편집했음에도 불구하고 흥행에 참패했습니다. 이로부터 한참이 지난 후 잡지 《독서(讀書)》 2003년 5월호에 <형가, 진시황을 시해하다>를 비판한 글 <천카이거 사건 - 희극미학 문제>가 게재되었습니다.13 《독서》는 중국 지식계 혹은 독서계에서 독특한 지위를 차지하는 간행물입니다. 이전의 <자객>에 관한 비평문과 달리 저자 류하오밍(劉皓明)은 니체의 <바그너의 경우>14을 인용하며 구체적으로 영화를 분석하고 있습니다. 그는 권력의지의 이름으로 '비평가와 기자들이 만장일치로 이 영화의 실패와 무의미를 주장했음에도, 홀로 응원의 소리를 내고' 있습니다. 저는 이 글을 쓴 저자의 관점에 조금도 동의하지 않습니다. 하지만 이 글은 상대적으로 많은 영화평에 비해 천카이거에 관해 거의 백지 상태인 글들과 달리 '진시황 시해'를 분석하고 이 진시황 시해 삼부작이 가지는 문화적 증후를 분명하고 상세하게 드러냈습니다. 잠시 이 글을 인용해 보겠습니다.

천카이거는 <형가, 진시황을 시해하다>에서 운명과 공경, 모든 세속적인 요소와의 충돌 사이에서 벌어진 비극을 그렸다. 영화 도입부에서 소사정(少司正)은 영정에게 다음과 같이 경각심을 일깨워 주었다. "진나라 선군이 천하를 통일했던 임무를 잊으셨습니까?" 이는 바로 운명의 소환이자, 진시황 내면에 존재하는 사명감을 드러낸 것이다. 우리

---

13. 劉皓明, <천카이거 사건(陳凱歌案件 : 一個戱劇美學問題)>, 《讀書》2003年5期, pp.135-141

14. 니체(Friedrieh Nietzsche, , 1813-1883) ,<바그너의 경우 (Der Fall Wagner, 중문명 <瓦格納事件>) >
옮긴이 : 국내에서는 《니체전집 15집 : 바그너의 경우》(책세상, 2005년)에 번역 수록됨.

시대는 도처에 주변화된 집단요구를 명분삼아 거대서사를 손상시키는 자살식 도덕으로 충만해있다. 그런데도 그는 이러한 시대에 권력을 쥐려고 했다. 난 이 점 때문에 천카이거에게 감사드리고 싶다.

하지만 <형가, 진시황을 시해하다>에서 가장 심각한 문제는, 내가 천카이거를 칭찬하려고 한 부분이 감독이 이 영화에서 의도했던 부분이 아니라는 것이다. 그는 권력의지의 반대편에 선 사람들에 주목하였고, 그들에게 자신의 열정과 동정을 쏟아 부었다.

확실히 저자가 말한 대로 천카이거는 강권에 저항하고 그것의 인정을 거부하는 것처럼 보이지만, 이 영화의 전체 서사는 우리의 공감을 불러일으키기에 턱없이 미약하고 터무니없으며 지나치게 세세합니다. 아이들이 조나라 왕의 명령을 받들고 성벽에서 떨어져 스스로 목숨을 끊음으로써 진나라에 저항하는 장면이 나옵니다. 한 아이가 성벽에 오른 후 사력을 다해 돌계단에 놓인 자신의 장난감, 작은 북을 주우려고 합니다. 이런 장면은 진시황과 그의 행위 논리를 중심으로 이루어진 영화에서 억지로 꾸민 듯 부자연스럽습니다. 물론 직업 킬러 형가의 칼을 영원히 봉해버리게 만드는, 순진하고 맑은 맹인 소녀가 목숨을 끊는 장면에서 관중의 마음이 일시적으로 뭉클하게 되기도 하지만, 계속해서 보여주는 대형 역사장면과 가혹한 권력논리, 기이하지만 결코 나약하지 않은 진시황의 형상에서 앞서 가졌던 일시적인 동정이나 공감은 먼지처럼 흩어지고 맙니다. 영화 속 권력에 대한 긍정적인 표현을 보면 '어려운 과제를 마지못해 해냈다'는 천카이거의 소망이 거짓말같이 여겨집니다. 왜냐하면 천카이거는 이미 자신의 창작논리와 영화제작의 사회적 맥락 속에서 실패한 영웅/반역자의 태도를 서술할 힘을 잃어버렸기 때문입니다. 1980년대 주류 영화의 서사논리가 천카이거의 '진시황 시해'에서 매우 초라하게 드러났습니다. 그는 성/정치 방식의 심판을 가지고 마음속으로 사랑한 여성을 떠나보낸 진시황의 실패를 강하게 드러내거나 부분적으로 의미 있게 다루었습니다. 첫 번째 버전의 영화에서는 진시황의 몰락을 더욱 선명하게 부각시켰습니다. 즉 조희가 형가의 아이를 임신하여 형가의 피를 이음으로써 진시황은 외톨이가 되었습니다. 상술한 문장의 저자는 바그너 혹은 니체 식의 화려한 문장으로 애통해 했습니다. 즉 '워터루waterloo전쟁에서 진시황이 승리하고 천카이거가 참패'했으며, '천카이거가 잘못된 제재를 선택한 것이 아니라, 자신감이 부족했고 불철저했으며 시류에 편승해 타협함'을 개탄했습니다. 하지만 그도 결국 천카이거의 진시황 형상에서 '초인적인 기이함과 이를 실현시키는 권력의 의지', '생명의 힘이 된 권력의지'의 불철저한 귀환을 읽어 냈습니다.

그 글은 '진시황 시해 시리즈'에 잠재되었거나 내포된 정체성을 명확하게 드러냈습니다. 여러분이 냉전시대 자유세계의 편에 서서 사회주의 체제를 독재 집권체제로만 이해하고, 마오쩌둥을 중국 혹은 세계역사 속의 폭군과 동등하게 여긴다면, 천카이거의 <형가, 진시황을 시해하다>와 <천카이거 사건> 글을 해독하는 과정에서 다음과 같은 사항을 쉽게 알 수 있습니다. 돌아온 진시황이 마오쩌둥 시대 유령을 데리고 왔다기보다는, 마오쩌둥 시대 불완전한 역사의 기억을 가진 채 돌아왔습니다. 이 새로운 진시황에 대한 서사는 마오쩌둥 시대와 사회주의의 이데올로기가 지금 중국의 현실 속에서 창백한 유령에 불과하다는 것을 알려줍니다. 감독은 아이들의 비참한 죽음을 수없이 사용하여 관중의 동정을 유도하고 공감과 동일화를 얻으려고 했습니다. 스스로 목숨을 끊은 맹인 소녀, 형가가 무릎을 꿇는 굴욕을 기꺼이 견디며 구해낸 소년 도적, 산 채로 죽은 황후와 라오아이(嫪毐, 왕의 광대, '왕후'에게 총애 받던 남자) 사이의 어린 두 아들, 수차례 되풀이되는 성벽에서 스스로 목숨을 끊는 장면들, 계속해서 매장당하거나 살해당하는 조나라의 아이들 같은 장면들. 하지만 이런 것들로는 서사/담론의 측면에서 진시황 혹은 역사논리를 강력하게 고발할 수 없습니다. 따라서 영화에서는 역사가 자신의 논리대로 실현하도록 놔두는 것, 역사의 논리가 단지 승리자의 논리이며, 강자, 초인 혹은 권력의지의 승리라는 사실을 보여주는 선택만이 남았습니다. 따라서 약자들을 매장하고 그들을 울부짖게 하는 것만이 강자의 결말이었고, 그들 약자들의 비참한 운명이었습니다. 앞서 언급한 <천카이거 사건>은 독일 고전철학의 배경을 가지고 미학의 이름으로 텍스트의 현실정치 논리를 천카이거에 비해 더욱 단정적이고 철저하게 드러냈습니다. 왜냐하면 "많은 사람들이 '천인공노할 영정'이라고 소리쳤"음에도, 저자가 '이들 희생양에 대해서도 멸시와 염증의 감정을 가졌기 때문'입니다. 불행하게도 그의 말은 적중했습니다. 진시황에 정면으로 저항한 형가는 결국 광대로 묘사되었고, '전체 영화 속에서 남겨진 영웅은 진시황 한 사람뿐이었습니다. 서사시 규모로 시작되었던 대형 드라마가 마지막엔 한 편의 모노드라마로 끝나버렸습니다.'

천카이거가 정치폭력의 항의자와 대변자로서 자신을 고집하고 1980년대 '권력과 인성', '전쟁, 살해와 생명에 관한' 계몽적 주제를 지속하려고 했더라도, 그는 계몽이성의 대척점에 놓인 권력의지를 찬양하는 방식으로 곧바로 나갈 수 있었을 것입니다. 그러나 <형가, 진시황을 시해하다>는 더욱 더 혼란스러운 진송이 되었습니다. <천카이거 사건>의 저자는 '진시황 시해' 영화의 실패를 예언함과 함께 유사서사가 반드시 실패하지는 않을 것이라고 예언했습니다. 불행히도 4년 후 그의 예언은 다시 적중했습니다. <영웅>이 중국 스크린에 등극한 것입니다. 영화는 진시황을 영웅으로 그렸을 뿐만 아니라, 자객이 진시황의 영웅적인 면모에 감화되어 스스로 칼을 거두고 장렬하게 희생한다는 내용이었습니다. 매스컴과 영화비평가들의 대대적인 공격에도 불구하고 이 영화는 인민폐 2억(일설에는 2억 4천만) 위안을 넘어선 흥행성적을 거두었습니다.

'남성' 이야기

<천카이거 사건>에 대한 분석을 좀 더 하겠습니다. 그 글에서 저자는 주위에 아우라를 내뿜는 진시황, 라오아이와 형가를 분석대상으로 삼음으로써 상대적으로 영화 속에서 가장 중요한 역할을 맡았고 국내외 영화 포스터의 중심적인 인물인 궁리(鞏俐)가 연기한 조나라 여성 역을 가볍게 다루었습니다. 여기에 분명한 증후가 들어있다고 생각합니다. 실제 조나라 여성은 진시황, 연나라 태자, 형가 사이를 오가며 그들을 위로하거나 그들의 책략가, 친구 역할을 했습니다. 그녀는 연나라 태자를 석방하자는 의견을 내면서도 그에게 자객을 보내자는 암시를 주고 진시황의 연나라 출정에 명분을 주기도 했습니다. '형가의 진시황 시해'가 진시황과 조나라 여성이 사전에 공모한 암살 계획안이 되었습니다. 또한 그녀는 형가를 발견했고 '비폭력, 무저항'으로 대변되는 형가의 냉소적인 철학에 공감했지만 마지막엔 조나라의 아이를 도구삼아 변절하여 진시황의 징표 단검을 친히 주었다가 다시 선물하며, '두루마리 지도 끝에 은닉한 비수가 드러나(圖窮匕首見)'[15] 도록 시해 행위를 도모했습니다. 첫 번째 버전의 영화 전체 구성은 세 명의 남자가 한 여성을 소유하거나 교환하는 방식입니다. <진송>에서 고점리가 진왕의 사랑하는 딸 역양(櫟陽) 공주를 갖기 위해서 상상 속에서 진시황에게 대항할 수 있었던 것처럼, 형가는 진시황이 어머니로 의지했던 조희를 빼앗아옴으로써 승리하게 됩니다.

---

15. 옮긴이 : 형가가 진시황을 알현할 때 지도 두루마리 끝에 비수를 숨겨 그것으로 진시황을 시해하려고 했던 역사적 사건을 이름.

사진 35 영화<진송> 중의 고점리와 역양공주

　제가 3장에서 지적한 대로 1980년대 형성된 중국 남성 지식인의 주체구조는 집권정치, 역사폭력을 '타자'로 하는 자아 상상 위에 세워졌습니다. 5세대 감독이 만든 작품은 바로 이 구조를 상상계의 '부자질서'로 환원하였고 1980년대 글쓰기 속에서 우연하게 이질적이고 타자화된 타자를 드러냈습니다. 이 타자는 실제론 자아의 타자일 뿐만 아니라 정치권력 내지 폭력의 내재적인 요구에 의해 호명된 것이었습니다. 더 명확히 말해 강권정치 혹은 폭력이 주체/자아 대 타자 구조(我他構造) 속에서 유일한 타자가 됨으로써 적과 이상적인 자아의 이중적 의미를 분명히 가지게 되었습니다. 이 주체/자아 대 타자 구조는 다시 정치권력구조의 심각한 내면화를 완성했습니다. 계몽이성이 '악마를 내면적으로 필요로 하듯, 강권정치와 폭력에 대한 요구와 호명은 한편으로 정치폭력의 강림을 '갈망'합니다. 왜냐하면 정치

폭력 혹은 박해, 압박이 도래해야만 자신의 정의와 가치를 증명할 수 있기 때문입니다. 다른 한편 이 저항과 비장함을 가진 자아상상과 주체구조는 사실상 쉽게 자아를 부정하여 정치권력 특히 강권정치와 상당한 일체를 이루었습니다. 그러한 반전이 문화상 권력논리에 대한 일체와 서사를 드러냈고, 동시에 권력의 분배와 개입으로 실천될 수 있었습니다. 6·4 사건과 포스트 냉전시대 승리자 논리의 확산이 주체구조의 비정함과 정의감을 강화시키는 동시에 주체구조와 자기 상상의 균열을 부각시키고 확대했습니다.

정의롭고 비장한 저항자는 의도하든 의도하지 않았든 간에 단순한 냉전이데올로기 상상에 의해 새로운 역사 폭력을 가져온 자본, 시장 혹은 미국 제국과 자신을 동일시하고 그들과 연맹했습니다. 다른 한편 내부적으로 정치권력을 갈망하고 필요로 하는 주체구조에게는 권력에 대항할 것인가, 아니면 권력과 공모할 것인가 하는 두 가지 선택 밖에 없었습니다. 바로 이런 의미에서 우리는 세기 교체기에 출현한 세 편의 '진시황 암살' 영화가 왜 자객/반역자로의 동일시를 통해 궁극적으로는 '동방 전제주의'의 원조 진시황에 도달했는지, 왜 그것이 가능했는지 해석할 수 있습니다.

저는 그런 종류의 역사서사를 '남성 이야기'로 부릅니다. 물론 영화의 주인공이 자객이든 진시황이든 모두 남자였고 성별서사에 정치적 알레고리를 담고 있기 때문입니다. 자발적이든 혹은 수동적이든, 역사와 정치폭력 속 부권 구조를 묘사하고 동일시하면서도, 그 주체구조가 확정한 자아 즉 역사의 인질, 피해자, 아들로서 가지는 역사적 지위에서 철저하게 벗어나고자 했습니다. 따라서 '진시황 시해' 영화의 작가와 감독들은 우연히도 '후퇴하면서 싸우는' 방식으로 진시황과 자객, 정치폭력과 반발, 전복자의 관계를 남자/역사의 이중 주체간의 이야기로 묘사했습니다. 그 결과 새로운 타자로서 여성의 차용이 다시 필요했습니다. 영화 〈진송〉은 젖을 주는 여성의 유방이 클로즈업되면서 시작됩니다. 여성의 가슴 좌우에 각각 진시황 영정과 고점리가 안겨져 있습니다. 한 사람의 어머니, 두 개의 유방이라고 하는 대칭구도는 의미구조 뿐만 아니라 영상구조에서 두 사람의 남성주체가 대치하게 됨을 예고합니다. 위에서도 서술한 바와 같이 영화 전체에서 고점리가 진시황에게 대항하고 그 권력의 위엄에 약간의 흠집을 내는 유일한 방식은, 진시황이 애지중지하게 여기는, 하반신 장애를 가진 역양공주를 강간(혹은 유혹? 사통?)하는 것이었습니다. 진나라 군사가 남근을 닮은 거대한 나무말뚝으로 적국 도시의 성문을 공격할 때, 고점리가 진나라 공주의 몸을 위에서 누르는 장면이 평행 몽타주 수법으로 편집된 것이 결코 우연이 아니었습니다. 동등한 가치를 부여받게 된 남성의 승리가 더 한층 시니컬하게 이어집니다. 지하굴 속에서 연나라 죄수는 고점리가 진나라 공주를 차지한 승리를 가지고 신나게 떠들면서, 연나라 음악의 성인이라는 칭호만으로는 부족하다며 그를 연나라 최고의 난봉꾼이라고 칭했습니다. 또한 고점리에게 '시은'/강간을 당한 후 기적적으로 두 다리로 일어서게 된 역양공주가 친히 지하굴을 방문하여 '진나라 공주 역양이 연나라 최고 난봉꾼을 접견하러 왔소이다'라고 말합니다. 〈진송〉에서 마더 콤플렉스를 이유로(금식으로 빈사상태가 된 고점리는 역양공주가 그녀의 어머니가 어린 시절 불러주던 동요를 부르는 걸 듣고, 살고 싶다는 생각에 손을 뻗어 역양공주의 유방을 만집니다) 고점리 '승리'가 가지는 도덕적인 문제를 제거했습니다. 〈형가, 진시황을 시해하다〉에서 작가는 마더 콤플렉스 감정을 이용하여 진시황에게 과도한 동일시를 하려고 하지 않았습니다.

영화 〈형가, 진시황을 시해하다〉에서 가장 문제적 요소는 천카이거 본인이 영화 속에 등장한다는 점입니다. 감독 자신이 진시황 영정

생부의 아버지 여불위(呂不韋)로 나옵니다.(설령 이것이 역사의 수수께끼라고 하지만, 야사에서는 가장 환영받는 소재입니다.) 이 서사시 영화에는 거액이 투자되었다고 합니다. 진나라 궁전 세트를 짓는 데 만 인민폐 1억 3천만 위안이 들어갔다고 하니까요. 따라서 천카이거가 경비 절감 차원에서 자진해서 출연했다는 것은 당연히 성립되지 않는 애기입니다. 이것은 명백한 문화적, 상징적 선택입니다. 이것을 영화 텍스트에 대한 분석과 결합하면 슬픈 증후적 의미를 쉽게 알 수 있을 것입니다. 영화 속 여불위는 흰옷에 백발을 한 채 엄숙한 모습과 예리한 눈으로 세상을 통찰하고 있습니다. 역사 속에서 전국시대 역사 혹은 진나라가 여섯 나라를 멸망시킨 특수했던 권신이 영화에서는 속 깊은 아버지의 모습으로만 등장하였고, 영화 마지막엔 아들의 원대한 앞길을 열어주기 위해 천천히 죽음을 향해 달려갑니다. 천카이거는 기자 혹은 동창생과의 인터뷰에서 다음 두 가지를 되풀이해서 언급하였는데, 음미해 볼만 합니다. 하나는 영정이 아버지를 살해하는 장면을 자진하는 장면으로 바꾸면서, 진시황을 연기했던 리쉐젠(李雪健) 앞에 꼼짝없이 서있어야 했다는 애기입니다. 둘째로 그는 이 장면에서 자신의 아버지, 마오쩌둥 시대 유명한 영화감독 중의 하나였던 천화이카이(陳懷愷)가 떠올랐다고 합니다. 그는 '문혁 때 나와 아버지 사이에 있었던 즐겁지 않았던 일들이 생각'남과 동시에 '우리에게 그다지 잘 떠올려지지 않는 용서가 생각났'다고 했으며, 아버지는 자신을 '관대하게 용서해주었다'고 했습니다.[16] 5세대 감독의 작품이 상징적 의미에서 부자질서의 서사라는 점을 기억한다면, 우리는 '진시황 시해' 이야기가 반역에 대한 반역이며, 아버지/부권에 대한 경례를 표함과 동시에 아버지 위치에 대한 욕망과 그것의 상상

16. 《천카이거 일문일답록(陳凱歌答問錄)》, p.42. 및 易水 정리, <가슴 속에 가득 찬 역사의 피를 토해내다-천카이거, 베이징 기자들의 질문에 답하다(玩出一腔子歷史的血-陳凱歌答首都新聞界記者問)>, 《電影創作》, 1999年 第1期, p.74.

적 점유라는 것을 어렵지 않게 다시 확인할 수 있습니다. 어떤 의미에서 그것은 어떤 자기연민과 시니컬한 정신승리적 의미를 지니는 것처럼 보입니다. 다시 말해 인성, 평화, 생명의 이름으로 강권정치와 싸워 이길 수 없거나, 혹은 조금이라도 후자가 정신적으로 서로 견줄 만하고 비록 패하더라도 명예 있는 라이벌이 될 수 없다면, 우리는 최소한 어떤 권위를 가지면서도 스스로를 희생하는 역할을 점유함으로써 강권 정치 혹은 권력의지를 용서할 수 있을지도 모릅니다. 사실 이러한 용서는 가장 불필요하지만 말입니다.

그래서 다시 장이머우가 '가장 마지막에, 가장 기쁘게 웃었'습니다. 장이머우는 리안(李安)의 <와호장룡(臥虎藏龍)>의 상승세를 타고 포스트모던한 서사방식으로 '진시황 시해' 이야기를 다시 제작했습니다. 그는 포스트모던이라고 칭함으로써 영화 서사에서 역사적 텍스트가 가지는 한계와 갈등에서 벗어났습니다. 실제 존재하지도 않고 아예 이름도 무명(無名)이라 불리는 초특급 자객의 진시황 시해 이야기는 최소한 상상 혹은 영상적 의미에서 진시황/자객의 대등한 남성 주체 이야기였습니다. 영화평에서 말한 것처럼 <영웅>에서 진시황은 잔혹한 통치자라기보다는 교활함이 없는 지혜로운 자로 그려집니다. 영화는 동일한 이야기를 세 가지 부분으로 구성하였습니다. 진시황은 자객과 열 걸음 이내에서 가까이 앉아 술을 마시며 이야기를 나눕니다. 더욱 흥미로운 것은 세 가지 이야기에서 자객과 진시황이 서로의 속마음을 깊이 털어놓으며 서로에게 경의를 표하고 있습니다. 첫 번째 이야기(붉은 색 부분)에서 무명이 말한 음모와 애정, 부정과 배신이 진시황에 의해 거짓이었음이 드러났습니다. 무명은 이 과정에서 자신의 적수가 호탕하고 공명정대한 사람이며 결코 소인배가 아니라는 것을 깨닫게 됩니다. 두 번째 진시황의 얘기(녹색 부분)에서 진시황은 바다처럼 깊은 정, 푸른 하늘 같은 의리, 생사를 서로 맡기고 천금같이 약속을 지키는 모습으로 그려집니다. 그래서 무명이 솔직하게 진실을 말한 세 번째 이야기(백색 부분)에서 자객 잔검은 진시황의 행동에 대해 오히려 깊이 있는 공감을 합니다. 잔검은 진시황 시해를 막기 위해 무명에게 '천하' 두 글자를 써주며 천하를 가슴에 품는 도량을 보입니다. 진시황은 상대방이 자신을 깊이 있게 이해한 것에 철학자 같은 예지력과 영웅 같은 면모로 조용히 생사를 관망하며 한줄기 눈물을 떨어뜨립니다. 여기에 대한 보답으로 진시황은 생사위기에서 무명도 깨닫지 못한, 잔검이 쓴 팔척의 '검(劍)'자의 진의, 검술의 '최고 경지, 즉 손에는 검이 없고, 가슴 속에도 검이 없으니', '그것은 바로 살해하지 말고 평화를 추구하라'는 뜻임을 깨닫습니다. 영화평에서 무수히 지적된 것처럼 이 장면은 구룽(固龍)의 소설을 진부하게 베낀 것에 지나지 않습니다. 그 결과 아둔한 무명은 진시황과 잔검 두 사람으로부터 감화를 받고 삶의 목표와도 같았던 진시황 시해를 스스로 포기합니다. 그리고 다음과 같이 강권 정치에 평화를 기원하고 전쟁과 살육 속에서도 폭력에 양심을 기탁합니다. '이 검으로 많은 사람이 죽을 것입니다. 그렇지만 그들은 폐하가 검의 최고 경지를 기억해주길 바랍니다.' 부연설명이 필요 없이 이러한 황당무계한 화해의 시도가 이루어지는 가운데 여성 협객 비설(飛雪)은 최고 경계를 깨닫지 못합니다. 세 번째 이야기에 등장하는 시녀 여월(如月)은 천하 대의, '주인이 하는 일은 분명 옳습니다. 주인이 대협에게 써준 글자에 이치가 깃들여 있습니다'며, 주종관계를 움직일 수 없는 기정사실로 받아들입니다.

이야기 전개도 다음과 같이 황당합니다. 천하를 위해 제(齊)나라, 초(楚)나라, 연(燕)나라, 한(韓)나라, 조(趙)나라, 위(魏)나라 여러 나라가 마땅히 소아/국가의 원수, 가족의 원한을 버려야 한다고 역설합니다. 중국은 근대민족국가 서사에서 이것을 합법화의 근거로 삼았지만, <영웅>에서 포스트모던한 진시황은 그것을 지향하지 않습니다. '여섯 나라가 무엇을 하려고 한다고요? 과인은 진나라의 기마병을 이끌고 동쪽으로는 대해를 건너고 서쪽으로는 사막을 건너려고 합니다. 해가 뜨는 곳에서 해가 지는 곳까지 평정해서 거대한 영토를 만들 것입니다'라고 했습니다. 여기에서 '천하'(영화가 중국 옛 문화 속의 핵심이념인 '천하'를 어떻게 거세하고 해체했는지는 잠시 접어두겠습니다)는 경계 없는 영토로, 권력자의 끝없는 정복욕을 말합니다. 이로써 진시황과 자객이 서로를 아끼고 서로의 뜻을 알고 이해했던 평화는 어디에도 존재하지 않게 되었습니다.

　다음에서는 영화의 디테일한 부분을 살펴보겠습니다. 첫 번째 이야기에서 진나라 군사의 화살부대가 등장합니다. 진나라 군대의 강력한 화살부대의 화살이 하늘을 가릴 정도로 비처럼 쏟아집니다. 장이머우가 자주 사용하는 역사와 민속을 과장하고 날조하는 또 다른 극치를 보여주는 부분입니다. 이 장면은 사람들에게 분명 나토NATO 혹은 미군의 공중폭격과 파괴력을 연상시킵니다. 우연의 일치일지도 모르겠지만 주디스 버틀러Judith Butler가 이미 언급한 대로 미국의 매스컴은 걸프전쟁을 보도하면서 미사일 위에 촬영 카메라를 장착하여 화면을 찍었습니다. 만약 여러분이 미사일의 시점에서 전쟁을 보게된다면, 미사일이 폭발할 때 살점들이 산산이 흩어지는 시체와 자신을 동일시할 기회가 없게 될 것입니다. <영웅> 속의 이 장면은 그처럼 화살의 시점을 다시 사용했습니다. 영화는 우회적으로 결론을 말했다기보다 바로 이 장면에서 권력, 정복, 강함, 또한 그것과의 동일시를 분명하게 보여주었습니다.

사진36 영화 <영웅> 중의 잔검과 여월

　　잠시 이 영화서사의 가장 커다란 약점인 감동적인 우정에 대해 논
하겠습니다. 그런데 말입니다. 잔검은 비설과 함께 3천명의 장갑병을
섬멸하며 신출귀몰하게 진시황을 마음대로 가지고 놀다가 왜 서법에
서 '진왕을 살해해선 안 된다'는 결론을 깨닫고, 피비린내 나는 일촉
즉발 위기의 전장에서 천하를 생각한 것일까요? 결말에서 무명은 천
하 때문에 진시황 시해를 포기하지만 진시황은 눈물을 머금고 그에
게 수만 발의 화살을 퍼붓도록 명령합니다.17 이처럼 영화는 권력이
나 천하 혹은 공리(公理)의 승리를 말합니다. 카메라는 궁전의 진시
황에서부터 서로 포옹하며 죽어가는 잔검, 비설과 성문 위 무명의 빈

17. 이 영화에서 진시황을 둘러싼 사람 같기도 하고 사람 같지도 않은 군신과, 진나라 대군
　　의 검은 벌레 같은 형상은 또 다른 징후를 보여준다. 모종의 영웅사관과 시각효과 상
　　의 군중형상은 다른 방식으로 마오쩌둥 시대 혹은 사회주의 이데올로기에서 멀리 떠났
　　다는 것을 알려준다.

자리로 빠르게 이동합니다. 영화는 일견 위대한 영웅/역사주체를 가리키는 것 같지만, 결국은 생존자 한 명과 죽은 자 세 명, 승리자 한 명과 실패자 세 명만을 보여줬습니다. 극작가 리펑(李馮)의 원작에서는 홀로 남은 장공(長空)이 친구 세 명을 매장하고 그들을 '천하를 가슴에 품은 영웅'이라고 칭송하는 장면으로 끝이 납니다. 영화의 엔딩 자막에서는 진시황이 '무명을 후하게 장사지내'주었고, '장공은 무술을 버렸다'고 밝힘으로써, 모든 반역자와 반역의 가능성은 철저하게 텍스트 시야에서 방축되었습니다. 그 결과 강호는 추방되고 천하는 통일되었습니다. <진송>에서 만리장성으로 이야기가 시작되었다면, <영웅>에서는 '진시황은 여섯 나라를 통일하고 장성을 건설하며, 나라를 보호하고 백성을 지켰다'는 자막으로 이야기를 끝냈습니다.

'남성' · '중국'?

다음에서는 <영웅>을 <와호장룡Crouching Tiger, Hidden Dragon>과 비교한 글을 살펴보겠습니다. 저자 장쉬둥(張旭東)은 이 영화에 대해 광대함으로 섬세함을 이겼고, 중후함으로 가벼움을 이겼으며, 영웅으로 협객을 이겼고, 천하로 강호를 이겼다고 평했습니다. 또한 집단의 책임으로 문인의 정서를 이겼고, 왕의 업적에 도덕질서를 체현함으로써 개체 생명의 허무주의적 체험을 이겼다고 보았습니다. 이러한 평가는 두 영화가 가지는 성별수사의 차이를 보여주는 것 같습니다. 분명하게 말하진 않았지만 미국이나 구미에서 바라볼 때 <영웅>에서 드러난 것은 남성적인 중국입니다.18 어떤 의미에서 진시황 이야기와 중국 당대사와의 갈등은 <영웅>을 처음 구상할 때 더욱 중요한 변수

---

18. 상술한 인용문은 張旭東의 《뉴욕에서 <영웅>을 보다(在紐約看 <英雄>)》
    (http://www.cnphysis.com/index2/zhxd15.htm)에서 인용한 것임.

였을 것입니다. 따라서 성별수사는 중국내 정치 알레고리와 결부되었을 뿐만 아니라 국제(구미) 시야 속의 중국 국가 서사와도 연계되었습니다. 〈붉은 수수밭〉 이후 1990년대 이래 처음으로 중국은 남성 이미지로 국제시야에 들어온 것처럼 보였습니다.

1990년대 이래 중국 영화계에서 일어났던 국제적 흐름에 따른 대형 역사영화 제작 계획에서 이러한 조짐은 더욱 명확하게 보였습니다. 한때 사람들의 관심은 싸이진화(塞金花)[19]에 집중되었고, 영화계에서 유명 감독과 민간 제작회사가 제작권을 둘러싸고 싸움을 벌였다는 소문이 나오기도 했습니다. 이 소문은 수년간 계속되어 여주인공으로 장만위(張曼玉), 류위링(劉玉玲)이 거론되었고, 미국측 감독으로 올리버 스톤Oliver Stone, 라이들리 스콧Ridley Scott이 언급되기도 했습니다. 남자 주인공으로 할리우드 유명 스타들이 거의 다 물망에 올랐습니다. 그런데 1993년 싸이진화 영화 제작계획에 앞서 중국문학계에서는 매우 이례적인 일이 일어났습니다. 장이머우가 주요 작가들 쑤퉁(蘇童), 거페이(格非), 쉬란(須蘭), 자오메이(趙玫), 리펑(李馮)에게 무측천(武則天)을 제재로 한 장편소설을 주문[20]하여, 〈무측천〉과 관련된 5편의 장편소설이 도서시장에 동시에 등장했습니다. 실제론 5편이 넘습니다. 대중 스타 류샤오칭(劉曉慶)이 같은 이름의 연속극을 〈무측천〉 장편소설로 개편하였으며, 많은 창작자가 이 대열에 동참했습니다. 여작가 쉬란, 자오메이의 작품도 〈무측천〉 대열에 동참했는데, 표지는 붉은 궁전 문이 반쯤 열려져 있고, 오래된 황색 동 문고리 아래 금룡이 똬리를 틀고 앉아있는 모습으로 장식되었습니다. 이는 성적인 암시와 훔쳐보기를 의미하는데, 속표지에는 '장

---

19. 옮긴이: 청 말 명기. 실재하는 인물이지만, 그녀의 행적에 대해서는 여러 가지 설이 분분함.
20. 주문(訂購)이라는 것은 선지불로 '테마소설(命題作文)'을 구매하고 동시에 소설의 영상개작권을 먼저 구입하는 것을 말함.

이머우가 궁리를 위해 또 한 번 대형 영화를 제작하려고 한다. 고상한 여성작가들의 섬세한 필치로 역사의 신비를 살펴본다'는 광고문구가 쓰여 있었습니다. 여기에서 역사적 시선 속에서 중국 여인이 담당했던 변주의 의미는 잠시 접어두겠습니다. 1995년 이후 21세기까지 계속된 '진시황 시해' 시리즈에서 남성 이미지는 중국을 가리키며 안에서 밖으로 혹은 밖에서 안으로 세계화된 현실 속에서 다른 문화적 징후를 나타냈습니다.

어떤 의미에서 지난 날 장이머우 영화의 서사 모델인 '철방 속 여성' 이야기와 5세대의 '자객 세 명', 장이머우, 천카이거, 톈좡좡(田壯壯)이 연합하여 만든 '현당대 중국 역사를 배경으로 한 드라마'는 여성(혹은 신분이 비열하거나 애매한 남성)/중국의 이미지를 부각시키고 있다고 하겠습니다. 3장 <타자의 이야기>에서 여러 겹의 거울이 서로를 비추는 정체성·정치 현상을 언급한 적이 있기 때문에 포스트 콜로니즘의 전제들을 다시 언급하지는 않겠습니다. 중국의 남성 감독은 서구/구미를 거울로 하여 여성/자아의 이미지를 묘사하고 있는데, 여성의 가면이나 수식이 서구/동양, 주체/객체의 종족 권력 이론 사이에서만 작용하고 있는 것은 아닙니다. 본질주의의 젠더 표상과 표출에 대한 차용은 냉전, 포스트 냉전의 국제정치논리에서 더욱 효과적으로 사용됩니다. 중국 남성 감독은 여성 가면을 선택한 후 부권 논리 속에 여성의 전통적 위치 즉 안이면서 밖이고 타자이면서 자아인 위치를 차용했습니다. 이와 함께 그들은 중국과 세계(구미)의 이중적인 시선 속에 역사/현실 비판의 방기와 정치적 타협을 거부하는 중국 사회 내부의 반역자로서 정치적 입장과 태도를 표명했습니다. 이것이야말로 1990년대 중국 영화가 국제영화제에서 부여받은 특별한 신분이었으며 그들의 영화는 중국영화로 지명을 받았습니다. 당시 중국은 구미중심의 시선 속에서 영화의 처녀지이자, 포스트 냉전시대에 존재하는 '철의 장막 배후에 존재하는 세계'였습니다. 동시에 중국(정부)을 거부하거나 중국(정부)에 의해 거부당하는 것이 그들이 중국영화를 선정할 때 가장 중요시하는 근거였습니다. 1990년대 전반 유럽국제영화제에서 중국정부의 금지령은 중국영화에서 자기 오리엔탈리즘화된 가장 최고의 입장권이었던 셈입니다. 1990년대 초반 장이머우는 이러한 성별/정치의 알레고리를 국내외적으로 다시 입증했습니다. 장이머우가 연속으로 제작한 영화 <국두(菊豆)>, <홍등(大紅灯籠高挂)>, <인생(活着)>은 중국 영화 심의기구의 통과를 얻지 못했고, 장이머우의 이름은 위험한 타자의 상징이 되었습니다. 한편 나라를 빛낸 감독 장이머우는 중국 노동인사부에서 주는 '5·1' 노동훈장을 받기도 했습니다. 장이머우와 그의 이야기는 각종 신구 주류 신문 간행물에서 열띤 취재를 벌이기에 적합한 최적의 뉴스, 민족국가로서 자부심을 느끼게 만드는 표식이자 이미지였습니다. 우연이라고는 생각되지 않지만 장이머우가 <귀주이야기(秋菊打官司)>에서 영화 주관부문과 화해함과 동시에 비준을 얻은 <국두>, <홍등>의 광고가 북경시 중심 왕푸징 거리 대형 광고판에 출현했습니다. 그 광고판에서 유달리 눈에 띄는 것은 몸을 낮춰 카메라를 들여다보는 장이머우의 모습이었습니다. 그런데 그 때 구미세계 대부분의 영화제는 중국 지하영화를 하는 젊은 영화세대의 독립영화제작에 관심을 갖기 시작했습니다. 구미세계가 한 때 아름다운 동방의 병풍에 미친 듯이 열광했다면 이제 그들은 중국의 비판적 인사에 열광합니다. 중국의 남성감독이 구미의 거울에서 여성/자아의 이미지를 봤다면 그들은 냉전의 거울을 빌려 자신의 남성주체 위치를 확인합니다. 다시 변화하는 중국 현실 속에서 구미 시선 속 여성의 정체성은 곧바로 중국사회내부에서 성공자로서 남성자본으로 전환되었습니다. 이것은 단순히 상징자본만은 아니었습니다.

리안의 할리우드 성공 속에는 이러한 성별/종족의 유희가 상대적으로 순수한 형식으로 출현했습니다. 1995년 오스카 아카데미의 화려한 시상식 무대에서 시상식 후보자들이 나올 때 성별/종족의 논리가 외형적으로 드러났습니다. 유일한 여성 제작자(린드사이 도란 Lindsay Doran), 유일한 여성 시나리오 작가(엠마 톰슨 Emma Thomson), 유일한 동양 남성감독이 상당히 유니크하게 조합되었습니다. <와호장룡>이 미국과 전세계 시장을 정복하고, 장쯔이(章子怡)가 연기한 옥교룡(玉蛟龍)은 예상외로 남성 주인공 저우룬파(周潤發)가 맡은 이모백(李慕白)의 인기를 넘어서 구미 관중의 열렬한 사랑을 받았습니다.

사진37 영화 <영웅> 촬영 스틸컷

이렇게 말씀드리는 이유는 '진시황 시해'시리즈에서 성별역할의 전환이 갖는 의미를 분명하게 보여주기 위한 것입니다. 말할 필요도 없이 이것은 오리엔탈리즘에 대한 자각적인 항의도 아니고 <형가, 진시황을 시해하다> 곳곳에서 보이는 의미의 충돌과 논리의 모순도 아닙니다. 이것은 옥시덴탈리즘 문화 논리에 의해 중국역사를 해석할 때 생기는 명백한 모순입니다. 세계적인 범위에서 흥행몰이를 하고 있는 <영웅>에 대해 언급한 중국어권 평론문장을 잠시 인용하겠습니다.

영화를 보았다면 다음과 같은 평가에 절대적으로 동의할 것이다. <영웅>은 시각상의 향연이었다. 이 영화가 좀 더 일찍 나왔더라면 오스카상을 거머쥘 수 있었을 것이다. 중국에 관한 모든 기호를 <영웅>에서는 남김없이 재현하고 있다. 바둑, 서법, 검, 거문고, 산수, 죽간, 화살, 높이 치솟은 집들, 황토 고원, 청산벽수, 붉은 담 푸른 기와. <영웅> 영화 속의 화면에 중국화의 의경이 모두 들어있다. 오스카 영화에 초대되지 않았다면, 중국 관광 홍보 영화로서도 혹은 애국주의 교육 교재로도 사용될 수 있을 것이다. 이 영화를 본 사람들은 모두 우리의 강산이 얼마나 아름다운지 우리 위대한 조국에 대해 감탄을 금치 못할 것이다. 전 세계인이 이 영화를 본 후에는 유학생들의 귀국이 촉진되고 세계 여러 나라 사람들이 중국 여행에 매력을 느끼고 여행하러 올 것이라 믿는다.21

진심에서 우러나온 찬탄 같기도 하고, 신랄한 풍자 같기도 합니다. 장이머우는 오스카 시상식 전에 기자 인터뷰에서 '영화 <영웅> 의 강점은 외국인에게 보다 더 중국문화를 이해시키고, 중국문화의 기호적인 요소를 이해시키는데 있다'22고 했습니다. 장이머우 본인은 <와호

---

21. 기자 沈健, 段曉冬, 劉執戈, <오스카로 진격(直擊奧斯卡)>, 중국관영방송 CCTV 《세계 영화 기행(世界電影之旅)》로스앤젤레스 보도, 2003年 3月24日
www.CCTV.com.

22. 王軼庶, <영웅> 해독 코드: 보는 즐거움, 귀로 환기되는 감동(解碼 〈英雄〉：使眼睛興

장룽〉 이후 〈영웅〉이 오스카상 최우수 외국어영화상의 영광을 받기 어렵겠다고 여러 번 얘기했지만, 인민대회당 시사회에 걸린 대형 플래카드에 쓰인 '출정 오스카'에서 앞서 이야기와 다른 속내를 알 수 있습니다. 따라서 보여지는 중국과 남성의 주체 형상은 새롭고 재미 있는 조합이 되었습니다. 〈영웅〉이 촬영을 시작한 지 1개월이 지난 후 9·11 사건이 발생했고, 〈영웅〉이 오스카 출정을 하려고 할 때 미국은 이라크에 전쟁을 개시했습니다. 이 절묘한 우연으로 영화를 보는 전 세계인의 시야 속에 흥미롭고 의미심장한 변수가 첨가되었습니다.23 하지만 이러한 성별 주체 형상의 전환은 먼저 냉전/포스트 냉전이라고 하는 국제적인 맥락 속에서 해석해야만 합니다. 어떤 의미에서 〈형가, 진시황을 시해하다〉가 '역사적 사실 연구 관련 프로젝트'24를 가동시킨 적도 있었지만, 나머지 두 편의 영화 역사가를 분노시킨25 〈진송〉과 포스트모던의 〈영웅〉에서는 아니었습니다. 진시황 혹은 진나라가 여섯 나라를 멸망시킨 역사 및 그와 관련된 진시황 살해 이야기는 확실히 모종의 서사를 말하기 위한 변명이었으며, '텅 빈 기표'였습니다. 진시황이 가리킨 것은 모종의 슈퍼 권력이었습니다. 따라서 〈혈축〉에서 〈진송〉으로 혹은 '진시황 시해' 이야기에서 '진시황을 왜 시해하지 않았는가'로의 이야기 전환에서 보이는 권력 특히 고전 정치권력에 대한 최종적인 동일시, 질서에 대한 충성과 순종은, 냉전시대 국제정세 혹은 마오쩌둥 시대 역사적인 맥락 속에서 답안을 찾기 보다는 신자유주의의 전세계적 승리 속에서 그 의미를 해석해야 합니다. 〈영웅〉을 둘러싼 국내외 해석이 냉전적이고 혹은

奮, 把耳朵喚醒)〉, 《남방도시보(南方都市報)》, 2002年 11月1日

23. 薛毅, 〈포스트모던영웅(강연 녹취 원고)後現代英雄(演講記錄稿)〉, 世藝网·藝術史論, http://cn.cl2000.com/discuss/shiye/wen26.shtml

24. 《천카이거 일문일답록(陳凱歌答問錄)》

25. 1995年5月, 저자는 〈秦頌〉 야외 촬영지에서 감독 저우샤오원과 인터뷰를 했으며, 1996 년 1월 재차 인터뷰를 함. 인터뷰 기록 원고.

마오쩌둥 시대의 역사기억을 견인하거나 호명한다고 할지라도 말입니다. 《뉴욕타임즈》 기사에서는 중국지도자가 열정적으로 이 영화를 긍정했다는 것을 인용하며, 중국 매스컴에 뜨거운 취재 공세를 받고 있다고 했습니다. 또한 마오쩌둥이 진시황에 대해 공적을 찬양했던 내용을 언급하면서 장이머우의 새 영화에 대해 의문을 제기했습니다. 한편 중국 내지 중국어권 내부에서 전개된 이 영화의 악평들에서 '진시황 콤플렉스'가 짙어지고 있는 중국 당대 역사를 둘러싼 태도가 공개되거나 익명으로 드러났습니다. 하지만 영화의 흥행 성공에서 드러나듯이 그 기억의 재현이 역사기억의 진실과 부활을 드러낸 것은 아닙니다. 오히려 여명의 시간에 '포스트 냉전 속의 냉전'이라고 하는 주문에 의해 나타난 유령처럼, 호명된 기억은 현실 논리 앞에 초라하고 희미하게 나타났다가 차단되었다고 해야겠습니다. 신자유주의의 권력/강권 논리와 포스트 냉전의 국내외적 맥락은 역사사실이나 역사기억을 인용했다기보다는, '진시황 시해' 시리즈라고 하는 부조리한 수사방식 즉 자객/저항자의 시점에서 출발하여 진시황/권력/질서를 동일시하는 내재적 논리를 더욱 분명하게 보여주었습니다. 이러한 논리에서 권력은 영원하며 싸워 이길 수 없는 것이고, 반역은 권력의 존엄을 증명하기 위한 피에로에 불과한 것일 뿐입니다. 〈진송〉에서 고점리가 진왕을 시해하기 위해 사용한 축(筑)은 납을 주입한 후에 만든 무거운 물건이 아니라, 한번 쏘면 그대로 부서지는 가벼운 나무 조각이었습니다. 〈형가, 진시황을 시해하다〉에서 형가가 진시황에게 갑자기 뛰어오르며 해학적인 광대로 변하는 장면에서 그런 해석이 가능할 수도 있겠습니다. 그런데 여기서 가장 의미심장한 것은 〈영웅〉의 성공이 앞서 제작한 두 편의 영화 속에 포함된 내적 결함을 작품의 외형적인 구조로 전환한 데 있습니다. 다시 말해 이 영화가 승리자, 역사기술의 논리 속에서 자객이 반드시 패한다는 서사에서, 권력을 위협했던 자객을 '권력을 수호하는 자로 전환'시켰기 때문입니다. 그것은 분명 정치적 잠재의식을 가시적으로 드러낸 것이라고 하겠습니다. 국내외 정치논리와 정치실천 속에서 신자유주의는 진시황이 상징하는 권력/강권 정치의 빈자리를 점거하고 보완했습니다. 감독은 기존에 선정했거나 지금까지도 고수하고자 시도한 자객/저항자의 역할을 오히려 빈자리로 남겼습니다. 한 사람의 남자, 권력에 의해 명명을 기다리는 준주체, 그는 중국의 지식인, 중국민중, 혹은 중국에 의해 보충되어질 수 있었습니다. 그 본질과 합법성을 비워낸 자객의 상징적인 빈자리에 서서 권력과 동일시하고 권력에 순종하며 자객과 진시황, 반역자와 통치자 이중의 역사주체 사이의 이야기로 쓰여졌습니다. 이렇게 볼 때 '진시황 시해 시리즈'는 바로 이중의 역할, 정체성을 가지고 국제(구미 시선) 속으로 들어가고자 한 것입니다. 진시황과 자객의 남성 형상은 모두 중국, 중국역사를 연기했습니다. 동시에 서사자는 바로 권력과 동일시하고 권력을 인식하고 완전하게 만드는 저항자의 빈자리에서, 권력의 소지자(미국)를 향해 (민족국가) 주체의 이름을 불렀습니다.

그다지 중요한 것은 아니지만 다음 영화들에서 가리키는 세계와 서구는 각각 다릅니다. 국제적인 흐름 혹은 국제적인 기대를 드러냈지만 <진송>이나 <형가, 진시황을 시해하다>에서는 유럽 국제영화제가 전개되는 지역을 가리키며, <영웅>에서는 미국, 오스카를 분명하고도 구체적으로 가리킵니다. 세계에 대한 시야와 변화는 '와싱턴 컨센서스Washington Consensus'26 라고 하는 신자유주의 논리를 직접적으로 투영한 동시에 신자유주의 실천의 본질적인 의미 즉 자본주의 전세계 시장의 냉철한 논리에 대한 진심어린 동일시와 배분, 그 과정

---

26. 옮긴이: 와싱턴 컨센서스는 1990년 미국 국제경제연구소(IIE)가 남미 국가들의 경제위기 해법으로 제시한 세제개혁, 무역·투자 자유화, 탈규제화 등 10가지 정책을 일컫는데, 미국 주도 신자유주의를 가리키는 용어.

에 개입하려는 갈망을 나타냈습니다.

'진시황 시해' 시리즈와 관련해 한 가지 중요한 사실이 있습니다. 중국의 매스컴으로부터 엄청난 공격을 받은 천카이거가 이 영화를 다시 재편집했지만, 중국 내 영화시장에서는 물론 칸 영화제에서도 참패를 당했습니다. <영웅>에 대해서도 동일한 규모로 중국 네티즌의 엄청난 비평과 공격이 전개되었지만 <영웅>은 전세계적 영화시장에서 승리를 거뒀습니다. 앞에서 언급한 바와 같이 '진시황 시해 시리즈'에 대한 중국과 일부 국제영화평에서 일관된 비평은 이들 영화가 줄곧 마오쩌둥 시대의 역사기억과 연관되었다는 것입니다. 그런데 <영웅>의 성공은 신자유주의 실천논리가 이미 성공적으로 그 패권적 지위를 확립했음을 표명한 것이라 하겠습니다. 1990년대 중국내부에서 중요한 역할을 담당하기 시작했던 대중 매스컴은 1980년대 정치 저항의 자원이었던 자유주의 문화의 맥락을 지속하고 있으며, 이는 다음 두 가지 예에서 알 수 있습니다. 첫째, 천카이거는 평론가의 압박을 받아 다시 편집한 두 번째 버전에서 궁리가 맡은 조나라 여성의 역할을 대폭 줄이고 진시황의 역할을 강화하는 것으로 내용을 개작했습니다. 둘째, 장이머우의 <영웅>이 악평에도 불구하고 중국 내에서 흥행에 성공한 것은 중국문화계에서 자유주의 상상과 중국, 전세계적 신자유주의 실천논리가 서로 착종되었기 때문입니다. 이와 대조적으로 중국 신좌파로 상징되던 연극 <체 게바라>의 연출가 장광톈이 이 영화를 극찬한 것에서[27] 냉전 논리 내부에서 저항자의 위치와 상상이 얼마나 부조리한지를 잘 알 수 있게 되었습니다. 이러한 논리와 상상을 넘어서려는 비판적 위치는 항상 허공에 매달려 고정되지 않은 모양새(懸置)를 하고 있습니다.

---

27. 張廣天, <<영웅>을 위해 환호하도다!(我爲 <英雄> 歡呼！)>, 《중국청년보(中國靑年報)》, 2001年 12月24日

포스트 냉전시대 권력 논리와 문화 실천의 전면화

'진시황 시해'를 다룬 세 편의 영화는 남성 이야기에 의해 포스트 냉전시대 권력 논리와 그 문화 실천을 표현했으며 이러한 실천은 이들 영화에만 국한되지는 않습니다.

1990년대에 들어서면서 자본주의화 과정과 세계화에 따라 중국도 세계 기타 지역에서처럼 대중문화가 1980년대 사회와 역사 무대에서 '지식으로 권력과 대결한' 엘리트 문화를 이어서 주류 이데올로기를 효과적으로 구축하고 실천했습니다. 1993년 전면적인 자본주의화와 함께 '시대극 열기'가 일어났습니다. 주요 미디어는 이제 영화가 아니라 텔레비전 드라마였습니다. 상당히 흥미롭게도, 이전 중국 영화사에서 시대극의 전통적 제재가 다시 윤회28한 것이 아니라, 1980년대 새롭게 시작된 청대 궁정극 시리즈가 시대극 열기를 이끌었습니다. 1995년 역사 제재 패러디극(歷史戲說劇)29은 전통연예를 다룬 <재상 유나과(宰相劉羅鍋)>를 시작으로 전개되었습니다. 1980년대 시대극의 주류였던 청말 궁정 장면, 문명과 우매의 주제는 청대 강희제(康熙帝), 건륭제(乾隆帝)의 성세와 군신 갈등을 주로 다루었습니다. 그런데 흥미롭고도 기이한 사실은 대중문화가 다양하게 나타났다 사라지는 가운데에서도 지금까지 '어려움을 나누고' '부정부패를 타도한다'는 내용의 멜로드라마와 '희설'식의 청대 군신 간의 역사적 코미디가 대중문화의 주요한 부분을 차지하며, 높은 시청률을 보장하는 시리즈물이 되었다는 사실입니다. 코미디나 역사 제재 패러디극의 현명한 군주 이야기 <강희제 미행기(康熙微服四方)>가 몇 번이나 제작되고 네 번째 시리즈가 만들어져도 시청자들의 인기는 사그라지지

---

28. 옮긴이 : 여기서 '윤회'는 이전의 전통이 부활된 것을 일컫는 말. 1장 참고할 것.
29. 옮긴이 : 전통 사극에서 벗어나 도시인의 취미에 맞게 패러디한 시대극.

않았습니다. 군신 간의 갈등과 탐관오리들의 부정부패, 그들을 일망타진하는 내용의 <달변가 기효람(鐵嘴銅牙紀曉嵐)>[30]은 방영 후 속편이 제작되었고 계속해서 촬영할 계획이라고 합니다. 또한 <이위 출세(李衛當官)>, <현명한 부둥이(機靈小不懂)> 등 많은 작품들이 여기에 속하는데, 여기에서는 자세히 소개하지 않겠습니다.

'역사 제재 패러디극' 대세 속에서 역사정극 <옹정왕조(雍正王朝)>가 중앙텔레비전방송국의 황금시간대에 최고의 시청률을 기록했습니다. 1990년대 중국에서 이례적으로 평론가에서 대중에 이르기까지 관민 모두에게 폭넓은 인기를 얻었던 드라마였습니다. '지도자의 어려움'을 공공연하게 드러낸 <옹정왕조>는 분명 남성 이야기였습니다. 이전의 역사서사에서 잔혹한 제왕으로 그려졌던 청대 옹정제가 시청자들의 공감을 크게 얻었으며 구현된 통치논리에서도 시청자들의 공감을 얻었습니다. 우수한 스태프를 모아 제작한 이 드라마는 당시까지 주목을 받지 못했던 중국, 홍콩, 대만, 동남아시아 및 국제 화교권 세계에서 커다란 성공과 광범위한 지지를 받게 되었습니다. 5세대 감독 중 소수였던 여성 감독 후메이(胡玫, 1958~)가 총감독을 맡았습니다. 같은 시기에 5세대 여성 감독 리사오홍(李少紅, 1955~)은 거대하고 잘 만들어진 당대(唐代) 대형 역사극 <대명궁사(大明宮詞)>를 성공적으로 내놓았습니다. 여황 무측천의 딸 태평(太平) 공주의 이야기로 궁정 내 권력투쟁을 그리고 있으며 여성이 최종적으로 권력과 자신을 동일시하는 이야기입니다. <대명궁사>는 전자의 문화적 주석으로서 1990년대 중국 역사서사 속 남성 이야기의 성별표현이 현실의 성별·정체성과 달랐음을 의미합니다. 역사서사 속 남성이야기가 반드시 남성에 의해 쓰일 필요는 없습니다. 왜냐

---

30. 옮긴이: 鐵嘴銅牙는 달변가란 뜻이며, 紀曉嵐은 관료들의 부패를 조사하고 《四庫提要》를 저술한 청대 학자.

하면 그것은 성별서사라기보다는 정치와 권력의 서사, 새로운 패권에 대한 정체성의 확립, 중국사회구조의 재편으로서 성별수사와 그것의 가면이었기 때문입니다.

2003년 일련의 역사서사 시리즈가 역사로 거슬러 올라가 현실을 회피하였고, 다시 아래로 내려가 간접적으로 현실 정치와 접촉하거나 참여했습니다. 중국정치 권력의 전방위 정치적 통제 즉 장쩌민의 '세 가지 대표' 이론의 등장, 민영기업가의 공산당에 입당을 허용하는 중국공산당 규정 개정, 헌법 속에 사유재산에 관한 조항을 명문화하는 일이 동시에 전개되었습니다. 이것은 새로운 문화적 통합이었습니다. 특히 중국혁명박물관과 중국역사박물관이 통합 합병되고 중국역사박물관이라는 이름으로 총괄된 것은 그 무엇보다도 가장 대표적인 문화적 상징이라고 하겠습니다. 중앙텔레비전의 황금시간대에 청말 시기를 다룬 역사극 <공화국을 향하여(走向共和)>31가 총력을 다해 제작되었습니다. 이 드라마의 기조는 청 말에 대한 1980년대 지식인의 격렬한 정치적 재평가를 번안한 것이며 혁명 주류 서사전통과 글쓰기 방식을 다른 정치목적에 현저하게 이용하거나 역이용했습니다. 이로써 사회주의 역사와 그 기억에 있어서 타자의 표식을 제거하고 사회주의 역사를 중국 근대화 역사 속에 직접적으로 써넣거나 연속시키고 있는 작업을 확실하게 실천할 수 있게 되었습니다.

역사의 종결? 혹은 역사의 가혹한 연장? 국제, 국내 시야 속에서 미래에 대한 상상이 점차로 봉쇄되고 있습니다. 동시에 저항과 비판의 마지막 공간도 봉쇄되어갑니다. 바로 이러한 이유 때문이라도 불가능한 일을 상상하는 것, 이것이 우리에게 남겨진 유일한 선택이라 하겠습니다.

---

31. 옮긴이 : <공화국을 향하여(走向共和)>는 2003년 4월 12일부터 5월 19일까지 중국 중앙텔레비전에서 방영한 59부작 대형 역사극.

역자 후기

　이 책은 저자 다이진화 교수가 2003년 일본 오차노미즈(お茶の
水) 여대에 방문학자로 머물면서 쓴 강의원고의 대만판을 번역한 것
입니다. 다이진화 선생님의 그간 연구성과가 총망라된 책으로, 중국
당대 정치와 문화를 이해하는데 좋은 길잡이 역할을 하고 있습니다.
국내에서도 선생님의 다른 저서《숨겨진 서사》(2006), 《무중풍
경》(2007),《거울 속에 있는 듯》(2009) 등은 이미 출판되었습니
다. 《숨겨진 서사》에서는 1990년대 대중문화가,《무중풍경》에서
는 1978년에서 1998년까지의 중국영화가,《거울 속에 있는 듯》에
서는 중국 젊은 지성의 목소리를 생생하게 들으실 수 있습니다. 이
책을 보시면서 앞서 언급한 책들과 함께 살펴보신다면, 중국의 정치
현실과 문화의 다양한 변주를 만나실 수 있을 것입니다.
　이 책은 여성 이야기, 남성의 역할을 연기하는 여성의 이야기, 타
자의 이야기, 이야기 속의 이야기, 남성 이야기, 이렇게 다섯 장으로
구성되어 있습니다. 기존의 저서와 달리 다섯 가지 코드로 중국영화
와 정치현실의 상관관계를 주제별로 살펴봄으로써 중국 영화를 좀
더 입체적으로 바라볼 수 있습니다. 그녀는 자신을 객관화시켜 자신
마저 바라보고자 합니다. 그리고 끊임없이 자신 속의 타자성, 자신이
서 있는 정치적 위치를 묻고 또 묻습니다. 그 결과 스스로를 전(前)
사회주의 출신/중국/여성주의 학자로 자리매김합니다. 그녀는 강단에
만 머물지 않고 종횡무진 국경을 넘나들며 수많은 텍스트와 콘텍스

트를 분석하고 자신의 사변을 넓히고 심화시킵니다.

그동안 제가 갖고 있는 언어와 사유의 그물로는 지금 현재 질주하고 있는 중국을 낚아 올리기에 역부족이었습니다. 또한 간간이 접한 중국영화에 드러난 서사의 공백 혹은 잉여를 어떻게 받아들여야 할지 막막했습니다. 제 마음 속 중국에 대한 이상주의 거울은 산산조각난지 오래지만, 도대체 그곳에 무엇이 어떻게 벌어지고 있는지 확인하고 싶었습니다. 바로 그 시점에 2008년 베이징으로 떠나 일 년간 머물렀습니다. 간간이 다녀온 적은 있지만 장기체류는 처음이었습니다. 봄부터 겨울까지 사계절을 보내면서 다이진화 선생님과 허구이메이 선생님을 비롯한 몇몇 베이징대학 선생님들의 강의 및 중국 문화 워크샵과 많은 자료들을 통해 중국 내부의 시선과 맥락을 접할 수 있었습니다.

현재 중국의 관변 문학사는 문혁 이후를 신시기로 규정하며 문혁과 마오쩌둥 시대 역사를 중국현대사에서 방축하고 있습니다. 마오쩌둥 시대 사회주의와 문혁과 관련된 역사를 그로테스크하게 만들고 괴물화시킴으로써 개혁 개방 이후 중국의 새로운 자본주의화 과정을 정당화시키고 있습니다. 눈앞의 신기루 같은 경제적 번영 앞에서 권력과 자본의 밀착관계, 심각한 빈부격차와 도농격차에 대해서는 침묵을 강요받고 있습니다. 중국적 특색의 사회주의 시장경제, 이 용어를 찬찬히 들여다볼수록 상당한 의문과 곤혹스러움을 느끼실 것입니다. 무엇이 사회주의 시장경제이며, 사회주의와 시장경제가 접목될 수 있는 것인지, 또한 중국 관제여론에서 강조하는 중국적 특색을 어디까지 적용시킬 수 있는지 의문이 잇달아 제기될 것입니다. 사회주의 이상과 가치는 역사박물관에 보존된 채 현실 속 중국은 자본주의보다 더 자본주의적인 심각한 빈부격차와 정치적 경제적 불평등을 구조적으로 조장하는 사회이기 때문입니다. 하루가 다르게 올라가는 도심의 고층빌딩과 그 옆 공사장에서 아무렇게 몸을 구기고 칼잠을 자는 민공들. 수없이 나붙은 구호와 광고들, 개혁 초기 일부 사람들을 먼저 부유하게 만들어 그들을 통해 중국경제의 동력으로 삼겠다던 포부가 너무 순진했던 것인지, 권력과 자본의 밀착을 그렇게 합리화시키며 갈등을 은폐한 것인지 도시와 국가, 자본의 질주에 극심한 피로감을 느끼기도 했습니다.

다이진화 선생님은 그동안 감춰왔고 망각을 강요당했던 중국 내부의 문제들을 낱낱이 끈질기게 살펴보고 있습니다. 대만판 서문에서 장샤오훙 선생님이 지적한 것처럼 다이 선생님은 분명한 어조로 냉전 역사의 연장선 상에서 '포스트 냉전의 냉전구조'를 주장하며 중국의 제3세계적 위치를 다시 강조합니다. 이런 맥락에서 1995년 베이징 세계여성대회 이후 들어온 방대한 기금이 중국의 페미니즘을 어떻게 변화시켰는지를 비판하며 자성을 촉구하고 있습니다. 이와 함께 진보주의 담론에 들어있는 페미니즘에 대한 공격이 어떠한 역사적 맥락에서 이어져 오고 있는지 꼼꼼히 살펴보고 있습니다. 또한 영화와 대중문화 텍스트 이면에 존재하는 정치사회현실의 맥락이 무엇인지, 그들 서사 속에 내재하는 권력을 상세하게 분석합니다. 무엇보다도 현실을 은폐하기 위해 사용된 수사의 맥락을 짚어내고 그것이 가지는 의미를 분석하는 대목에서는 전율마저 느끼게 합니다. 특히 1990년대 중국 현실을 '거울성'의 개념으로 설명하면서 개혁개방의 성과로 화려한 외관의 거울성에서 자신의 정체성을 잃어버렸다고 설명하였습니다. 이러한 거울성에서 빠져 나오기 위해서는 자신을 비추는 모든 거울을 깨뜨려야 합니다. 그렇지만 거울성에 갇힌 자의 각성이 우선적으로 전제되어야 하겠지요.

이러한 분석과 비평은 우리에게 많은 점을 시사해 줍니다. 신자유주의 경제를 신봉하며 세계화가 절대적인 지상명제가 되어버린 현실 속에서 자본과 권력, 지식과 미디어가 소수에게 집중되어 있습니다. 사회는 점점 계층화되고 있고 계층 간의 간극은 갈수록 커져갑니다. 경제논리가 모든 것의 가치 위에 존재하며 정치는 우리 생활 구석구석을 지배하며 옥죄고 있습니다. 결국 정치경제는 우리 삶의 근간이고 우리 의식을 결정짓고 있으며 우리가 외면하려고 해도 외면할 수 없는 진실입니다. 선생님이 말한 대로 다른 역사를 겪었지만 세계화된 자본주의의 과정 중에 유사한 경험을 하고 있는 현실 속에서 새로운 소통과 대화가 필요한 시점입니다.

2008년 봄부터 시작된 번역이 지금에서야 끝이 났습니다. 그녀의 글은 고백컨대 어렵습니다. 보이지 않는 현상의 배후를 통찰하며 끊임없이 자신의 입장과 정체성을 묻고 자신이 속한 공동체의 역사와 현재를 끊임없이 성찰하며, 전세계적으로 사고하고 있기 때문입니다. 현상 이면의 본질을 잡아내려는 그녀의 예리함과 종횡무진 중국의 정치역사와 문화를 오고가는 활동범위와 그 속에서 어우러진 말과 생각의 향연. 그 물살에 떠내려가지 않고 의미를 포착하려고 안간힘을 썼지만, 빠른 물살에 떠내려가다 수많은 의미와 언어를 놓쳐버리기도 했습니다. 번역이 끝나갈 무렵에야 저자의 속뜻이 어렴풋하게 읽혀졌습니다. 중국어라는 출발어로 시작해서 그녀가 끊임없이 묻고 되짚는 정체성과 입장, 현상 배후에 있는 원인과 배경, 사회 콘텍스트 속에서의 텍스트가 가지는 사회문화사적 의미를 이해하기 위해서는 좀 더 제 그릇이 커져야 했고 제 무지와 편견이 무너져야 했습니다. 감히 이 책의 번역으로 중국 영화와 중국 대중문화 혹은 중국 당대 정치문화와 젠더적 현실을 전부 이해했다고 할 수 없습니다. 다만 이 책을 계기로 중국 내부 목소리에 좀 더 귀를 기울일 수 있게 되었습니다. 이 책은 저와 같은 방황과 모색을 하고 있는 독자에게 분명 좋은 길잡이 역할을 해줄 수 있으리라 확신합니다.

아직도 눈을 감으면 그곳이 보입니다. 다이진화 선생님 강의를 듣기 위해 몇 시간 전부터 자리를 잡고 기다리는 사람들, 결코 청중의 기대를 저버리지 않는 우렁찬 목소리와 기백, 피를 토하듯 온몸으로 중국의 정치현실과 문화를 강의하며 예리한 농담을 속사포처럼 던지던 다이진화 선생님. 강의를 끝낸 후 제자들과 담소를 즐기던 모습, 식사를 하면서도 끝없이 이어지는 이야기와 사유들. 그곳의 정경과 풍경은 제가 번역하는 내내 이르고 싶은 피안이었고, 번역의 나침반이었습니다. 역자는 저자의 호방한 기백과 생생한 사유의 흐름, 다채로운 언어를 좀 더 전달하고 싶은 마음에 문장을 강연체로 옮겼습니다. 또한 직접 저자와의 문답을 통해 이해한 중요한 개념을 주석으로 정리했습니다. 이러한 시도와 노력이 행여 저자에게 누를 끼치지 않았는지 염려됩니다. 그럼에도 이를 통해 강의실을 강호삼아 언어의 검을 휘두르는 북방의 여성 논객을 만나실 수 있기를, 그 검으로 잘 려진 단면과 심층을 꿰뚫어 보시길 열망하는 마음에 용기를 내어 시도했습니다. 독자 여러분과 많은 선생님들의 질정과 가르침 부탁드립니다.

　저는 아직도 길 위에 서 있고, 많은 길을 모색하며 다양한 소통을 꿈꿉니다. 끝으로 별같이 아름다운 해인이, 인생의 도반 동우씨에게 고마운 마음 전합니다. 언어의 숨결과 의미를 헤아리는데 도움을 준 리위와 영미에게, 그리고 이 책의 출간을 허락한 여성문화이론연구소에게도 감사드립니다.

2009년 8월 서울에서

배연희(裵淵姬)